武汉纺织大学学术著作出版基金资助出版

中国遭受反倾销的影响因素及贸易救济体系研究

周 灏 著

经济科学出版社

图书在版编目（CIP）数据

中国遭受反倾销的影响因素及贸易救济体系研究/周灏著.
—北京：经济科学出版社，2014.6
ISBN 978 - 7 - 5141 - 4640 - 0

Ⅰ.①中… Ⅱ.①周… Ⅲ.①反倾销－贸易体制－研究－中国 Ⅳ.①F720

中国版本图书馆 CIP 数据核字（2014）第 097661 号

责任编辑：凌　敏　刘殿和
责任校对：王肖楠
责任印制：李　鹏

中国遭受反倾销的影响因素及贸易救济体系研究

周　灏　著

经济科学出版社出版、发行　新华书店经销
社址：北京市海淀区阜成路甲 28 号　邮编：100142
教材分社电话：010 - 88191343　发行部电话：010 - 88191522
网址：www. esp. com. cn
电子邮件：lingmin@ esp. com. cn
天猫网店：经济科学出版社旗舰店
网址：http：// jjkxcbs. tmall. com
北京密兴印刷有限公司印装
710 ×1000　16 开　14 印张　280000 字
2014 年 6 月第 1 版　2014 年 6 月第 1 次印刷
ISBN 978 - 7 - 5141 - 4640 - 0　定价：48.00 元
（图书出现印装问题，本社负责调换。电话：010 - 88191502）
（版权所有　翻印必究）

前　言

　　投资、消费、出口为拉动中国经济增长的"三驾马车"，这三者情况的好坏会对中国经济产生重大影响，其中出口贸易除了受到国外市场需求的影响之外，还会受到进口国的各种贸易壁垒的制约。

　　GATT/WTO 致力于世界贸易的自由化，GATT 经过八个回合的艰苦谈判，贸易壁垒得到不断削减或消除，其中关税壁垒被大幅下调，非关税壁垒也不断地被拆除或降低。自中国加入 WTO 以来关税壁垒和最惠国待遇等贸易壁垒中的关税壁垒的问题解决之后，接踵而来的非关税壁垒又成为中国商品走向世界的主要障碍。反倾销在20 世纪70 年代前，还未能成为贸易壁垒的主导形式，但是在21 世纪已逐渐发展成为贸易壁垒的主导形式，现在反倾销作为各国在国际贸易中保护本国产业和利益的一种措施和手段发挥着越来越重要的作用，但由于有的国家滥用这种措施，使反倾销有时变成了一种随意使用且自由裁量权很大的贸易保护的工具。

　　据 WTO 官方统计，从 WTO 成立后的 1995～2012 年，全球有 32 个成员对中国发起反倾销调查 916 起；有 32 个成员对中国实施最终反倾销措施 664 起。中国从 1996 年起就成了全世界遭受反倾销最多的国家。2012 年 9 月 6 日，欧盟宣布对中国光伏产品发起反倾销立案调查，该调查涉及金额超过 200 亿美元，折合人民币近 1 300 亿元，为迄今为止对中国最大贸易诉讼。而早在 2012 年 5 月 17 日，美国商务部已经对中国光伏产品做出"反倾销、反补贴"双反调查。全球最大的太阳能电池厂商中国无锡尚德太阳能电力有限公司在这场反倾销中已于 2013 年 3 月 20日宣告破产。反倾销再次作为一个焦点进入我们的视野，引起我们对反倾销前所未有的高度关注。

中国是一个外贸大国，有较高的外贸依存度，由于中国的很多出口企业倾向于以价格竞争为主，走中低端商品出口的路子，常常呈现出价格低、数量大的特征，但是中国遭受反倾销是否就是因为价格低和数量大？背后是否还有其他的影响因素？这也是笔者在长期的相关探索过程中一直在思考的问题。对于影响中国遭受反倾销的主要原因，笔者期望采用大规模的统计数据为基础，通过多种实证研究方法从不同的视角去甄别和揭示隐藏在案件背后的各类影响因素，期望通过各种科学研究方法去解读和总结众多的影响因素，通过量化指标直观地呈现出各类因素产生的影响大小。

从中国 1979 年遭受到当时的欧共体对中国发起的第一起反倾销案件至今，在这几十年的历程中，我们走过了从不懂、害怕，到试探应诉、大胆应诉的过程。在这个过程中，一部分企业由于害怕，放弃了应诉，从而放弃了国外市场；还有一部分企业大胆应诉，成功了，保住了国外市场；也有一部分企业由于各种原因，应诉失败，退出了国外市场。随着中国遭受反倾销的数量不断增长，我们除了研究反倾销发生时该如何做，还将研究视角延伸到反倾销发生之前的时间段以及反倾销裁定后的时间段，已形成一个较完整的体系研究，探索在国外反倾销的威胁下如何开展贸易救济活动，从而维护自己的合法贸易利益以及实现贸易的可持续发展。

本书一个突出的特点就是数据繁多，以上万的统计数据为基础进行实证分析，当然，实证研究与规范研究相结合，总量研究与局部分析相结合，相互补充。

本书的数据和案件有的来自于联合国网站，有的来自于政府网站以及重要的门户网站，还有的来自于相关的企业网站以及其他公开出版物，在这里一并致谢。最后要感谢武汉纺织大学的支持及经济科学出版社对本书学术研究的认可，特别要感谢祁春节教授提出的宝贵意见和建议。

科学研究是一件很困难的事情，常常需要大量的基础数据和案件作为支撑，由于资源有限，数据、案件的统计和收集存在无法获取的情况，这可能会导致研究范围和研究结果的不完善。书中的不足之处在所难免，敬请读者指正。

周　溦

2014 年 2 月 24 日于武汉

目　　录

第1章　导论 ……………………………………………………（1）

1.1　研究的背景、目的和意义 …………………………………（1）

1.2　拟解决的关键问题 …………………………………………（6）

1.3　相关的基本概念及规定 ……………………………………（6）

1.4　技术路线、研究框架和研究方法 ………………………（12）

1.5　可能的创新与不足之处 …………………………………（17）

第2章　文献综述 ………………………………………………（20）

2.1　各类因素对反倾销影响的研究 …………………………（20）

2.2　反倾销影响效应的研究 …………………………………（28）

2.3　针对反倾销的贸易救济的研究 …………………………（30）

第3章　中国遭受反倾销的状况及特征分析 ………………（33）

3.1　中国遭受反倾销调查的总体状况 ………………………（33）

3.2　中国遭受最终反倾销措施的总体状况 …………………（38）

3.3　中国遭受反倾销调查和最终反倾销措施的特征 ………（42）

3.4　本章小结 …………………………………………………（55）

第4章　中国遭受反倾销调查的影响因素研究 ……………（57）

4.1　中国遭受反倾销调查的影响因素：基于总量和中国
　　　视角的研究 ……………………………………………（57）

4.2 中国遭受反倾销调查的影响因素：基于农产品

反倾销的研究 ……………………………………………（ 67 ）

4.3 本章小结 …………………………………………………（ 76 ）

**第5章 中国遭受最终反倾销措施的影响因素：基于美国对中国反倾销
裁决的研究**（ 78 ）

5.1 引言 ………………………………………………………（ 78 ）

5.2 美国对中国反倾销状况 …………………………………（ 79 ）

5.3 美国反倾销裁决影响因素的研究状况 …………………（ 85 ）

5.4 变量选取及理论分析 ……………………………………（ 87 ）

5.5 模型设定及数据说明 ……………………………………（ 92 ）

5.6 影响因素分析 ……………………………………………（ 94 ）

5.7 对"非市场经济地位"影响的再分析 …………………（ 96 ）

5.8 本章小结 …………………………………………………（102）

第6章 中国遭受反倾销的影响效应：以蜂蜜反倾销案为例的探索 …（104）

6.1 引言 ………………………………………………………（104）

6.2 蜂蜜贸易背景及美国对中国蜂蜜反倾销历程 ………（104）

6.3 反倾销效应分析 …………………………………………（106）

6.4 本章小结 …………………………………………………（112）

第7章 中国遭受反倾销的贸易救济体系：一个二维体系的构建 ……（114）

7.1 贸易救济的含义 …………………………………………（114）

7.2 涉案企业胜诉预期的研究 ………………………………（115）

7.3 二维贸易救济体系构建之框架研究 ……………………（127）

7.4 二维贸易救济体系构建之运作研究 ……………………（130）

7.5 本章小结 …………………………………………………（136）

第 8 章　结论及政策建议 ┈┈┈┈┈┈┈┈┈┈┈┈┈┈┈┈┈┈┈┈┈┈┈（137）

　8.1　结论 ┈┈┈┈┈┈┈┈┈┈┈┈┈┈┈┈┈┈┈┈┈┈┈┈┈┈┈┈┈（137）

　8.2　政策建议 ┈┈┈┈┈┈┈┈┈┈┈┈┈┈┈┈┈┈┈┈┈┈┈┈┈┈┈（141）

附录 ┈┈┈┈┈┈┈┈┈┈┈┈┈┈┈┈┈┈┈┈┈┈┈┈┈┈┈┈┈┈┈┈┈┈（148）

参考文献 ┈┈┈┈┈┈┈┈┈┈┈┈┈┈┈┈┈┈┈┈┈┈┈┈┈┈┈┈┈┈┈（201）

第1章 导 论

1.1 研究的背景、目的和意义

1.1.1 研究背景

投资、消费、出口为拉动中国经济增长的"三驾马车",这三者情况的好坏会对中国经济产生重大影响,其中出口贸易除了受到国外市场需求的影响之外,还会受到进口国的各种贸易壁垒的制约——反倾销已逐渐发展成为一种贸易壁垒的主导形式,对此我们需要高度重视。

2012年9月6日,欧盟宣布对中国光伏产品发起反倾销立案调查,该调查涉及金额超过200亿美元,折合人民币近1 300亿元,为迄今为止对中国最大贸易诉讼。国内光伏企业90%以上产品销往国外,每年销往美国大约10%,欧盟销量最大,占中国全部产量的70%,贸易金额超过200亿美元。欧盟委员会已于2013年6月6日宣布从6月6日对中国光伏征收11.8%的临时反倾销税,8月起升至47.6%,这对中国的光伏企业来说是致命一击。[①] 而早在2012年5月17日,美国商务部已经对中国光伏产品做出"反倾销、反补贴"双反调查,美国商务部在当年10月做出了终裁,认定存在倾销行为,倾销幅度为18.32%~249.96%。[②] 光伏行业遭受的反倾销引起我们对反倾销前所未有的高度关注。

反倾销在20世纪70年代前,还未能成为贸易壁垒的主导形式。在关贸总协定各缔约方的不懈努力下,传统贸易壁垒的主导形式——关税壁垒名存实亡,反倾销作为各国在国际贸易中保护本国产业和利益的一种措施和手段发挥

---

① 中欧光伏产品贸易争端 [EB/OL]. 新浪财经:http://finance.sina.com.cn/focus/umdhfq.
② 美终裁对中国光伏征收最高达249.96%关税 [EB/OL]. 人民网:http://finance.people.com.cn/n/2012/1012/c1004 - 19238252.html.

着越来越重要的作用。特别在 WTO 成立后，如配额、许可证等传统非关税保护措施已经受到非常严格的限制，而且关税由于不断地削减，关税这种护措施的作用也越来越低。在这样的状况下，反倾销就逐渐成为世界各国保护本国相关产业安全、抵制国外的不公平竞争的最主要的措施和手段。各国纷纷以反倾销为法律武器抵制不公平贸易，维护国内产业市场。更有甚者，有时达到滥用的程度，使反倾销变成贸易保护的工具。反倾销在 21 世纪逐渐发展成为贸易壁垒的主导形式。中国是一个外贸大国，有较高的外贸依存度，且 2004 年开始出口依存度都超过了 30% 达到 30.7%，2005 年达 34.1%，2006 年达 36.5%，2007 年达 36.1%，2008 年达 33.1%，2009 年虽然有所降低，但也达到 24.1%，2012 年为 24.9%（出口依存度数据见表 1.1），在中国外贸依存度总体逐渐高攀的情形下，中国经济发展就会较多受制于外贸发展状况。

表 1.1	1995~2012 年中国出口依存度		单位：美元
年份	中国出口额	中国 GDP	出口依存度（%）
1995	148 779 499 983	728 007 199 936.4	20.4
1996	151 047 461 759	856 084 729 312.3	17.6
1997	182 791 584 798	952 652 693 079.1	19.2
1998	183 808 983 040	1 019 458 585 326.2	18.0
1999	194 930 778 542	1 083 277 930 359.9	18.0
2000	249 202 551 015	1 198 480 321 713.0	20.8
2001	266 098 208 590	1 324 804 848 409.4	20.1
2002	325 595 969 765	1 453 827 687 613.1	22.4
2003	438 227 767 355	1 640 959 264 366.3	26.7
2004	593 325 581 430	1 931 640 247 438.6	30.7
2005	761 953 409 531	2 235 913 988 992.4	34.1
2006	968 935 601 013	2 657 881 205 006.7	36.5
2007	1 220 059 668 452	3 382 267 499 178.4	36.1
2008	1 430 693 066 080	4 326 187 050 359.7	33.1
2009	1 201 646 758 080	4 991 256 406 735.0	24.1
2010	1 577 763 750 888	5 926 612 009 749.6	26.6
2011	1 898 388 434 783	7 321 935 025 070.0	25.9
2012	2 048 782 233 084	8 227 102 629 831.0	24.9

资料来源：中国出口额、中国 GDP 数据来源于联合国统计署。

对中国反倾销是中国外贸发展中长期遇到的非常棘手的问题。据 WTO 官方统计，从 WTO 成立后的 1995 ~ 2012 年，全球有 47 个成员发起反倾销调查案件共 4 230 起，其中有 32 个成员对中国①发起反倾销调查 916 起，年均 50.9 起，中国遭受的反倾销调查占到全球的 21.7% ；全球有 42 个成员实施最终反倾销措施共 2 719 起，其中有 32 个成员对中国实施最终反倾销措施 664 起，年均 36.9 起，中国被实施的最终反倾销措施占到全球的 24.4% 。② 中国从 1996 年起就成了全世界遭受反倾销最多的国家。

中国遭受的反倾销数量占世界比重与中国对外贸易占世界比重的比例是极不相称的。以 2008 年和 2009 年（这两个年度中国遭受的反倾销调查和最终反倾销措施均为最多）的数据为例来说明。在反倾销调查方面，这两个年度中国遭受的反倾销调查分别为 76 起和 77 起，占世界比重分别为 35.7% 和 36.8% ；在最终反倾销措施方面，这两个年度中国遭受的最终反倾销措施分别为 53 起和 55 起，占世界比重分别为 38.1% 和 40.1% 。而这两个年度中国的出口额占世界出口总额的比重分别只有 9.1% 和 10.2%③，可见中国遭受的反倾销比重远高于中国出口在世界所占比重，中国遭受的反倾销数量占世界比重与中国对外贸易占世界比重的比例是极不相称的。

图 1.1 显示遭受反倾销调查的成员中，中国名列第 1，遭受反倾销调查的数量远远高于其他成员，是排在第 2 位的韩国（306 起）的 3.0 倍，是第 3 位的美国（244 起）的 3.8 倍。图 1.2 显示了遭受最终反倾销措施的成员中，中国仍然名列第 1，遭受最终反倾销措施的数量远远高于其他成员，是排在第 2 位的韩国（181 起）的 3.7 倍，是第 3 位的中国台湾（149 起）的 4.5 倍。以上的数据说明中国面临的反倾销局面是非常严峻的。无论从占比，还是从总量，以及从单个年度来看，中国遭受的反倾销长期都位居世界第一，中国已成为世界反倾销最大的受害国，长期笼罩在反倾销的阴影中，世界对中国频繁提起的反倾销已经对中国的对外贸易的发展构成了严峻的挑战。

---

　① 由于 WTO 在统计反倾销数量时是以 WTO 成员作为统计对象，不是以各个独立的国家作为统计对象，而中国大陆和中国台湾同属 WTO 成员，为了表述的方便，本书所述中国是指中国大陆，因此国外对中国反倾销的数量统计只包括针对中国大陆的反倾销，不包括针对中国台湾等地区的反倾销数量。

　② 根据 WTO 反倾销统计数据计算得到。

　③ 根据联合国统计署数据计算得到。

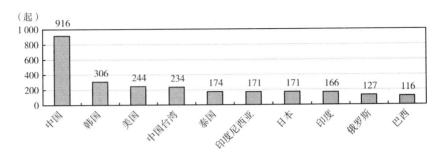

图 1.1   1995～2012 年遭受反倾销调查最多的成员及案件数

资料来源：根据 WTO 反倾销统计数据整理。

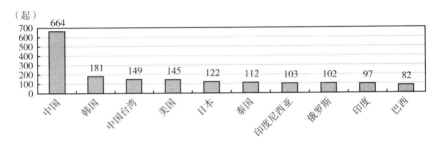

图 1.2   1995～2012 年遭受最终反倾销措施最多的成员及案件数

资料来源：根据 WTO 反倾销统计数据整理。

1.1.2   研究目的

本书期望能对中国遭受反倾销的相关问题从不同的视角进行探索：

（1）甄别出国外对中国反倾销的具体影响因素；

（2）就国外对中国反倾销造成的影响进行定量分析和描述，清楚认识国外对中国反倾销的具体危害；

（3）为国家商务部和地方商务部门的反倾销数据库和贸易救济提供理论和实践基础，为中国对外贸易和相关产业的发展提供数据支持，以及为学者们的相关研究提供数据服务；

（4）构建反倾销二维贸易救济体系，使之能维护中国的合法贸易利益，有效减少中国的贸易损失和贸易摩擦，进而实现中国贸易的可持续发展和产业安全。

1.1.3　研究意义

世界各国都有运用反倾销手段保护本国产业和经济发展的权利，越来越多的国家开始利用反倾销，使得出现了明显的反倾销全球化的特征。据统计，在1985年前，发展中国家中几乎没有一个国家有反倾销立法，时至今日，WTO的146个成员已出台了反倾销法规，过去只有少数西方国家国内有反倾销法规，现在反倾销立法已经普遍化、全球化。中国作为世界最大的反倾销受害国，在长期面临世界反倾销威胁的情况下对中国遭受反倾销的相关问题进行研究是很有必要的。

（1）准确把握中国遭受国外反倾销的状况和特征，有助于解决中国遭受反倾销的困境。中国是世界反倾销最大的受害国，通过对中国遭受反倾销的状况和特征的分析，能使我们把握中国遭受反倾销的主要行业、对中国反倾销的重点国家、反倾销的走势、反倾销的强度等。这些信息有助于解决中国遭受反倾销的困境。

（2）研究反倾销的影响因素，能为贸易救济体系的构建提供可靠的基础。反倾销问题涉及的面很广，它会受到多种因素的影响，有经济因素，也有非经济因素，有宏观因素，也有微观因素，影响各不相同。因此，对这方面的考察和评述便显得十分必要。这些考察和评述能描述或揭示出世界反倾销活动中的某些机理，我们运用一些必要的数量分析或许能够加深或拓宽对反倾销问题的研究。通过实证的研究，更准确地评估反倾销的影响因素，为反倾销贸易救济体系的建立提供可靠的基础。

（3）通过对中国遭受反倾销的损害影响进行定量评估，有利于提升贸易救济体系的有效性。中国长期处于反倾销贸易摩擦绝对数量的增长期，但是对于中国在反倾销中直接受到冲击的产业部门具体遭受了多大的损失一直没有明确的定量计算和分析，这不利于我们清楚地认识国外对中国反倾销带来的损害。通过对该产业部门遭受损害影响的评估，能为中国行业的贸易政策以及产业政策的调整提供参考意见，有利于提升贸易救济体系的有效性，减少贸易损失。

（4）研究反倾销的贸易救济，有利于中国对外贸易的可持续发展。特别在世贸组织成立后，传统的贸易保护做法已经受到严格约束。这种情况下，反倾销手段的使用频率大大提高，反倾销立法已经普遍化、全球化。事实也证明，一旦中国的某种产品遭受到对方国家的反倾销，该种产品对该国的出口就会立即锐减，如彩电、大蒜等案件就是证据。而研究如何进行反倾销的贸易救济对于维护中国正常的贸易利益、保证中国对外贸易的可持续发展有着非常重要的作用。

1.2　拟解决的关键问题

本书拟解决的关键问题主要有：

（1）对人民币有效汇率的重新测算。由于 IMF 公布的人民币有效汇率不适用于本研究，需要重新选定样本国和重新设定基期，以重新测算后的人民币有效汇率作为研究数据分析其对中国遭受反倾销的影响。

（2）非经济因素和微观因素对反倾销影响。国内外的学者主要偏重于研究经济因素对反倾销的影响，对于非经济因素对反倾销的影响虽有研究，但针对中国的实证研究非常少，并且非经济因素的统计、测算和赋值对实证研究非常重要，现在这方面的数据较为缺乏。另外，对于反倾销影响因素的研究集中于宏观因素，未见到分析微观因素，所以本书还要考察各个案件中具体涉案产品对起诉国出口的份额变动、出口价格的变动等微观因素对反倾销的影响。

（3）反倾销胜诉预期和二维贸易救济体系耦合的研究。企业之所以不愿意参加反倾销应诉主要原因在于高额的应诉费用和应诉结果的不确定，因此胜诉预期状况对是否积极应诉起到至关重要的作用。对涉案企业胜诉预期的相关研究将能提高贸易救济体系的有效性。本书研究功能维度和时间维度在纵向和横向有机耦合的二维贸易救济体系的构建，改变以前中国贸易救济体系构建的单一性，提升整个反倾销贸易救济体系的效用，而功能维度和时间维度中的各个要素如何合理的设计则是本书研究的关键，只有合理的设计才能使反倾销贸易救济体系有效性增强。

1.3　相关的基本概念及规定

1.3.1　倾销的定义

一国的反倾销行为是对他国的倾销行为的一种应对性的反应，因此要对反倾销问题进行研究，首先要清楚什么是"倾销"。

"倾销"这个术语的英文为 Dumping，该单词最根本的意思是指倾倒、抛弃，在产品的销售、贸易中将其引申为"倾销"。对于什么是倾销已有大量的研究，较简洁地讲就是指以低价在市场大量抛售。

　　根据产品销售市场是国内还是国外，倾销可以分为国内倾销和国际倾销。国内倾销是指在国内市场以不正常的低价大量抛售产品；国际倾销则是指在海外市场以不正常的低价大量抛售产品。无论是国内倾销还是国际倾销都是一种不正当竞争行为，是一种不公平的竞争手段，是一种价格歧视。由于本书研究的是国际贸易中的反倾销问题，因此所指的倾销仅指后者，即国际倾销，不涉及国内倾销。

　　对于倾销的界定关键在对于"低价"的认识和界定。对于倾销的具体定义和界定，我们可以从下面两个层面来理解：经济学层面和法律层面。

1.3.1.1　经济学层面

　　美国国际贸易学家雅各布·瓦伊纳（Jacob Viner）在20世纪初探讨倾销现象时发现英国的著名经济学家亚当·斯密（Adam Smith）在其1776年的名著《国富论》中提到许多国家官方的奖励或奖励金（bounty），《国富论》多处对"奖励"进行了论述，如其中写到"第二件事，是1688年颁布的谷物输出奖励法令。据一般人设想，这种奖励金，由于促进耕作，经过长久的岁月，大概总会增加谷物的产量，使国内市场上的谷价因此趋于便宜"；"奖励输出的方法，有时是退税，有时是发给奖励金，有时是同主权国家订立有利的通商条约，有时是在遥远的国家建立殖民地"根据文中的意思理解，"奖励"一词主要是指"补贴"或类似意思。亚当·斯密后来将这种行为称作倾销，首次将倾销概念引入经济学领域。需要指出的是本人查阅了亚当·斯密《国富论》一书的中文版和英文版[①]均未发现"倾销"或"Dumping"一词，亚当·斯密只是在后来的研究中将这种行为称作倾销。当然，亚当·斯密提到的"奖励"或"倾销"的含义从其上下文理解，主体意思是指"补贴"，和我们现在所使用的"倾销"术语的含义有较大差别。

　　据美国学者约翰·杰克逊（John H. Jackson）考证，第一次从现代意义上使用Dumping概念的是美国的《1868年商业与财政年鉴（VI326/I）》。[②] 1923

---

　　① 亚当·斯密著，杨敬年译. 国富论 ［M］. 西安：陕西人民出版社，2005；Smith, A.. The Wealth of Nations. U. S. Bantam Classics, 2003.

　　② 纪文华. 欧盟反倾销法与对中国反倾销成因分析 ［EB/OL］. 北大法律网：http: // article. chinalawinfo. com/Article_Detail. asp? ArticleId = 21791.

年，雅各布·瓦伊纳①在其名著《倾销：国际贸易中的一个问题》中把倾销定义为：在不同国家市场上实施价格歧视。雅各布·瓦伊纳将倾销分为三类：偶发性倾销、连续性倾销、间歇性倾销，并认为只有间歇性倾销才应受到制裁。但是在现在的研究中，有人也认为偶发性倾销也可能对进口国的相关产业造成损害，并扰乱其市场秩序；对于连续性倾销虽然出口国厂商本身可能受损，但同时也损害了进口国的利益，因此这两类倾销行为也应该为反倾销法所限制。

当然，其他的一些学者也根据自己的研究对倾销进行界定。对于倾销的经济学层面的定义由于学术研究的多样性，学者们对其界定也同时是多样性的，相对而言，法律层面的倾销界定则较为一致。

1.3.1.2 法律层面

目前，对于倾销的法律定义最为权威和最为广泛接受的是 WTO 的《1994年关税与贸易总协定》第 6 条（即"反倾销税和反贴补税"条款）和《反倾销协议》。另外再介绍几个有代表性的法律层面的倾销界定。

（1）《1994 年关税与贸易总协定》第 6 条第 1 款规定："各缔约方认识到，用倾销的手段将一国产品以低于正常价值的办法进入另一国的商业，如因此对一缔约方领土内一已建立的产业造成实质损害或实质损害威胁，或实质阻碍一国内产业的新建，则倾销应予以谴责。"因此，根据《1994 年关税与贸易总协定》，倾销是指"将一国产品以低于正常价值的办法引入另一国的商业"，该款还对如何判定是否"低于其正常价值"规定了（a）、（b）两种情况。

（2）WTO 的《关于实施 1994 年关税与贸易总协定第六条的协议》（Agreement on Implementation of Article VI of the GATT 1994），俗称《反倾销协议》。该协议第 2 条第 1 款规定："本协议之目的，如果一项产品从一国出口到另一国，该产品的出口价格在正常的贸易过程中，低于出口国旨在用于本国消费的同类产品的可比价格，也即以低于其正常价值的价格进入另一国的商业，则该产品即被认为是倾销。"

（3）美国 1930 年《关税法》第四分篇第二部分第 1675 节规定："进口产品的美国市场价格如果低于相似产品的公平价格，即为倾销。"

（4）欧盟现行的 1988 年的《2423/88 反倾销条例规定》第 1 条第 2 款规定："如果一个产品向共同体的出口价格低于在正常贸易过程中为该出口国确

---

① 雅各布·瓦伊纳著，沈瑶译. 倾销：国际贸易中的一个问题 [M]. 北京：商务印书馆，2003.

定的相似产品的可比价格，该产品就将被认为是倾销产品。"

（5）中国《反倾销条例》第3条第1款对倾销的定义为："在正常贸易过程中，若一国产品以低于该产品正常价值的出口价格进入中华人民共和国市场，即为倾销。"

可见，各国国内立法对倾销的界定基本一致，大同小异，因此，倾销可简单地界定为出口商以低于正常价值的价格向进口国销售产品。

1.3.2 反倾销的定义

反倾销是指为了避免来自他国的进口产品在本国倾销导致对本国相关产业造成损害，进口国当局为了保护本国产业而对该国的该产品进行案件调查，以及对该国的该产品限制进口，是抵制国际贸易中的不公平贸易行为的一种手段。

需要指出的是反倾销包括两个部分：反倾销调查和反倾销措施。

（1）反倾销调查，是指进口国的反倾销当局根据WTO的《反倾销协议》和国内相关的反倾销法规，在国内相关利益方提出反倾销调查申请的情况下，确认立案以后，对来自于被指控的出口国的涉案产品的进口进行调查。当然进口国的反倾销当局也可以在没有相关利益方提出反倾销调查申请的情况下自行确定反倾销的立案调查。反倾销调查当局在调查中需要判定几个方面：是否存在倾销、涉案产品的进口是否对国内相关产业造成了损害、倾销和损害之间是否存在因果关系。这三者缺一不可，只有三个方面都符合，进口国反倾销当局才能采取最终反倾销措施。

（2）反倾销措施，是指进口国反倾销当局根据对涉案产品和涉案厂商进行反倾销调查过程中或调查结束后采取的具体的限制进口的各种措施。按照WTO《反倾销协议》中的条款规定，可以将反倾销措施分为三类：临时反倾销措施、价格承诺、最终反倾销措施。临时反倾销措施是指被调查产品的进口方反倾销当局经反倾销调查后，初步认定存在倾销并且认定倾销给其国内行业造成了损害，而对外国进口产品采取的临时限制进口的措施。这一措施的主要形式有：临时反倾销税、现金保证金、保函或其他形式的担保、预扣反倾销税等形式。价格承诺是指参加应诉的出口商、生产商向进口国反倾销当局自愿做出的，改变价格或者停止以倾销价格出口被调查产品并经反倾销当局接受而暂停或终止调查的承诺。"中止协议"是较常见的一种"价格承诺"的做法。如美国于1994年10月31日立案的对中国蜂蜜反倾销案是中美政府之间用中止协议（Suspension Agreement）条款来处理反倾销案件的第一个案件。蜂蜜反倾销案的中止协议规定中国年度出口量为 43 925 000 磅，按美国蜂蜜市场增长情况，出口量的调整最多不超过年度配额量的 6%，配额量按半年分配，允许有接转和借用。① 被诉产品不能低于参考价格销售。参考价格由美国商务部按季度发布，确定之前要与中国政府商量。参考价格是相当于在最近 6 个月美国从其他国家进口蜂蜜的单价的加权平均价的 92%。② 最终反倾销措施则是在进口国的反倾销调查当局在调查完成后做出肯定性终裁的情况下实施的限制进口的措施，常见的形式是征收反倾销税。反倾销税是对倾销商品所征收的进口附加税，其通常相当于出口国国内市场价格与倾销价格之间差额的进口税。但是最终反倾销措施的实施不仅限于征收反倾销税。下面以印度对中国反倾销中实施最终反倾销措施的几起案件为例来说明，从量征收反倾销税形式：2002 年立案的桑蚕生丝案件终裁被征收 47.89% 的反倾销税；从价征收反倾销税形式：2004 年立案的橡胶助剂终裁被征收 450 美元/公吨的反倾销税；最低限价形式：2003 年立案的聚醚多元醇终裁为最低限价 1 472.77 美元/公吨；以规定价格和进口到岸价之间的差价为标准征收反倾销税形式：2003 年立案的二氧化钛终裁按照 1 227 美元/公吨与进口到岸价之间差价征收反倾销税。③

1.3.3 反倾销的法律程序

1.3.3.1 反倾销调查

首先由进口国利益方向进口国反倾销当局提出立案申请，进口国反倾销当局认定符合立案条件时则正式对外公告立案，开始反倾销调查。

反倾销调查的内容与实施最终反倾销措施的条件是相关的。一国要实施最终反倾销措施必须符合以下三个条件：其一，产品以低于正常价值或公平价值的价格销售。其二，这种低价销售的行为给进口国相关产业造成了损害。这里的损害包括实质性损害、实质性损害威胁和实质性阻碍。其三，损害与倾销之间存在着因果关系。基于国际经济关系的复杂性，这种因果关系只是一般性的要求，至于倾销是否是造成损害的直接原因，则并不探究。只有同时具备上述三个条件，该国才能对这种倾销行为采取反倾销措施，因此反倾销调查要涉及

---

① 周灏，祁春节. 美国对中国蜂蜜反倾销效应分析 [J]. 生态经济，2010（7）：119～124 + 133.

② 朱明霞. 美国对中国主要反倾销案件——蜂蜜案 [EB/OL]. 国际商报网：http://xnc. shangbao. net. cn/a/37520. html.

③ 周灏. 印度对中国反倾销的特点及原因研究 [J]. 经济与管理研究，2007（5）：61～66.

两个方面：倾销调查和损害调查。

在美国，负责反倾销的机构有两个，一个是美国国际贸易委员会（ITC），另一个是美国商务部（DOC）。国际贸易委员会负责调查和裁决外来的进口产品是否对本国同类工业造成了损害。商务部负责调查和裁决外来的进口产品是否低于公平价值在美国市场上倾销，并计算出倾销的幅度。欧盟反倾销的具体调查统一由欧盟委员会执行，负责反倾销事务的是欧盟委员会的第一关税司，其中倾销调查和产业损害调查又分别由不同的业务部门负责。中国的反倾销调查机构2003年前后有差异，根据中国《反倾销条例》的第2章第3条规定：对倾销的调查和确定，由对外贸易经济合作部负责。《反倾销条例》的第2章第7条规定：对损害的调查和确定，由国家经济贸易委员会负责。由于中国在2003年3月十届人大一次会议通过了国务院提交的国家行政机构改革的方案，撤销了对外贸易经济合作部和国家经济贸易委员会，取而代之的是新设立的机构——商务部，商务部统一行使原来分属对外贸易经济合作部和国家经济贸易委员会的反倾销职能。

1.3.3.2　反倾销裁决

进口国的反倾销调查机构完成倾销调查和损害调查后，分别进行倾销和损害的初裁和终裁。终裁时，倾销裁决和损害裁决中只要有一个裁决是否定性的，则进口国不能实施最终反倾销措施。只有当终裁时倾销裁决和损害裁决都是肯定性的时候，并有因果关系，这时就进入实施最终反倾销措施阶段。

1.3.3.3　实施最终反倾销措施

最终反倾销措施中最为常见的就是征收反倾销税，前文也讲到，进口国也可能采取征收反倾销税之外的其他方式（如最低限价等）。根据WTO《反倾销协议》第11条第3款的规定，"最终反倾销税仍应自征税起不超过5年之内结束"，进口国实施最终反倾销措施征收反倾销税的期限是5年。

1.3.3.4　行政复审

按照《反倾销协议》第11条第2款中的规定，征收最终反倾销税过了一段时间后，5年的期限未到时，有利害关系的当事人可以提出行政复审申请，反倾销当局也可以主动进行行政复审，如果行政复审认定征收反倾销税不再合理时，可以提前终止反倾销措施的实施。

根据美国法律规定，当某种商品被征收反倾销税满 1 年开始，每年都对上一年度的被征税商品的倾销幅度进行行政复审，若在连续 3 年的审查中达到最低倾销幅度（低于 0.5%）或没有倾销幅度，则可由美国商务部撤销反倾销税命令。另外，当被征收反倾销税的商品在反倾销命令满 5 年时可以进行日落复审，即审查如果撤销反倾销命令后，倾销是否会继续或再次发生（由美国商务部决定）；或者如果命令撤销，对美国国内行业的损害是否可能持续下去或再次发生（由美国国际贸易委员会决定）。如果第 5 年复审仍裁定企业倾销，则反倾销令将再次延续 5 年。

1.3.3.5　上诉

当事方对反倾销终裁结果或复审结果不服时，还可以向反倾销国的司法机构提出上诉申请。例如，在美国负责处理上诉的部门有两级，一是美国国际贸易法院，二是美国海关与专利上诉法院。如对反倾销案的裁决不服，可以先上诉美国国际贸易法院。如仍不服，再上诉美国海关与专利法院。美国对中国苹果汁反倾销案件就是中国苹果汁企业通过上诉获胜的一个典型案件。1996 年 6 月 27 日美国商务部决定正式对中国出口美国的浓缩苹果汁进行立案调查，2000 年 6 月 5 日，美国商务部做出了肯定终裁，我方败诉。我方认为美国商务部裁决不公正，因此中国涉案企业于 2000 年 7 月向美国国际贸易法院上诉商务部裁决不公，2003 年 11 月 20 日，美国国际贸易法院否定了美国商务部以前的裁决结果，最终裁定：10 家应诉企业 6 家获 0 税率，4 家获 3.38% 的加权平均税率，未应诉企业一律为 511.74%。2004 年 2 月 9 日，美国商务部也根据国际贸易法院的终审裁决做出反倾销修正令，中方应诉企业上诉以胜诉结案，这在中国反倾销史上是首例，也是绝无仅有的。[①]

1.4　技术路线、研究框架和研究方法

1.4.1　技术路线

为了能清晰地描述研究的技术路线，特采用图示进行说明（见图 1.3）。

---

① 王小波. 苹果汁反倾销案中国企业"告倒"美商务部纪实［EB/OL］. 新华网：http://news. xinhuanet. com/fortune/2004 - 02/12/content_1311071. htm.

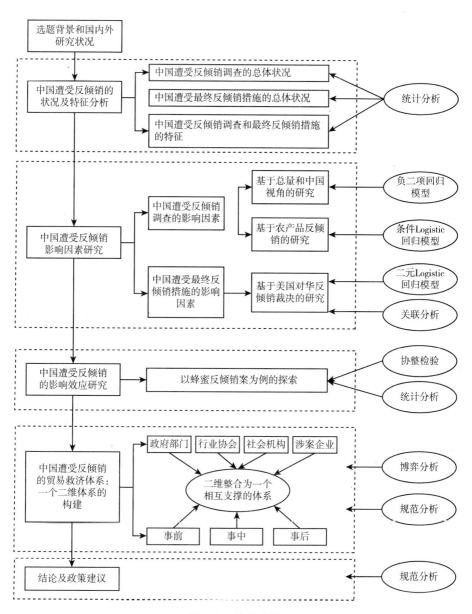

图 1.3　技术路线

1.4.2 研究框架

本书主要研究中国遭受反倾销的影响因素，以及研究国外反倾销对中国造成的影响，并探讨如何构建反倾销的二维贸易救济体系。根据研究的需要，本书构建出的研究框架如下，共涉及8章研究内容。

第1章为导论。主要介绍本书的研究背景、研究目的和研究意义；对相关的基本概念进行界定并对相关法律规定进行说明；详细阐明本书的技术路线、研究框架和研究方法；最后对本书的可能创新和不足之处进行阐述。

第2章进行文献综述。主要是针对与本书研究内容相关的几个方面的国内外研究动态进行总结和评述。

第3章对中国遭受反倾销的状况及特征进行分析。由于反倾销包含反倾销调查和最终反倾销措施的实施两个方面，因此本书不仅要对中国遭受反倾销调查的状况及特征进行研究，同时还对中国被实施最终反倾销措施的状况及特征进行研究。

第4章对中国遭受反倾销调查的影响因素进行研究。这是本书研究重点。本章分为两个大的研究内容，一个是从较宏观的总量层面的研究，不对涉案产品进行细分，另一个是专门针对农产品反倾销的研究，是较为微观的涉案产品层面的研究。具体而言：一是基于总量和中国内部视角去实证研究中国遭受反倾销调查的影响因素，是从中国遭受反倾销调查的总量和中国内部视角方面进行实证分析；二是基于农产品反倾销去实证研究中国遭受反倾销调查的影响因素，是以中国农产品遭受反倾销调查为基础进行实证分析。

第5章对中国遭受最终反倾销措施的影响因素进行研究。这是本书研究重点。为了研究更趋于细致，因此在这部分的研究中缩小了研究对象，选取对中国反倾销中非常具有代表性的美国，以美国对中国反倾销的裁决结果为研究样本进行实证分析。

第6章对中国遭受反倾销的影响效应进行研究。为了对反倾销产生的影响的分析能更为具体和精确，本书选取了中国遭受反倾销案件中的一个非常典型的案件——农产品中的蜂蜜产品反倾销案为研究对象，通过实证研究方法，并结合统计分析与逻辑推理的方法进行影响效应的研究。

第7章对中国遭受反倾销的二维贸易救济体系构建进行研究。这是本书研究的重点。以前文的研究为基础，为了避免或减少对中国反倾销对中国产生的负面影响和各种损害，建立反倾销的贸易救济体系是非常必要的。首先，明确本书所研究的贸易救济的含义。贸易救济包括两层意思：一层意思是指中国对外采取的反倾销、反补贴和保障措施；另一层意思是指当中国遭受国外滥用反倾销、反补贴和保障措施时，为维护中国正常的贸易和减少贸易损失，而采取的一系列救助性的政策措施。本书的研究是专指第二层意思。其次，对涉案企业的胜诉预期进行研究。涉案企业之所以不愿意参加反倾销应诉主要原因在于高额的应诉费用和应诉结果的不确定，因此胜诉预期状况会对是否积极应诉起到至关重要的作用。该部分将研究预期结果如何对应诉行为产生影响、哪些因素对胜诉预期有影响、如何改善涉案企业的胜诉预期。再次，进行中国遭受反倾销的二维贸易救济体系构建的框架研究。涉及总体框架和详细框架，构建出功能维度和时间维度在纵向和横向有机耦合的二维贸易救济体系，改变以前中国贸易救济体系的单一性，提升整个反倾销贸易救济体系的效用。最后，在框架构建的基础上进行二维贸易救济体系构建的运作研究，以时间维度为序具体分析在不同的时间维度中功能维度的各个主体如何运行，使各个主体的单独行为能起到相互支撑的作用，最终能将贸易救济的效用更大地发挥出来。

第 8 章是结论及政策建议。首先，在上面各章研究的基础上，得出本书的主要研究结论；其次，指出政策建议的宏观性总体指导思想就是："构建中国遭受反倾销的二维贸易救济体系"，并在这个宏观性总体思想的指导下针对贸易救济体系中的一些关键性之处提出了政策建议。

1.4.3　研究方法

本书是基于中国遭受反倾销这一严峻的现实问题而设计的，不仅要对直接的贸易问题进行研究，而且还要涉及汇率问题、法律问题、多个部门的协作问题，因此本课题需要综合应用国际经济学、统计学、计量经济学、金融学、博弈论以及法律等多学科交叉展开研究。总体上，理论与实际相结合，重在实际；实证研究与规范研究相结合，以实证研究为主；定量分析与定性分析相结合；总量研究与局部分析相结合等多种方法。在此基础上，强调实证分析的科学性，规范分析的现实性，模型设计的可行性和策略选择的可操作性、前瞻性。具体的研究方法散见于各个章节，相互支撑。

1.4.3.1　负二项回归模型

从总量和中国视角去研究中国遭受反倾销调查的影响因素时，由于反倾销领域中的特殊性，因变量是国外对中国反倾销调查案件数量，是非负的离散变量，属于计数数据，无法采用一般的回归模型，并且由于泊松模型受到的限制较多，因此本书采用计数模型中的负二项回归模型进行反倾销调查的影响因素的甄别。

1.4.3.2 条件 Logistic 回归模型和二元 Logistic 回归模型

基于农产品反倾销去研究中国遭受反倾销调查的影响因素时，涉及反倾销调查的发起或未发起，同样无法采用一般的回归模型，而且研究中要进行案件的比对，因此需要采用配对的方法去研究反倾销调查的影响因素。本书选用了医学研究上运用较多，但在经济管理领域运用的非常少的条件 Logistic 回归模型进行影响因素的甄别。另外在中国遭受最终反倾销措施的影响因素研究中，裁决结果是一种二元结果：肯定性裁决或否定性裁决，因此研究中使用了二元 Logistic 回归模型进行反倾销裁决的影响因素的甄别。

1.4.3.3 关联分析

在中国遭受最终反倾销措施的影响因素的研究中，由于要专门分析中国"非市场经济地位"对裁决税率高低的影响，而相关分析方法是用于反应连续变量或有序分类变量相关性的研究，此处不适，因此本书采用了关联分析的方法。

1.4.3.4 Johansen 协整检验

在中国遭受反倾销影响效应的研究中，为了检验美国的反倾销是否对中国蜂蜜的出口价格产生影响时采用了 Johansen 协整检验的方法来进行实证分析。

1.4.3.5 统计分析

本书采用的统计分析方法是一种描述性统计分析，在中国遭受反倾销的状况及特征的分析中大量使用，在这部分统计了中国遭受反倾销调查和遭受最终反倾销措施的各类数据指标，包括案件数量、发起国家、涉案产品、反倾销强度指数、占比、增长率等，通过翔实的统计数据来揭示出中国遭受反倾销的状况和特征。在中国遭受反倾销的影响效应研究中也使用了和涉案的蜂蜜产品相关的大量的描述性统计数据进行逻辑推理和判断。

1.4.3.6 规范分析与博弈分析

规范分析对本书的研究而言是一种不可或缺的重要的研究方法，具体来讲，主要是在下面的研究内容中单独使用或与其他方法结合使用：对国内外相关研究的总结和评述；涉案企业胜诉预期的研究；二维贸易救济体系构建的框架研究和运作研究；结论及政策建议研究等。博弈分析主要运用于"中国遭受反倾销的贸易救济体系：一个二维体系的构建"中有关涉案企业胜诉预期的研究部分。

研究中使用的辅助软件主要是 SPSS 16.0 和 Eviews 6.0。由于 SPSS 16.0 和 Eviews 6.0 两个软件在功能上有差异，因此根据不同的研究内容选用 SPSS 16.0 或 Eviews 6.0 软件为辅助工具完成定量计量分析和模型分析。

1.5 可能的创新与不足之处

1.5.1 可能的创新

书的创新是书的最为重要的生命力之一，本书可能的创新点可总结为下面三个方面：

（1）重新测算了人民币有效汇率，并分析其对反倾销调查的影响。人民币汇率分为双边汇率和有效汇率，由于人民币双边汇率是用于研究中国与对方国家的双边贸易的，在研究中国遭受反倾销总量的背景下，对中国反倾销的国家不止一个，双边汇率无法反映出人民币与这些对中国反倾销国家所使用货币之间的汇率的整体情况，正如人民币对美元的双边汇率只能用于美国对中国反倾销的研究，而无法用于研究印度对中国反倾销。而有效汇率（Effective Exchange Rate，EER）就弥补了上述缺陷。以前的文献中主要是直接采用 IMF 公布的人民币有效汇率进行反倾销研究，但是这种做法有一定缺陷，所以本研究的人民币有效汇率需要进行重新计算，主要是在样本国的选取和基期的确定上需要进行调整。调整的理由如下：其一，由于我们需要考察人民币有效汇率对反倾销的影响，因此在选取样本国时既要选取中国主要的贸易伙伴国，又需要选取对中国反倾销的主要的国家作为样本国，即需要对这两个方面进行综合考虑。在 IMF 选取的样本国中缺少了一些主要的对中国反倾销国家，比如不包含印度，而印度是现在每年对中国反倾销数量最多的国家。其二，IMF 公布的有效汇率的基期调整过几次，因此导致不同时段的有效汇率不具备可比性，为了让人民币有效汇率具备连续性和可比性，因此需要重新设定基期，并按照新设定的基期重新计算。

国际货币基金组织测算人民币有效汇率时，选取了 16 个样本国和地区，它们分别是中国香港、日本、美国、德国、中国台湾、法国、意大利、英国、加拿大、韩国、荷兰、比利时、新加坡、澳大利亚、瑞士和西班牙。考虑到需要将一些主要的对中国反倾销国家包括进来，因此将样本国家和地区扩展为22 个，即在上述 16 个样本国或地区的基础上再增加 6 个主要的对中国反倾销国家：印度、阿根廷、土耳其、巴西、南非、墨西哥。计算过程中所有样本国和地区都调整为 1995 年为基期。

（2）在国内首次基于非时间序列定量分析了中国的"非市场经济地位"问题和微观因素对反倾销裁决的影响。总体而言，国内外的学者主要偏重于研究经济因素对反倾销的影响，对于非经济因素对反倾销的影响虽有研究，但针对中国的实证研究较少。针对中国的"非市场经济地位"的研究主要集中在国内学者身上，但国内学者的研究主要是采用一般逻辑推理和个案的研究，专门就"非市场经济地位"问题给中国的反倾销带来多大的负面影响进行定量分析和实证分析很少，有少数的实证研究是基于时间序列以某个年份为界设定一个虚拟变量来反映中国的"非市场经济地位"的变化，这种研究设定有些粗糙，导致研究结果可能会出现偏差。虽然国外的学者对这一领域的问题进行了定量分析和实证分析，但都没有就中国的"非市场经济地位"问题进行专门研究。本书在对中国反倾销裁决的影响因素部分，不使用通常的时间序列，而采用非时间序列，即以各个案件的裁决结果为样本，定量实证分析中国的"非市场经济地位"对肯定性或否定性裁决以及反倾销税率高低的影响。另外由于对于反倾销影响因素的研究集中于宏观因素，对微观因素的研究非常稀少，所以本书还重点考察各个案件中具体涉案产品对起诉国出口的份额变动、出口价格的变动等微观因素，定量分析微观因素对反倾销裁决的影响。

（3）研究了涉案企业反倾销胜诉预期并构建了反倾销二维贸易救济体系。积极应诉不应该成为一句空洞的口号，促使涉案企业积极应诉仅靠呼吁是不够的。其实每个涉案企业都知道不参加应诉的严重后果，但是实际上仍然有一些企业会放弃反倾销应诉。企业之所以不愿意参加反倾销应诉主要原因在于高额的应诉费用和缺乏胜诉预期，因此胜诉预期状况对是否积极应诉起到至关重要的作用。本书研究了预期结果如何对应诉行为产生影响、哪些因素对胜诉预期有影响、如何改善涉案企业的胜诉预期。前文已述本书所研究的反倾销贸易救济是指其第二层意思，即当中国遭受国外滥用反倾销、反补贴和保障措施时，为维护中国正常的贸易和减少贸易损失，而采取的一系列救助性的政策措施。对于反倾销的贸易救济的研究有不少，但没有就如何构建一个完整的贸易救济体系进行系统研究。完整的贸易救济体系应是功能维度和时间维度在纵向和横向有机耦合的二维贸易救济体系。功能维度包括：宏观的政府部门，中观的社会机构和行业协会，微观的涉案企业三个层次；时间维度包括：事前的预警体系、事中的应对措施、事后的弥补策略三个层次。本书研究了如何将这些宏观、中观、微观组成要素和事前、事中、事后组成要素进行合理的设计和耦合，使其构建成为一个较完整的反倾销二维贸易救济体系，期望能改变以往中国贸易救济体系构建的单一性，并能提升整个反倾销贸易救济体系的效用。

1.5.2　不足之处与展望

学术研究其实是一个不断探索和尝试的过程，我们都期望研究的完美，都尽量倾向于研究结果的无暇，但实际上整个研究中或多或少地存在一定的不足，正确地识别出研究中的不足之处正好为我们以后的进一步研究指出了方向。

（1）在"中国遭受反倾销调查的影响因素：基于总量和中国视角研究"中，由于WTO官方公布的权威的反倾销数据最远只能追溯到1995年，由于对中国反倾销的国家较多，通过其他渠道获得的1995年之前的反倾销数据则不够全面和系统，并且与之配套的其他的数据的获得也存在同样的问题，因此，本书该章节为了保证所用时间序列数据的权威和全面、系统，只分析了1995~2009年的情况，时间序列较短这对分析结果可能会产生一定影响。随着权威数据的不断披露和配套的其他的数据的获得，今后将继续进行延伸性研究。

（2）中国遭受反倾销的影响效应研究中，主要是研究了与贸易直接相关的一些影响，由于缺乏相应的数据，没有考察反倾销对关联产业的影响、对投资的影响等其他的影响效应。在今后的课题研究中将以此为基础，研究反倾销对中国某一具体的出口产业链的影响，并将此作为研究的重点方向。

（3）对于涉案企业胜诉预期的研究中，由于缺乏广泛的涉案企业的调查问卷，因此无法对更多的影响涉案"胜诉预期"的微观因素进行实证分析。今后一旦具备条件将继续对该方向进行研究。

第2章 文献综述

随着反倾销的运用逐渐全球化以及反倾销对一国产生的影响范围越来越广，各国对反倾销领域的研究也越来越广泛。有的是从法律视角来研究 WTO 的《1994 年关税与贸易总协定》第 6 条、《反倾销协议》以及各主要国家的国内的反倾销立法；有的是从纯经济理论视角来分析反倾销的发起竞争策略和福利效应的理论；有的是采用定性或定量的方法来分析反倾销的影响因素、影响效应；还有的是从博弈角度来研究反倾销的应对策略等。根据本书的主要研究内容，只对和本书研究相关的研究文献进行综述。

与本书研究相关的国内外研究主要涉及三个大的方面：各类因素对反倾销的影响、反倾销的影响效应、针对反倾销的贸易救济。

2.1 各类因素对反倾销影响的研究

国内外很多学者分别从不同的角度对影响反倾销的相关因素进行了研究，既有基于理论和现状来分析影响反倾销的相关因素；也有通过搜集相关数据设置变量建立模型来分析影响反倾销的因素。这里将各种影响因素分为经济因素和非经济因素，其中国内外文献对经济因素的关注最多，对非经济因素的研究相对较少。

2.1.1 经济因素对反倾销的影响

2.1.1.1 汇率与反倾销

汇率因素一直以来都是国内外学者们重点研究的反倾销影响因素之一。一般理论认为，本币升值使得进口产品的本币价格降低，本国生产厂商受到实质伤害可能性会随之增加，从而增加反倾销的可能性。

Feinberg（1989）研究了汇率对于美国针对巴西、韩国、日本和墨西哥发起反倾销的影响。他主要是根据从 1982～1987 年这 5 年期间的数据，以季度为统计单元，采用单因素分析模型进行研究，结果显示美元对这 4 个国家的双边汇率的波动是决定案件诉讼的重要因素，特别是针对日本企业。具体而言，认为美元贬值会导致美国反倾销的增加。这与一般的理论推导的结果相反。但是 Knetter 和 Prusa（2003）研究了美国、欧盟、加拿大以及澳大利亚 4 国启动反倾销案件数量与汇率之间的关系，结果显示实际汇率与倾销案件之间显著相关：本国货币升值 1 个标准单位，反倾销案件数量会上升 33%。Knetter 和 Prusa 指出主要是由于 Feinberg 采用的是小样本范围和概率模型，导致了结果的差异。样本的选择影响结果的可信性，这给人们继续研究这类问题留下了重新讨论选择数量模型及其工具的空间。Irwin（2005）研究美国在过去半个世纪年度反倾销案件诉讼的影响因素，认为反倾案件的年度数量受到汇率的影响。Hallworth 和 Piracha（2006）使用二项式回归测量了 1994～2001 年期间的宏观经济变量和反倾销诉讼之间的关系，结果显示汇率对反倾销诉讼存在影响。Niels 和 Francois（2006）研究了 1987～2000 年的反倾销，证明了包括汇率变动在内的宏观经济因素和反倾销诉讼间的关系。

国外还有部分学者对汇率于反倾销税率之间的关系进行了研究。如 Blonigen 和 Haynes（2002）通过观察反倾销案件来探索反倾销税率与汇率之间的关系，研究了反倾销调查对反倾销税与汇率之间传递的影响，使用了 1989～1995 年美国从加拿大进口的共涉及 345 个 10 位数 HTS 产品代码的钢铁产品月度数据样本进行检验，认为裁定征收反倾销税与汇率传递之间存在显著关系，并且关系复杂。

国内学者对汇率的研究主要是关注人民币汇率的变化对反倾销的影响。沈国兵（2007）运用负二项计数模型，探究了美国对中国反倾销的宏观决定因素，发现美元对人民币实际汇率变动率上升，会增加美国对中国反倾销调查及最终反倾销措施数量。赵晓霞（2007）基于 15 个国家 1995～2004 年反倾销的统计数据，通过面板数据模型实证研究，发现汇率与反倾销立案数量显著相关，但在发展中国家中，汇率对反倾销立案数量影响的显著性较低。潘圆圆（2008）实证研究结果显示中国遭受反倾销起诉的数量受到汇率变动的影响。宋伟（2008）使用 1994～2006 年的美国和印度对中国反倾销的数据采用蒙特卡洛模拟的方法进行研究，发现人民币的汇率变动是反倾销的宏观决定因素之一。在国内学者的研究中，也有一些研究发现汇率对反倾销并无显著影响。如谢建国（2006）使用格兰杰因果检验与计数模型对美国对中国贸易反倾销的经济、政治及制度因素进行了实证分析，结果显示经济因素仍然是美国对中国贸易反倾销的主要原因，但是却未发现人民币实际汇率与美国对中国产品反倾销立案之间存在直接的关系。邹昆仑（2008）利用 1991～2006 年期间的时间序列数据来检验中国在美国遭遇反倾销影响因素，研究结果显示汇率对中国企业在美国遭遇反倾销几乎没有影响，这一结论明显有别于我们的直觉判断。

2.1.1.2 经济增长与反倾销

对于经济增长对反倾销的影响也是国内外学者关注较多的问题。经济增长常用 GDP 增长率来衡量，从 GDP 增长率来考察其对反倾销的影响，有的研究了进口国的经济增长的影响，有的研究了出口国的经济增长的影响，研究结果不尽一致。

Mah（2000）研究了在美国国际贸易委员会的反倾销裁决中的宏观经济影响因素。肯定性反倾销裁决的百分率增长被认为是经济增长降低的原因。Knetter 和 Prusa（2003）分析了影响美国、澳大利亚、欧盟和加拿大频频发起反倾销调查的宏观因素，研究表明，进口国 GDP 增长每减少 1 个标准单位，反倾销调查数量增加 23%，而出口国 GDP 增长与反倾销调查数量的关系则不明朗。Hallworth 和 Piracha（2006）研究发现 GDP 对反倾销诉讼存在影响。

黄建康、孙文远（2006）采用泊松模型实证研究了美国 1980～2003 年间的反倾销案件，发现经济增长率是对美国反倾销的影响最大因素之一。宋伟（2008）认为发起国的 GDP 增长率是反倾销的宏观决定因素之一。赵晓霞（2007）发现 GDP 增长率反倾销立案数量显著相关，但是邹昆仑（2008）的研究表明美国经济增长率对中国企业在美国遭遇反倾销几乎没有影响。

2.1.1.3 贸易状况、其他经济因素与反倾销

贸易状况主要涉及贸易额、贸易渗透率、贸易差额等指标，除了贸易状况之外，国内外学者们还研究了如失业率、雇员人数、价格、利润、投资、产业情况等诸多较为庞杂的其他经济因素对反倾销的影响。

Feinberg 和 Hirsch（1989）发现高资本集约度的产业，特别是那些面临工人失业和不断增加的进口份额的产业最有可能发起反倾销诉讼。他们认为反倾销诉讼的主要动力来自于保护资本和劳动力的超额利润，而不是保护垄断利润。Leipziger 和 Shin（1991）使用标准 Logit 技术实证检验了美国产业决策对国外竞争者发起反倾销的影响。发现面临大量进口的国内产业和该进口占据了美国市场的显著份额的国内产业更容易发起反倾销，另外还发现衰退中的产业

趋向于更频繁地发起反倾销。Krupp（1994）根据 1976～1988 年美国化工产业的数据分析了发起反倾销诉讼的影响因素，认为进口渗透、雇员人数、价格成本利润率、化工产品指数和倾销幅度对发起反倾销诉讼有显著影响，而平均工资、资本货物比率和新资本支出货物比则无显著影响。Mah（2000）研究了在美国国际贸易委员会的反倾销裁决，Johansen 协整检验的结果显示肯定性反倾销裁决的百分率增长和贸易差额之间存在长期均衡关系。Sabry（2000）使用美国数据研究了美国反倾销案件。实证研究的结果显示进口渗透率、资本利用和美国商务部的倾销评估在解释反倾销诉讼的结果时是显著影响因素；进口渗透率、集中度和资本利用的交互作用对于反倾销诉讼的发起是显著影响因素。分析显示在高资本利用、低集中度的产业中更容易发起反倾销诉讼，但高集中度的产业更容易获得保护。结果也显示涉案产业的集中度水平、进口渗透率、倾销评估则对倾销幅度的测算有影响。Prusa（2002）使用了 1980～1998 年的反倾销诉讼案例，采用了非线性方法确认反倾销的动因，并发现存在相当多的战略动因，认为反倾销活动的上升不能只通过不公平贸易的增长来解释。Lee 和 Mah（2003）运用 OLS 方法检验了多种因素是否影响以及如何影响在反倾销裁决中美国国际贸易委员会的损害裁决。通过 1975～1999 年的反倾销案件的实证分析，结果显示增长的进口渗透率对国际贸易委员会的肯定性裁决的百分率存在正向影响，认为如失业率、进口国生产率等变量有间接影响。Mah（2006）使用美国数据揭示了反倾销中损害裁决的影响因素。实证结果显示所有的美国国际贸易委员会委员都会考虑涉案产业的利润的变化，利润/销售额比的变化影响到少数委员的行为。Baruah（2007）基于印度的情况研究了反倾销的因素，认为虽然进口和国内产业的绩效可能会影响反倾销案件的发起，但是这些因素没有对当局的最终裁定产生显著影响。Keithly 和 Poudel（2008）针对具体的涉案产品——对虾进行了更为细致的研究，研究了美国对来自中国、越南、印度、泰国、厄瓜多尔、巴西 6 个国家对虾的反倾销案件，分析了导致反倾销诉讼的因素，认为对虾进口数量的增长、进口价格的降低等因素对反倾销产生影响。

黄建康、孙文远（2006）发现进口增长率是对美国反倾销的影响最大因素之一，通货膨胀因素也有较大影响，最不重要的是出口行业和消费者（劳动者）利益。谢建国（2006）的研究显示美国国内工业产出增长率与对中国贸易逆差显著提高了美国对中国的反倾销调查频率。沈国兵（2007）认为美国工业生产增长率、失业率、中国对美的进口渗透率的变化都影响了美国对中国反倾销行为。赵晓霞（2007）的研究发现失业率、经常项目差额等变量与反倾销立案数量显著相关，其中失业率的影响比 GDP 增长率更加显著。在发展中国家中，经常项目差额对反倾销立案数量影响的显著性较高。孙娜（2009）实证研究显示印度前一年贸易开放度、印度当年进口增长率、印度当年出口增长率、印度当年贸易逆差占 GDP 之比以及前一年贸易逆差占 GDP 之比对印度发起反倾销调查案件有显著影响。而印度报复动机不显著，但是如果对受害国分别加以考察这个因素的话，结果可能就会有所不同。王晰、张国政（2009）运用 VAR 模型和脉冲响应函数对 1980～2007 年美国反倾销与制造业进口、产出、直接投资的相互关系进行了研究，发现制造业进口与产出波动是决定美国反倾销发起的主要因素，直接投资在中长期也会对反倾销发起产生影响。田玉红（2009）通过对 1996～2007 年国际对中国反倾销以及中国相关经济数据的实证分析，结果表明，中国市场化程度越低，国际对中国反倾销的次数不升反降；外商投资企业出口总额的逐年增长对于减少国际对中国反倾销并无明显帮助，加工贸易和贸易竞争力对减少国际对中国反倾销作用明显。

2.1.2 非经济因素对反倾销影响的研究

由于影响反倾销的不仅有经济因素而且还有非经济因素，如政治因素、政府权力控制、进口国产业利益因素、社会因素、发展中国家模仿发达国家反倾销经验、报复意图等。文献显示出学者们在关注经济因素的同时也在关注非经济因素对反倾销立案调查和裁决的影响。

2.1.2.1 进口国生产商因素与反倾销

Feinberg 和 Hirsch（1989）通过反倾销数据分析得出进口国生产商数量与当局者做出肯定性反倾销裁定成反比。Czinkota 和 Kotabe（1997）使用 Logit 模型就 1980～1992 年期间影响美国国际贸易委员会做出反倾销裁定结果的决定因素进行分析，结果发现进口生产商的规模与反倾销申诉动机不同，大型公司使用反倾销作为对外竞争的保护伞，而小型公司只有在市场萎缩情况下才可能获得这种保护。

2.1.2.2 报复因素与反倾销

Herander 和 Schwartz（1984）认为随着企业对反倾销程序的熟悉，企业会越来越倾向于采用反倾销策略来保护自己，而贸易伙伴国的战略性反倾销报复措施，在一定程度上可以降低国内企业使用反倾销概率。Blonige 和 Bown（2003）用两种检测方法来观察报复行为的反倾销活动可能带来的负面影响，首先，反倾销报复会阻断国内产业的能源、技术等各种进口来源，其次，报复行为会使进口国政府更倾向于做出不正确的裁决决定。他们通过对 1980 ～ 1998 年的反倾销案件数据的收集并使用扳机价格模型（Trigger Price Model）研究相互倾销架构，通过实证分析发现发展中国家与发达国家有针锋相对报复的现象。

孙娜（2009）研究了印度发起反倾销调查案件的影响因素，认为印度报复动机不显著，但是如果对受害国分别加以考察这个因素的话，结果可能就会有所不同。杨艳红（2009）利用计数模型，分析了 1994 ～ 2006 年间美国、欧盟、澳大利亚、土耳其、墨西哥、阿根廷和印度对中国反倾销调查的共同影响因素，结果发现中国对外反倾销调查数量增加会显著抑制国外对中国反倾销调查行动。田玉红（2009）的研究认为中国对外反倾销对国际对中国反倾销形成一定的威慑作用。

2.1.2.3 政策法规、政治因素与反倾销

Moore（1992）分析了美国国际贸易委员会在 1980 ～ 1986 年间的反倾销裁决，研究显示政治因素能帮助预测委员会的裁决结果。如果诉讼方的支持者是参议院监管委员会的成员，则对诉讼方有利。裁决中可能对欠发达国家的出口存在偏见的证据也被提出来了。Tharakan 和 Waelbroeck（1994）采用计量经济分析的方法，使用 Finger-Hall-Nelson（FHN）模型研究了欧盟的倾销和损害的确定，区分了政治性的影响因素和技术性的影响因素。结果显示技术性的影响因素支配了倾销的确定，而政治性的影响因素在损害的确定中更重要。研究结果建议那些对限制反倾销滥用有兴趣的人应该将注意力放到损害确定机制上。Hansen 和 Prusa（1997）使用细分产业与政治压力数据，认为特定产业集团更容易通过政治行动委员会的政治捐赠对倾销裁定结果产生影响，在实际的倾销裁定中，政治压力比实际的经济损害更能影响倾销裁定的结果。Mah（2000）的研究发现在美国国际贸易委员会的反倾销裁决中存在派系特征。Lee 和 Mah（2003）运用 OLS 方法检验了制度变化是否影响以及如何影响美国国际贸易委员会的损害裁决。通过 1975 ～ 1999 年的反倾销案件的实证分析，结果显示民主党的委员比共和党的委员对于宏观经济状况的变化更为敏感，而且有强烈的证据显示 WTO 制度的开始和随之而来的争端解决机制的建立降低了肯定性损

害裁决的可能性。Aggarwal（2004）检验了宏观因素如何影响到发达国家和发展中国家的反倾销的使用，认为反倾销法律主要权限实际上更多的是政治上的而不是经济上的，1980~2000年99个国家的面板数据结果增强了对这个观点的认识。Aggarwal还研究了WTO对各国反倾销使用的影响，认为，由于WTO多边框架体制下自由贸易制度对国内产业形成压力，促使国内的企业寻求有效的保护，因此WTO成立将导致反倾销在全世界蔓延。Reynolds（2009）使用概率回归分析了9个最大的反倾销使用国家的反倾销损害裁决影响因素在不同国家间的差异，结果显示由于不同国家在政治因素上有很大的差异会导致反倾销调查当局的裁决结果产生差异。

黄建康、孙文远（2006）发现法律变动对美国反倾销存在影响。谢建国（2006）的实证研究结果显示中美政治联系与美国对中国反倾销之间存在显著的联系，中美政治联系的恶化将强化中美在贸易领域的冲突。沈国兵（2007）认为美国反倾销法的变化影响了美国对中国反倾销行为。李坤望、王孝松（2008）通过对1980~2005年美国对中国反倾销案件裁定结果和影响因素的经验分析，认为案件申诉者的政治势力对税率的裁定结果的影响最为重要，而其他政治经济因素均不能对裁定结果产生显著影响。杨艳红（2009）分析了美国、欧盟、澳大利亚、土耳其、墨西哥、阿根廷和印度对中国反倾销调查的共同影响因素，发现WTO制度和中外贸易不对称关系严重影响着国外对中国的反倾销政策。田玉红（2009）的研究认为参与WTO争端解决机制的增加并没有减少国际对中国反倾销的次数。

2.1.2.4 非市场经济地位与反倾销

"非市场经济地位"实际上和WTO以及各国反倾销的法规密切相关，但由于"非市场经济地位"问题是反倾销中非常敏感的一个论题和影响因素，所以学者们对该因素给予了较多的专门研究。因此，本书将"非市场经济地位"因素单列出来进行综述。

Laroski（1999）概述了美国反倾销的法律，分析了非市场经济成为市场经济的时间和保持非市场经济地位的优势和劣势。Wang（1999）研究了欧盟反倾销法律的非市场经济规则和将该规则应用于对中国进口商品的反倾销实践。Snyder（2001）认为欧盟的非市场经济法律概念诞生于20世纪70年代后期的主要原因是国际反倾销法体系、欧洲比较经济体系具体思想的改变，以及包括中国出口在内的新的经济威胁的出现。Changho（2005）研究了WTO如何对待出口国的非市场经济问题。通过比较美国、欧盟、加拿大、印度及澳大利亚这 5 个国家反倾销法中的市场经济地位问题，实证研究认为针对非市场经济国家在计算国内价格时是受到歧视和偏见的，并且使进口国政府很可能以市场经济地位的问题为理由对征收反倾销税率的随意性加大。

国内学者的研究基本都认为中国的"非市场经济地位"问题导致中国在反倾销中处于不利地位。杨荣珍（1999）研究认为中国的"非市场经济地位"导致中国出口产品遭到诸多反倾销指控，并且多数案件最终被裁定倾销行为成立和被征收较高反倾销税。孙遇春、方勇（2004）详细论述了"非市场经济地位"在整个对中国反倾销问题中的重要影响，认为中国成为全球反倾销最大受害国的一个非常重要的原因就是中国的"非市场经济地位"问题。沈伯明（2004）也认为"非市场经济地位"使中国成为反倾销重灾区的原因之一，同时认为一些国家坚持非市场经济国家条款完全是出于保护主义的目的。薛荣久（2004）认为"非市场经济地位"问题使受到倾销投诉的中国企业出现无中生有的倾销或加大倾销的幅度的风险，并抑制中国政府依据《补贴和反补贴协议》对可诉补贴的使用。何秀荣（2005）认为"非市场经济地位"已成为中国企业应诉国外反倾销调查的核心问题。周俐军、何元贵（2005）研究认为目前即使中国取得了市场经济地位也不会对频繁受到反倾销指控的现状有明显改善。我们应将重点放在内部改革和自身发展而不是急于要求别国提前承认中国完全市场经济地位。王世春、叶全良（2005）探讨争取市场经济地位的各种途径与方法，以及替代国选择的几个关键性问题。周灏（2007）对"非市场经济地位"进行了解读，分析了"非市场经济地位"与对中国反倾销的关联性，阐明对中国反倾销对中国出口贸易乃至国民经济的危害及其不良影响。陈力（2006）研究认为反倾销法中的"非市场经济"概念发展至今已经成为美国最为有效的贸易保护工具。无论是采用生产要素方法还是采用替代国方法计算产品的正常价值，美国的"非市场经济"规则都使中国输美产品处于极其不利的地位。陈彬（2008）认为印度反倾销法利用 WTO《反倾销协议》的漏洞，将部分国家预设为"非市场经济国家"，并对相关国家的企业申请"市场经济地位"设置苛刻标准，充满随意性和不公平性。中国被印度反倾销法认定为"非市场经济国家"，从而在中国产品对印度出口活动中设置起严重障碍。

2.1.2.5　其他非经济因素与反倾销

Herander 和 Schwartz（1984）从特定产业要素的角度研究了工会组织对反倾销发起的影响，认为工会力量会激化反倾销诉讼。Feinberg（2005）使用季度数据研究了 1981～1998 年美国对 15 个国家的分国别的反倾销诉讼模式和宏观影响因素，认为起诉方对美国贸易法律的执行机构的认知导致宏观影响因素的功能随时间在变化。Gupta（2006）实证研究显示反倾销案件中的损害调查被美国国际贸易委员会操纵，当长期拥有总的市场份额的涉案的被告公司越多，肯定性裁决的可能性就越高，并且对这个发现提供了理论解释。Kim，E. 和 M. Kim（2007）使用了美国 1947～1999 年间反倾销的年度时间序列数据，从国际政治方面、国际经济方面、国内统计方面和国内社会方面这四个理论视角研究了反倾销裁决，认为国际政治和国内社会方面在美国反倾销裁决中具有支配地位，特别是国际压力和利益集团的组织水平对于美国反倾销的裁决有高度的相关性。李坤望、王孝松（2008）认为反倾销税率的裁定结果还依赖于涉案产品所属部门等因素。

通过国内外文献的研究可以看到，关于国内外对各类因素对反倾销的影响进行了大量的研究，总体上国外的研究更为突出，进行了大量的定量分析和实证研究，但是国外专门针对中国反倾销问题的研究很少。当然国内学者的这方面研究主要是针对中国来进行的，而且近几年国内的学者逐渐开始对中国遭受反倾销的影响因素进行定量分析和实证研究，但是国内的研究存在一些局限：第一，主要集中于美国、欧盟等少数几个国家对中国反倾销影响因素的研究上，从中国遭受反倾销的总量和中国内部因素视角上的研究较少；第二，在影响因素变量的选取上存在一定不合理的地方，如一般的研究都是选取诸如GDP、贸易额等宏观变量，缺乏针对具体涉案产品的微观变量（如某种的涉案的对某反倾销发起国的出口价格、出口增长等）的研究；第三，中国"非市场经济地位"问题对反倾销的影响的实证研究较为缺乏，已有的相关研究还有待继续深入。

2.2　反倾销影响效应的研究

对于反倾销影响效应的研究主要集中在两个层面：一是对反倾销对产品价格和贸易产生的直接效应；二是对反倾销对上下游产业、投资等间接效应。

2.2.1 反倾销对价格和贸易的影响

反倾销的根本目的在于通过实施反倾销措施增加国外产品的成本、抬高进口价格、控制进口数量以保护本国产业，因此一般认为反倾销对价格的影响非常直接。Helpman 和 Krugman（1989）的研究是其中比较早的，他们分析认为，对国外进口产品征收反倾销税对产业的静态影响主要体现为国内价格上升。Harrison（1991）也利用了美国 1981～1986 年跨行业的数据测算了反倾销税的价格效应，分析得出反倾销对于本国传统主导产业的价格抑制效应。Asche（2001）使用美国对挪威三文鱼反倾销作为实证案例，采用协整分析技术发现，美国的三文鱼市场与世界市场是一个整体，即使三文鱼的世界市场上最大的供应者挪威被排除在美国市场之外，也没有导致价格上涨。Konings 和 Vandenbussche（2001）使用统计回归的方法，首次检验了反倾销保护对于企业价格成本边际的影响。两位学者随后使用 4 000 个涉及反倾销案件的欧盟生产者的面板数据，估计了提出诉讼前后的价格上涨幅度。目前国内外针对反倾销行为的直接价格影响的研究成果较为缺乏。朱钟棣、鲍晓华（2004）关注了反倾销措施对产业的关联影响问题，论证了反倾销税价格效应的投入产出问题。杨悦、何海燕和王宪良（2007）根据中国行业和部门数据统计的口径，研究了钢铁产业进口反倾销行为对该产业价格指数的影响，并给出定量测算方法。

反倾销对贸易可能产生多种效应，其中关注较多的是：贸易限制效应（trade destruction effect）、贸易转移效应（trade diversion effect）。Lichtenberg（1990）较早使用来自于所有来源国的总进口数据估计反倾销效应，认为反倾销极大地影响了本国出口市场的巩固。Krupp 和 Pollard（1996）对美国 1976～1988 年间化工行业的反倾销案例进行分析。发现在约一半的案例中，反倾销调查过程中以及最终的裁定结果，都减少了被指控从倾销的进口来源地的进口数量，与此同时，来自未遭到指控的进口来源地的进口数量却显著增加，显示存在明显的贸易转移。而 Bown 和 Crowley（2007）的研究更为全面，他们对反倾销贸易效应进了较全面的归纳。Staiger 和 Wolak（1994）、Prusa（2001）、沈瑶、王继柯（2004）、鲍晓华（2007）、沈国兵（2007）、杨红强、聂影（2007）等学者的研究都证明存在反倾销的贸易限制效应或（和）贸易转移效应，艾红（2007，2008）则专门针对水产品和对虾的反倾销研究了反倾销的多种贸易效应。

2.2.2 反倾销对关联产业的影响

国内外学术界有关反倾销对关联产业的影响的文献主要集中于对上下游产业间关系和福利变化的研究。Leidy 和 Hoekman（1990）、Feinberg 和 Kaplan（1993）发现下游产业的反倾销可能会导致上游产业提出反倾销申诉的倾向。Krupp 和 Skeath（2002）认为，对上游产业征收反倾销税会对国内上游产业的产量和产值产生积极作用；但是，对下游产量会造成负面影响。朱钟棣、鲍晓华（2004）则利用中国投入产出表定量分析了反倾销税对国民经济各产业部门的关联影响。

2.2.3 反倾销对国际直接投资的影响

Haaland 和 Wooton（1998）以及 Veugelers 和 Vandenbussche（1999）认为，反倾销能激励外国企业进行突破贸易壁垒型的直接投资，在实施反倾销措施的国家设厂进行生产销售，规避反倾销。Belderbos（2003）考察了日本电子企业对欧盟和美国反倾销措施的直接投资效应。发现，肯定性的反倾销裁定使得日本电子企业对欧盟进行直接投资的概率从 19.6% 上升到 71.8%，对美国的直接投资的概率从 19.7% 上升到 35.95%。唐宇（2004）研究发现中国大陆对外反倾销的个案引起了国际直接投资。王晰、张国政（2009）认为反倾销在短期导致投资跨越效应明显，但长期趋于无效。

从国内外的总体研究现状来考察这部分的研究，学者们在很多研究方向上不断地进行了扩展，不断地在丰富反倾销影响效应的研究内容。同时，我们也发现：第一，分散的研究较多，而系统的研究较少。第二，对于反倾销效应的评估从进口国角度研究的很多，而从出口国角度研究的非常少，特别基于中国为出口国的反倾销效应的定量研究和实证研究较为缺乏。中国毕竟是世界最大的反倾销受害国（即遭受反倾销影响的出口国），而不是最大的反倾销实施国（即实施反倾销的进口国）。中国遭受的反倾销案件远远超过中国实施的反倾销案件，因此该部分研究的缺失导致中国反倾销领域研究的不完整。第三，针对中国具体涉案产品的反倾销影响效应的研究很少。

2.3 针对反倾销的贸易救济的研究

学者们从不同的角度进行了定性和定量的研究，而且对此部分的研究主要集中在国内学者身上。针对反倾销的贸易救济的研究涉及三个方面：事前的风险防范体系，事中应对措施，事后的弥补策略。

对于事中应对措施和事后的弥补策略，学者们研究的较为详尽，提出了若干有效建议：企业需要积极应诉、积极发挥行业协会的作用、联合应诉、建立反倾销应诉基金、聘请国外的专业律师、采用中止协议等。如袁其刚（2000）认为企业应实施产品差异化战略，提高产品的非价格竞争力是从根本上解决问题的途径之一。王晓天（2001）主张通过切实贯彻"谁应诉，谁受益"的原则和设立反倾销基金等措施，建立促使企业应诉的激励机制，而且认为通过与进口商合作会增大获胜机会。王佑斌（2001）认为中止协议成为解决利益关系复杂、政治敏感的案件的有效手段，也是中国应对国外反倾销时的一项较好选择。卢进勇、郑玉坤（2004）提出三种直接投资的方式应对反倾销：一是在东道国投资设立企业；二是在东道国并购知名品牌；三是在第三国投资设立企业。李元华（2005）从工业结构调整方面探讨了应对"反倾销"的贸易战略。李晓峰、焦亮（2007）研究认为中国出口企业的国际市场营销水平是应对反倾销的有效举措的结论，并提出了中国企业应对反倾销的国际市场营销策略。李平、孙赫（2008）认为针对技术性产品为企业建立一个"基于技术战略完善的反倾销规避机制"，能使中国那些利用技术创新开拓国际市场的企业进行技术提升和反倾销规避更好地服务。

另外还有学者从会计的视角对应对反倾销提出了较新颖的对策，如彭珏、高晓玲（2004）认为中国应对反倾销中应诉率和胜诉率低的重要原因在于缺少反倾销的会计信息支持系统，因此需建立应对反倾销会计信息系统，形成一套较为完善的应对反倾销预警机制。孙瑞华（2006）指出反倾销不仅是一场法律战，还是一场会计战，要减少中国会计规范于国际会计准则间的差异，并且要注意反倾销会计的实务研究。

专门针对反倾销事前的风险防范体系的研究总体上偏少。近年来，国内也有不少学者在学术领域就反倾销预警体系建设进行了积极的探索。卓骏、胡丹婷和单晓菁（2003）以欧盟失业率等12个变量作为欧盟对中国反倾销预警系统的警兆指标，采用射线原则建立反倾销统计预警系统模型。杨海峰（2004）针对发展中国家的对中国反倾销采用实证的方法研究了预警系统的建立。王明明、史静（2003）重点分析了对进口产品进行反倾销预警的情况，对进口产品价格变化图、国内同类产品价格变化图和市场份额变化图利用逻辑图形的方法进行预警。方勇和张二震（2004）将申诉主体分为若干种，并建立了一个2

国 2 企业的模型。在此基础上，对裁定倾销的预警作了建模分析。冯宗宪等（2008）基于美国对中国纺织品反倾销使用面板数据 Logit 模型建立了遭遇反倾销指控的预警模型。

另外，针对完整的反倾销贸易救济体系构建的研究非常缺乏，但也有少数研究有所涉及。杨仕辉、王红玲（2002）提出中国要加强构建和完善政府、行业协会与企业"三位一体"的应对国外反倾销的体系，加大政府的交涉力度。廖良美（2006）根据中国遭受国外反倾销的实际情况，提出需要从政府、行业协会、企业三个层次应对反倾销的对策建议，并应用案例分析的方法，结合实际，阐述了中国应对国外对中国反倾销的经验和教训及具体策略。尤宏兵（2008）系统提出了应诉国外反倾销的"三部曲"，即事前未雨绸缪，事中科学应对，事后适应形势。杜慧敏、卓骏（2008）在通过建立动态博弈模型的基础上提出了"四体联动"机制分工角色和分层预警机制的构想。马述忠、方琛超（2010）提出建立有效农产品反倾销中的政府、行业协会、企业和专业合作社四大主体联动体系。刘爱东、陈林荣（2010）提出了政府、行业协会等中介机构、企业"三体联动"应对反倾销的结构方程模型，并以问卷调查所采集的数据进行了实证检验，认为"三体联动"应当是中国应对反倾销效率实现的必然选择。

查阅这部分研究内容的文献，我们发现主要是国内学者在这方面进行了大量的研究，为中国——世界反倾销最大的受害国如何应对世界对中国反倾销提供了很多有益的反倾销贸易救济的思路和策略，但是已有的反倾销贸易救济体系的构建较为单一，缺乏功能维度和时间维度相结合的二维贸易救济体系的研究。另外我们一直都在呼吁涉案企业积极应诉，也有少数学者对影响涉案企业应诉的因素进行了探讨，如冯巨章（2005）研究认为"搭便车"行为、企业的出口规模、总体出口规模及其集中度密切相关都会影响到企业的应诉，并认为协商是提高应诉率的途径之一。郭守亭、赵君峰（2006）研究通过一个博弈论模型分析了搭便车的存在动因，并讨论了市场结构对企业应诉的影响以及政府如何激励企业积极应诉。冯巨章（2006）还从每一个反倾销个案出发对中国反倾销应诉率的影响因素进行非常少见的实证分析，甄别出了对应诉率有重要影响的若干因素。但如何通过提高涉案企业应诉的胜诉期望的路径去有效促进涉案企业积极应诉还没有看到相关文献。

第3章 中国遭受反倾销的状况及特征分析

本章主要通过详尽的统计数据和各种反倾销指标对遭受反倾销的状况和特征进行分析。要对中国遭受反倾销各类问题进行研究，首先要清楚作为世界反倾销最大受害国的中国遭受反倾销的总体情况和具体特征，这有利于后续内容的研究和清楚认识中国面临的反倾销的严峻形势。周灏（2007）曾对中国遭受反倾销的状况和特征进行过较详尽的研究。

由于反倾销涉及反倾销调查（Anti-Dumping Investigation）和最终反倾销措施（Final Anti-Dumping Measure），因此本章也分别针对中国遭受反倾销调查和被实施最终反倾销措施的情况，研究中国遭受反倾销的状况和特征。本章首先对中国遭受反倾销调查的总体状况进行研究，涉及反倾销调查的总体数量、占比、增长以及反倾销调查的强度指标；其次，对中国遭受最终反倾销措施的总体状况进行研究，涉及最终反倾销措施的总体数量、占比、增长以及最终反倾销措施的强度指标；再次，对中国遭受反倾销调查和最终反倾销措施的国别（或地区）结构特征和产品结构特征的分析；最后，对本章的上述三节研究内容的一个总结。

3.1 中国遭受反倾销调查的总体状况

3.1.1 反倾销调查的总体数量、占比和增长状况

WTO 成立后，每半年就会公布一次全球反倾销的半年度统计数据。表 3.1 是根据 WTO 的反倾销的相关统计数据整理后得到的中国在 WTO 成立后的 1995～2012 年间遭受的反倾销调查的统计一览表。

表 3.1　　　　　1995～2012 年中国遭受的反倾销调查数量及占世界比重

年份	世界反倾销调查数（起）	中国遭受反倾销调查数（起）	占世界比重（%）
1995	157	20	12.7
1996	226	43	19.0

续表

年份	世界反倾销调查数（起）	中国遭受反倾销调查数（起）	占世界比重（%）
1997	246	33	13.4
1998	266	28	10.5
1999	358	42	11.7
2000	298	44	14.8
2001	372	55	14.8
2002	315	51	16.2
2003	234	53	22.6
2004	220	49	22.3
2005	201	56	27.9
2006	204	72	35.3
2007	165	62	37.6
2008	213	76	35.7
2009	209	77	36.8
2010	172	44	25.6
2011	166	51	30.7
2012	208	60	28.8
总计	4 230	916	21.7

资料来源：根据 WTO 反倾销统计数据整理。

中国遭受到的反倾销调查从 1995～2012 年已累计达到 916 起，占到全球反倾销调查案件总数的 21.7%。当然同时也有其他国家在遭受反倾销调查，如同期排在第 2 位的韩国，遭受反倾销调查 306 起，占全球反倾销调查案件总数的 7.2%；同期排在第 3 位的是美国，遭受反倾销调查 244 起，占全球反倾销调查案件总数的 5.8%。无论是韩国还是美国，无论是遭受的反倾销调查绝对数量还是占比都远远低于中国。通过图 3.1 可以非常直观地观察到中国遭受反倾销调查占世界的比重基本上是逐年上升，其中 1998 年的比重最低，但仍然超过 10%，达到 10.5%，之后几乎处于一个持续性的上升通道中，2007 年达到最高的 37.6%，离现在最近的 2012 年达到 28.8%，2009 年对中国反倾销调查的绝对数量达到了历史的最高位，为 77 起。特别是从 2005 年开始，中国的比重每年都超过了 25%，而且绝对数量在这几年除了 2010 年外均超过了 50 起①，可见近几年的对中国反倾销形势是极其严峻的。

——————————

① 根据 WTO 反倾销统计数据计算获得。

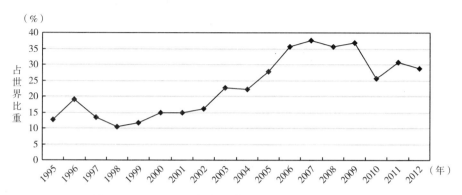

图 3.1　1995～2012 年中国遭受反倾销调查占世界比重

资料来源：根据 WTO 反倾销统计数据整理。

　　再从反倾销调查的增长方面进行考察，由于 1995 年无法计算增长率，因此实际上增长率指标从 1996 年开始计算。图 3.2 为世界反倾销调查和中国遭受反倾销调查的年度增长率情况。图中显示在 1995～2012 年期间中国遭受反倾销调查有 11 个年份是正增长，增长率最高的年份是 1996 年，高达 115%。而世界反倾销调查仅有 8 个年份是正增长，增长率最高的年份是 1996 年，达到 43.9%（而在这一年，中国遭受的反倾销调查增长居然达到 115%）。我们也可以观察到，在这期间有 11 个年份中国的增长率是超过世界的增长率的（包括增长率为负的年份）。世界反倾销调查的年均增长率为 3.6%，但是中国

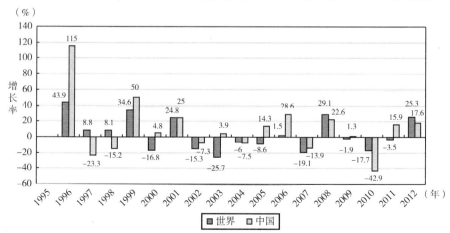

图 3.2　1995～2012 年反倾销调查年度增长率

资料来源：根据 WTO 反倾销统计数据整理。

遭受反倾销调查的年均增长率却达到了 11.1%，远高于世界平均的增长水平，是世界年均增长率的 3.1 倍。

3.1.2 反倾销调查的强度指标状况

本节使用"反倾销强度指数"作为反映中国遭受反倾销强度大小的指标，以该指标来分析中国遭受反倾销的状况。反倾销强度指数（Anti – Dumping Index）一般缩写为 ADI，是反倾销领域常用的一个指标。Finger 和 Murrary（1993）提出了一国被指控倾销相对其出口绩效的强度指数，该指数常被称为反倾销强度指数。对于一国或地区，反倾销强度指数 ADI 可通过下面的公式计算：

$$ADI_i = \frac{AD_i(t,t+n)/AD_w(t,t+n)}{EX_i(t,t+n)/EX_w(t,t+n)} \tag{3.1}$$

其中，$AD_i(t,t+n)$ 表示在 [t，t+n] 时期内针对 i 国或地区反倾销调查或最终反倾销措施的数量，$AD_w(t,t+n)$ 表示世界进行的反倾销调查或最终反倾销措施的总量，$EX_i(t,t+n)$ 表示 i 国或地区在 [t，t+n] 时期的出口额，$EX_w(t,t+n)$ 表示在 [t，t+n] 时期内的世界出口总额。如果一国遭受到的反倾销强度指数 ADI > 1，则该国或地区相对其在世界出口市场份额强烈地受到反倾销行动的影响；如果 ADI = 1，则反倾销指控与该国或地区的出口份额成比例；如果 ADI < 1，则该国相对其出口市场份额少许受到反倾销影响。

中国遭受反倾销的强度指数可分为"反倾销调查强度指数"和"最终反倾销措施强度指数"，由于研究内容所需，这里首先对中国遭受反倾销的调查强度指数进行计算。另外，本节除了就中国的反倾销调查强度指数进行自身的年度纵向比较之外，还要将中国与其他遭受反倾销的主要国家或地区的反倾销调查强度指数进行横向比较，从而较全面地揭示中国遭受到的反倾销调查的强度状况，因此还需要计算其他一些国家的反倾销调查强度指数。为了使选取的其他国家具有代表性，本节选取了遭受反倾销调查数量分别排在第 2 位和第 3 位的韩国和美国，这两个国家正好一个是发展中国家、一个是发达国家。

由于部分数据的可获得性问题，这里仅分析 1995～2009 年的数据。表 3.2 为 1995～2009 年期间中国、韩国和美国遭受反倾销的反倾销调查强度指数具体情况（用于计算反倾销调查强度指数的相关数据见附表 1、附表 2 和附表 3）。

表 3.2　1995～2009 年中国、韩国和美国遭受反倾销的反倾销调查强度指数

年份	中国	韩国	美国	年份	中国	韩国	美国
1995	4.01	3.34	0.61	2003	3.83	2.78	0.92
1996	6.29	1.88	0.75	2004	3.37	3.86	0.70
1997	3.83	2.34	0.46	2005	3.69	2.12	0.67
1998	3.02	4.04	0.47	2006	4.33	1.97	0.62
1999	3.29	3.72	0.31	2007	4.14	2.85	0.49
2000	3.71	2.80	0.35	2008	3.86	1.55	0.45
2001	3.36	2.49	0.33	2009	3.66	1.10	0.76
2002	3.16	2.85	0.35	总值	3.07	2.63	0.55

资料来源：反倾销调查数量来源于 WTO 反倾销统计数据；中国、韩国、美国出口额，世界出口总额来源于联合国统计署。

首先，将中国在不同年份的反倾销调查强度指数进行纵向比较。从 1995～2009 年的整个时期来看，中国遭受反倾销的反倾销调查强度指数为 3.07，而且从各个年份上观察，所有年份的该指标全部都远远地超过 1，除了 1996 年该指数达到最高的 6.29 以及 1998 年达到最低的 3.02，其他的年份该指数基本维持在 4 左右，这非常明确地显示出 1995～2009 年期间中国的出口市场份额强烈地受到世界对中国反倾销调查行为的影响。

其次，再将中国的反倾销调查强度指数与韩国、美国的该指标进行横向比较。从 1995～2009 年的整个时期来看，韩国遭受反倾销的反倾销调查强度指数为 2.63，从各个年度的情况来看，韩国在各个年度的该指标都超过了 1，最高为 1998 年的 4.04，最低为 2009 年的 1.10，其他年份该指数基本维持在 2 左右，说明韩国的出口市场份额也较强烈地受到反倾销调查行为的影响，但是相对于中国而言，韩国遭受到的反倾销调查的强度仍然是低于中国的，如果对比每个年份，我们可以看到，仅仅在 1998 年、1999 年和 2004 年这三个年份韩国的反倾销调查强度指数高于中国，其余年份都低于中国。美国不仅整个期间的反倾销调查强度指数远低于 1，只有 0.55，而且美国在各个年份的该指标都低于 1，最高的为 2003 年的 0.92，最低的为 1999 年的 0.46，其他年份该指标基本维持在 0.5 左右，这说明美国的出口市场份额受到反倾销调查行为的影响并不强烈。美国不仅整个期间的该指标远远低于中国，而且各个年份的该指

标均远远低于中国。通过与韩国、美国的横向比较，发现中国遭受反倾销调查的强度比韩国较高，且远远高于美国。

3.2　中国遭受最终反倾销措施的总体状况

3.2.1　最终反倾销措施的总体数量、占比和增长状况

表 3.3 是根据 WTO 的反倾销的相关统计数据整理后得到的中国在 WTO 成立后的 1995～2012 年被遭受最终反倾销措施的统计一览表。

表 3.3　　1995～2012 年中国遭受最终反倾销措施数量及占世界比重

年份	世界最终反倾销措施数（起）	中国遭受最终反倾销措施数（起）	占世界比重（%）
1995	119	26	21.8
1996	92	16	17.4
1997	127	33	26.0
1998	181	24	13.3
1999	190	21	11.1
2000	237	30	12.7
2001	171	32	18.7
2002	218	36	16.5
2003	224	41	18.3
2004	154	44	28.6
2005	138	42	30.4
2006	142	38	26.8
2007	108	48	44.4
2008	139	53	38.1
2009	141	56	39.7
2010	123	53	43.1
2011	98	37	37.8
2012	117	34	29.1
总计	2 719	664	24.4

资料来源：根据 WTO 反倾销统计数据整理。

中国遭受的最终反倾销措施从 1995~2012 年已累计达到 664 起，占到全球反倾销调查案件总数的 24.4%。同期遭受最终反倾销措施数量排在第 2 位的是韩国，被实施 181 起，占全球反倾销调查案件总数的 6.7%；同期排在第 4 位的是美国①，遭受最终反倾销措施 145 起，占全球最终反倾销措施总数的 5.3%。无论是韩国还是美国，无论是遭受最终反倾销措施的绝对数量还是占比都远远低于中国。通过图 3.3 我们可以非常直观地观察到中国遭受最终反倾销措施占世界的比重基本上是逐年上升，其中 1999 年的比重最低，但也超过 10%，达到了 11.1%，之后基本上是持续性的上升，中间有 3 个年度略有回落，2007 年达到最高的 44.4%，2009 年达到 39.7%（2009 年中国遭受最终反倾销措施的绝对数量达到了历史的最高位，为 56 起），2012 年有所下降，但仍高达 29.1%②，可见中国遭受最终反倾销措施的形势非常严峻。

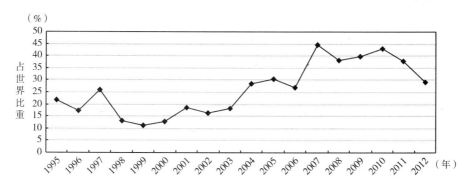

图 3.3　1995~2012 年中国被实施最终反倾销措施占世界比重

资料来源：根据 WTO 反倾销统计数据整理。

再从最终反倾销措施的增长方面进行考察，由于 1995 年无法计算增长率，因此实际上增长率指标从 1996 年开始计算。图 3.4 为世界最终反倾销措施和中国遭受最终反倾销措施的年度增长率情况。图中显示 1995~2012 年期间中国遭受最终反倾销措施的增长有 9 个年份是正增长，增长率最高的年份是 1997 年，高达 106.3%，而世界最终反倾销措施的增长率最高的年份是 1998 年，仅达到 42.5%。在这期间有 10 个年份中国的增长率是超过世界的（包括

---

① 虽然排在第三位的是中国台湾，被实施 128 起，但由于本书主要是将中国大陆遭受的反倾销状况与中国之外的其他国家和地区进行对比，因此对中国台湾遭受反倾销的状况不进行论述。

② 根据 WTO 反倾销统计数据计算获得。

增长率为负的年份），如果再考察一下年均增长率的情况的话，我们就会发现中国遭受最终反倾销措施的增长率是远高于世界的增长率。世界最终反倾销措施的年均增长率仅为2.6%，但是中国遭受最终反倾销措施的年均增长率却达到了5.6%，是世界年均增长水平的2.2倍。

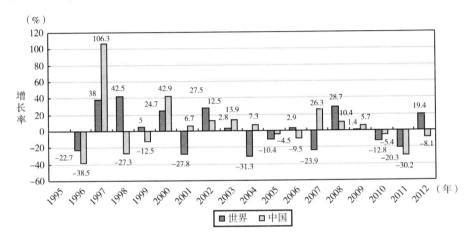

图3.4　1995～2012年最终反倾销措施年度增长率
资料来源：根据WTO反倾销统计数据整理。

3.2.2　最终反倾销措施的强度指标状况

和前文类似，这里同样需要使用反倾销强度指数，由于是研究最终反倾销措施的状况，因此需对"最终反倾销措施强度指数"进行计算和分析。同样，除了就中国的最终反倾销措施强度指数进行自身的年度纵向比较之外，还要将中国与其他遭受最终反倾销措施的主要国家或地区的最终反倾销措施强度指数进行横向比较，从而较全面地揭示中国遭受最终反倾销措施的强度的状况，因此还需要计算其他一些国家的最终反倾销措施强度指数。为了使选取的其他国家具有代表性，本节选取了遭受最终反倾销措施数量分别排在第2位和第4位的韩国和美国（排第3位的是中国台湾）。

由于部分数据的可获得性问题，这里仅分析1995～2009年的数据。表3.4为韩国和美国在各个年份遭受最终反倾销措施的具体数量情况。表3.5为1995～2009年期间中国、韩国和美国遭受反倾销的最终反倾销措施强度指数具体情况（用于计算相关数据见附表1、附表2和附表3）。

表3.4　　　　　　1995～2009 年韩国、美国遭受最终反倾销措施数量　　　　　单位：起

年份	韩国遭受最终反倾销措施数	美国遭受最终反倾销措施数
1995	4	8
1996	6	4
1997	3	9
1998	14	12
1999	15	8
2000	23	13
2001	12	4
2002	13	10
2003	22	6
2004	13	10
2005	8	13
2006	10	9
2007	6	4
2008	8	7
2009	7	5
总值	164	122

资料来源：根据 WTO 反倾销统计数据整理。

表3.5　1995～2009 年中国、韩国和美国遭受反倾销的最终反倾销措施强度指数

年份	中国	韩国	美国	年份	中国	韩国	美国
1995	6.88	1.26	0.54	2003	3.10	3.76	0.27
1996	5.75	2.51	0.35	2004	4.33	2.99	0.71
1997	7.42	0.91	0.54	2005	3.95	2.07	1.06
1998	3.80	3.08	0.51	2006	3.32	2.60	0.73
1999	3.10	3.00	0.33	2007	4.90	2.01	0.43
2000	3.18	3.52	0.44	2008	4.13	2.11	0.60
2001	4.27	2.83	0.19	2009	3.98	1.68	0.41
2002	3.22	2.33	0.42	总值	3.37	2.53	0.51

资料来源：最终反倾销措施数量来源于 WTO 反倾销统计数据；中国、韩国、美国出口额，世界出口总额来源于联合国统计署。

　　首先将中国在不同年份的最终反倾销措施强度指数进行纵向比较。从 1995～2009 年的整个时期来看，中国的最终反倾销措施强度指数为 3.37，而

且从各个年份上观察，所有年份的该指标全部都大大地超过1，而且都超过了3，并且在1997年该指数达到最高的7.42，该指标最低的1999年和2003年也达到了3.10，这非常明确地显示出在1995~2009年期间中国的出口市场份额非常强烈地受到世界对中国实施的最终反倾销措施的影响。

然后将中国的最终反倾销措施强度指数与韩国、美国的该指标进行横向比较。从1995~2009年的整个时期来看，韩国的最终反倾销措施强度指数为2.53，从各个年度的情况来看，韩国除了在1997年该指标低于1（为0.91）之外，其他各个年度的该指标都超过了1，一般维持在2~3的水平，最高为2003年的3.76，说明韩国的出口市场份额也较强烈地受到最终反倾销措施的影响。但是相对于中国而言，韩国遭受终反倾销措施的强度仍然是低于中国较多的，如果对比每个年份，我们可以看到，仅仅在2000年和2003年这两个年份韩国的最终反倾销措施强度指数高于中国，其余年份都低于中国。美国不仅整个期间的最终反倾销措施强度指数远低于1，只有0.51，而且美国除了2005年该指标略微大于1达到1.06之外，其他各个年份的该指标都远低于1，最低的为2001年的0.19，其他年份该指标基本维持在0.5左右，这说明美国的出口市场份额受到最终反倾销措施的影响并不强烈。美国不仅整个期间的该指标远远低于中国，而且各个年份的该指标均远远低于中国。通过与韩国、美国的横向比较，可以认定中国遭受最终反倾销措施的强度比韩国较高，且远远高于美国。

3.3 中国遭受反倾销调查和最终反倾销措施的特征

由于中国遭受反倾销调查的特征和遭受最终反倾销措施的特征在诸多方面都是非常相似，为了论述的方便，这里将反倾销调查和最终反倾销措施的特征放在一起进行论述。由于部分数据的可获得性问题，这里仅分析1995~2009年的数据。

3.3.1 中国遭受反倾销的国别（或地区）结构特征

3.3.1.1 对中国反倾销最多的成员是印度

图3.5和图3.6分别列出了1995~2009年期间对中国发起反倾销调查和实施最终反倾销措施的所有WTO成员及其案件数量。统计显示，从1995~2009年，共有29个WTO成员对中国发起反倾销调查和29个WTO成员对中国实施最终反倾销措施。其中印度不仅是对中国反倾销最多的国家，同时也是

世界头号反倾销大国。在1995~2009年期间，印度在全球共发起反倾销调查596起，实施最终反倾销措施419起。其中对中国发起反倾销调查131起（见图3.5），占同期世界对中国反倾销调查案件总数761起的17.2%，占同期印度在全球发起的反倾销调查案件总数的22.0%；对中国实施最终反倾销措施98起（见图3.6），占世界对中国最终反倾销措施538起的18.2%，占同期印度在全球实施的最终反倾销措施总数的23.4%。

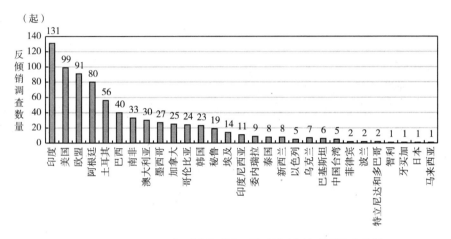

图3.5　1995~2009年对中国发起反倾销调查的成员及案件数

资料来源：根据WTO反倾销统计数据整理。

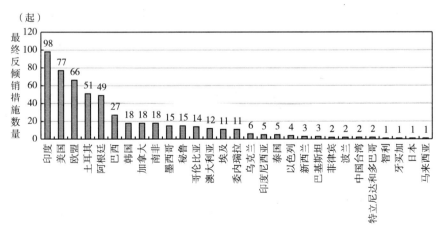

图3.6　1995~2009年对中国实施最终反倾销措施的成员及案件数

资料来源：根据WTO反倾销统计数据整理。

为了能进一步揭示印度对中国进行反倾销的状况，本节选取同期遭受印度反倾销最多的 10 个成员，并且构造出"印度反倾销国别（或地区）强度指数"，该指数可以再细分为反倾销调查国别（或地区）强度指数和最终反倾销措施国别（或地区）强度指数。"印度反倾销国别（或地区）强度指数"用公式表示如下：

$$\text{INDIA} - \text{ADI}_i = \frac{\text{AD}_{\text{INDIA}-i} / \text{AD}_{\text{INDIA}}}{\text{IM}_{\text{INDIA}-i} / \text{IM}_{\text{INDIA}}} \tag{3.2}$$

其中，$\text{INDIA} - \text{ADI}_i$ 表示印度针对 i 国或地区的反倾销国别（或地区）强度指数，$\text{AD}_{\text{INDIA}-i}$ 表示在 1995～2009 年期间印度针对 i 国或地区反倾销调查或最终反倾销措施的数量，AD_{INDIA} 表示印度在 1995～2009 年期间进行的反倾销调查或最终反倾销措施的总量，$\text{IM}_{\text{INDIA}-i}$ 表示印度在 1995～2009 年期间自 i 国或地区的进口额，IM_{INDIA} 表示印度在 1995～2009 年期间的进口总额。具体各国（或地区）的印度反倾销调查国别（或地区）强度指数见表 3.6，具体各国（或地区）的印度最终反倾销措施国别（或地区）强度指数见表 3.7。表 3.7 在反倾销调查部分，中国遭受印度反倾销调查的绝对数量最高，达到 131 起；占比最高，达到 22.0%。排在第 2 位的韩国仅有 45 起，只有中国的 1/3。考察印度反倾销调查国别（或地区）强度指数，除中国台湾缺少数据外，在其他的 9 个成员中排第 1 位的是泰国，该指数达到 7.38，但绝对数量只有 35 起，韩国的该指数为 2.81，排在第 2 位，但绝对数量仅 45 起，中国的该指数虽然排在第 3 位，但也达到了 2.75，远超过 1，显示出中国遭受到印度的强烈的反倾销调查，而且绝对数量最高。另外欧盟、美国虽然也是遭受印度反倾销调查的主要成员，但它们的该指标分别只有 0.43 和 0.66，低于 1，而且遭受反倾销调查的绝对数量也较低，说明印度对欧盟、美国发起的反倾销调查强度较弱。

表 3.6　　　　　　1995～2009 年印度反倾销调查国别（或地区）强度指数

序号	成员	遭受印度反倾销调查数（起）	反倾销调查占比（%）[a]	印度自反倾销成员的进口额（美元）	进口占比（%）[b]	印度反倾销调查国别（或地区）强度指数
1	中国	131	22.0	133 242 433 956	8.0	2.75
2	韩国	45	7.6	45 627 143 706	2.7	2.81
3	中国台湾[c]	42	7.0	—	—	—
4	欧盟	41	6.9	266 925 922 370	16.1	0.43

续表

序号	成员	遭受印度 反倾销调查数 （起）	反倾销调查 占比（%）[a]	印度自反倾销 成员的进口额 （美元）	进口占 比（%）[b]	印度反倾销 调查国别 （或地区） 强度指数
5	泰国	35	5.9	13 994 253 087	0.8	7.38
6	日本	28	4.7	51 978 007 351	3.1	1.52
7	美国	27	4.5	113 630 426 755	6.8	0.66
8	印度尼西亚	23	3.9	36 605 512 943	2.2	1.77
9	新加坡	23	3.9	43 764 039 075	2.6	1.50
10	马来西亚	22	3.7	39 993 646 630	2.4	1.54

注：a. "反倾销调查占比"为1995~2009年某国（或地区）遭受印度反倾销调查数量占同期印度发起的反倾销调查总数的百分比，即为 AD_i/AD_{INDIA}。

b. "进口占比"为1995~2009年印度自某国（或地区）的进口额占同期印度进口总额的百分比，即为 M_i/IM_{INDIA}。

c. 由于无法获得中国台湾与印度的双边贸易数据，因此，中国台湾的进口占比、反倾销强度指数无法计算出。

资料来源：反倾销调查数量根据WTO反倾销统计数据整理得出，印度进口总额以及与上述成员间的双边贸易数据来源于联合国统计署；同期印度的进口总额为1 661 879 695 844美元。

表3.7　　1995~2009年印度最终反倾销措施国别（或地区）强度指数[*]

序号	成员	遭受印度 最终反倾 销措施数	最终反倾 销措施 占比（%）	印度自反倾销 成员的进口额 （美元）	进口占比 （%）	印度最终反倾 销措施国别 （或地区） 强度指数
1	中国	98	23.4	133 242 433 956	8.0	2.93
2	韩国	34	8.1	45 627 143 706	2.7	3.00
3	中国台湾[a]	34	8.1	—	—	—
4	欧盟	30	7.2	266 925 922 370	16.1	0.45
5	泰国	19	4.5	13 994 253 087	0.8	5.63
6	美国	19	4.5	113 630 426 755	6.8	0.66
7	日本	19	4.5	51 978 007 351	3.1	1.45
8	印度尼西亚	18	4.3	36 605 512 943	2.2	1.95

续表

序号	成员	遭受印度最终反倾销措施数	最终反倾销措施占比（％）	印度自反倾销成员的进口额（美元）	进口占比（％）	印度最终反倾销措施国别（或地区）强度指数
9	新加坡	17	4.1	43 764 039 075	2.6	1.58
10	俄罗斯	13	3.1	21 276 004 372	1.3	2.38

注：＊"最终反倾销措施占比"为1995～2009年某国（或地区）遭受印度最终反倾销措施数量占同期印度实施的最终反倾销措施总数的百分比，即为 AD_i/AD_{INDIA}。

a. 由于无法获得中国台湾与印度的双边贸易数据，因此，中国台湾的进口占比、最终反倾销措施强度指数无法计算出。

资料来源：最终反倾销措施数量根据WTO反倾销统计数据整理得出，印度进口总额以及与上述成员间的双边贸易数据来源于联合国统计署；同期印度的进口总额为 1 661 879 695 844 美元。

在最终反倾销措施部分，中国遭受印度最终反倾销措施的绝对数量仍然是最高的，达到98起。排在第2位的韩国仅有34起，只有中国的1/3。从印度最终反倾销措施国别（或地区）强度指数上看，中国虽然排在第3位（第1位为泰国、第2位为韩国），但中国的该指标也仍然高达2.93，远超过1，说明印度在对中国实施强烈的最终反倾销调查措施。同样考察一下欧盟和美国，发现它们的该指数分别只有0.45和0.66，低于1，说明印度对欧盟、美国实施的最终反倾销措施的强度较弱。

印度发起的对中国反倾销调查案件中，1995年有2起，1996年有2起，1997年有5起，1998年有7起，1999年有7起，2000年有一个骤升，达到11起，2001年有14起，2002～2004年印度对中国反倾销调查案件总数呈下降趋势，2002～2004年针对中国产品的案件数分别为13起、6起和6起。[①] 2005年，随着纺织品出口配额的取消，印度对中国反倾销呈攀升势头，2005年印度共发起了13起对中国反倾销调查案件，占当年立案总数（28起）的46.4%。2006～2009年这4年间，印度对中国反倾销调查案件总计为45起，年均约11起。从2005年开始，印度每年对中国反倾销调查立案频繁，都维持在10起以上，且涉案金额较大。据中国海关统计，其中绸缎反倾销案涉及中

---

① 屠新泉，徐莎，彭程. 印度对中国反倾销的现状、原因及特点 [J]. 国际经济合作，2006（3）：32-36.

国出口 1.81 亿美元，部分定向聚酯纱线 0.44 亿美元，客车和卡车斜纹轮胎 2.022 亿美元。

印度对中国频繁反倾销的原因很多，一般认为主要是因为：首先由于印度是世界头号反倾销大国，必定会对包括中国在内的许多成员频繁反倾销；其次由于中国对印度出口的高速增长，如 2004 年同比增长 77.3%，2005 年同比增长 50.5%，2006 年同比增长 63.2%，2007 年同比增长 64.9%，2008 年同比增长 31.3%；[①] 最后与印度降低贸易保护，加大市场开放程度有密切关系。

3.3.1.2　对中国反倾销的主力是美国和欧盟，有很强的示范效应

WTO 成立后，对中国反倾销名列第 2 位、第 3 位的成员分别为美国和欧盟（见图 3.5 和图 3.6）。1995~2009 年间，在世界对中国反倾销中，美国、欧盟两个成员对中国发起反倾销调查分别为 99 起和 91 起，合计数量占同期世界对中国反倾销调查案件总数的 25.0%，占同期美国、欧盟在全球发起的反倾销调查案件总数（846 起）的 22.5%。1995~2009 年，美国和欧盟对中国实施的最终反倾销措施分别为 77 起和 66 起，合计数量占同期世界对中国最终反倾销措施总数的 26.6%，占同期美国、欧盟在全球实施的最终反倾销措施总数（551 起）的 26.0%。

数据显示，虽然美国和欧盟对中国反倾销数量都低于印度对中国反倾销数量，但是中国特别需要关注美国和欧盟的反倾销动向。因为中国和美国、欧盟互为主要的贸易伙伴国，中国与他们的双边贸易远远超过与印度的贸易额，长期以来美国和欧盟都是中国最为主要的出口市场。例如，2009 年美国是中国最大的出口市场，中国对美国的出口占中国出口总额的 18.4%。[②] 在中国对美国和欧盟大量出口且出口高速增长的情况下，美国和欧盟自然会对中国商品保持较高的警惕性。另外还由于美国和欧盟是世界上最大、最发达的经济体，也是世界上较早颁布反倾销立法的经济体。由于美国和欧盟对世界的影响很大，它们的一举一动常被其他国家密切关注和效仿，同样美国和欧盟的对中国反倾销行为也具有很强的示范效应，它们在反倾销上的举措常会为其他国家效仿。

同样为了能进一步揭示美国、欧盟对中国进行反倾销的状况，本书分别选取同期遭受美国、欧盟反倾销最多的 5 个成员，并且构造出"美国反倾销国别

---

①②　根据联合国统计署数据计算得到。

（或地区）强度指数"和"欧盟反倾销国别（或地区）强度指数"。该指数可以再细分为反倾销调查国别（或地区）强度指数和最终反倾销措施国别（或地区）强度指数。"美国反倾销国别（或地区）强度指数"用公式表示如下：

$$US - ADI_i = \frac{AD_{US-i}/AD_{US}}{IM_{US-i}/IM_{US}} \qquad (3.3)$$

"欧盟反倾销国别（或地区）强度指数"用公式表示如下：

$$EU - ADI_i = \frac{AD_{EU-i}/AD_{EU}}{IM_{EU-i}/IM_{EU}} \qquad (3.4)$$

其中，$US-ADI_i$ 和 $EU-ADI_i$ 分别表示美国和欧盟针对 i 国或地区的反倾销国别（或地区）强度指数，AD_{US-i} 和 AD_{EU-i} 分别表示在 1995~2009 年期间美国和欧盟针对 i 国或地区进行的反倾销调查或最终反倾销措施的数量，AD_{US} 和 AD_{EU} 分别表示美国和欧盟在 1995~2009 年期间进行的反倾销调查或最终反倾销措施的总量，IM_{US-i} 和 IM_{EU-i} 分别表示美国和欧盟在 1995~2009 年期间自 i 国或地区的进口额，IM_{US} 和 IM_{EU} 分别表示美国和欧盟在 1995~2009 年期间的进口总额。

同期遭受美国反倾销调查和遭受最终反倾销措施最多的 5 个成员是相同的，而且排名也没有差异，依次分别是中国、日本、韩国、印度和中国台湾，这些成员遭受美国反倾销的具体数量见表 3.8。同期遭受欧盟反倾销调查最多的 5 个成员依次分别是中国、印度、韩国、中国台湾、泰国，而遭受欧盟最终反倾销措施最多的前 5 个成员与反倾销调查中的不完全一致，依次分别是：中国、印度、泰国、俄罗斯、韩国，为了表格中列举的方便，将这些成员放在同一个表格中列举出来。这些成员遭受欧盟反倾销的具体数量见表 3.9。

表 3.8　　　1995~2009 年美国对外反倾销调查和最终反倾销措施数量

目标国家 或地区	反倾销调查数量 （起）	占美国对外反倾销 调查总量的占比 （％）	最终反倾销 措施数量 （起）	占美国对外最终 反倾销措施总量的 占比（％）
中国	99	22.5	77	27.1
日本	33	7.5	21	7.4
韩国	29	6.6	14	4.9
印度	22	5.0	13	4.6
中国台湾	22	5.0	13	4.6

目标国家 或地区	反倾销调查数量 （起）	占美国对外反倾销 调查总量的占比 （%）	最终反倾销 措施数量 （起）	占美国对外最终 反倾销措施总量的 占比（%）
美国对外反倾销 调查总量	440			
美国对外最终反 倾销措施总量	284			

资料来源：根据 WTO 反倾销统计数据整理。

表 3.9　　　　1995～2009 年欧盟对外反倾销调查和最终反倾销措施数量

目标国家 或地区	反倾销调查数量 （起）	占欧盟对外反倾销 调查总量的占比 （%）	最终反倾销 措施数量 （起）	占欧盟对外最终 反倾销措施总量的 占比（%）
中国	91	22.4	66	24.7
印度	29	7.1	17	6.4
韩国	28	6.9	12	4.5
中国台湾	24	5.9	—	—
泰国	19	4.7	17	6.4
俄罗斯	—	—	17	6.4
欧盟对外反倾 销调查总量	406			
欧盟对外最终反 倾销措施总量	267			

资料来源：根据 WTO 反倾销统计数据整理。

　　具体各国（或地区）的美国反倾销国别（或地区）强度指数见表 3.10，具体各国（或地区）的欧盟反倾销国别（或地区）强度指数见表 3.11，其中用于计算美国、欧盟反倾销国别（或地区）强度指数的相关数据分别见附表 4、附表 5。

表3. 10　　　　　　　　1995～2009 年美国反倾销国别（或地区）强度指数

序号	成员	遭受美国反倾销调查数（起）	反倾销调查占比（%）[a]	美国反倾销调查国别（或地区）强度指数	遭受美国最终反倾销措施数（起）	最终反倾销措施占比（%）[b]	美国最终反倾销措施国别（或地区）强度指数
1	中国	99	22.5	1.7	77	27.1	2.1
2	日本	33	7.5	0.8	21	7.4	0.8
3	韩国	29	6.6	2.4	14	4.9	1.8
4	印度	22	5.0	4.6	13	4.6	4.3
5	中国台湾[c]	22	5.0	—	13	4.6	—

注：a.“反倾销调查占比”为 1995～2009 年某国（或地区）遭受美国反倾销调查数量占同期美国发起的反倾销调查总数的百分比，即为 AD_{US-i}/AD_{US}。

b.“最终反倾销措施占比”为 1995～2009 年某国（或地区）遭受美国最终反倾销措施数量占同期美国实施的最终反倾销措施总数的百分比，即为 AD_{US-i}/AD_{US}。

c. 由于无法获得中国台湾与美国的双边贸易数据，因此，中国台湾的进口占比、反倾销国别（或地区）强度指数无法计算出。

资料来源：反倾销数量根据 WTO 反倾销统计数据整理得出，美国与上述成员间的双边贸易数据来源于联合国统计署。

表3. 11　　　　　　　　1995～2009 年欧盟反倾销国别（或地区）强度指数

序号	成员	遭受欧盟反倾销调查数（起）	反倾销调查占比（%）[a]	欧盟反倾销调查国别（或地区）强度指数	遭受欧盟最终反倾销措施数（起）	最终反倾销措施占比（%）[b]	欧盟最终反倾销措施国别（或地区）强度指数
1	中国	91	22.4	4.8	66	24.7	5.3
2	印度	29	7.1	24.3	17	6.4	21.9
3	韩国	28	6.9	20.1	12	4.5	13.1
4	中国台湾[c]	24	5.9	—	—	—	—
5	泰国	19	4.7	27.2	17	6.4	37.1
6	俄罗斯	—	—	—	17	6.4	8.0

注：a.“反倾销调查占比”为 1995～2009 年某国（或地区）遭受欧盟反倾销调查数量占同期欧盟发起的反倾销调查总数的百分比，即为 AD_{EU-i}/AD_{EU}。

b.“最终反倾销措施占比”为 1995～2009 年某国（或地区）遭受欧盟最终反倾销措施数量占同期美国实施的最终反倾销措施总数的百分比，即为 AD_{EU-i}/AD_{EU}。

c. 由于无法获得中国台湾与欧盟的双边贸易数据，因此，中国台湾的进口占比、反倾销国别（或地区）强度指数无法计算出。

（1）为了使欧盟的数据具有可比性，这里欧盟数据是选用欧盟 2004 年东扩前的 15 个成员国的贸易数据计算得到。用于统计的这 15 个欧盟成员国为：法国、德国、英国、意大利、西班牙、葡萄牙、奥地利、爱尔兰、比利时、丹麦、希腊、卢森堡、荷兰、瑞典、芬兰。

（2）遭受欧盟反倾销调查最多的前 5 名成员与遭受欧盟最终反倾销措施最多的前 5 名成员不完全一致，但为了表格中列举的方便，将这些成员放在同一个表格中列举出来。

资料来源：反倾销数量根据 WTO 反倾销统计数据整理得出，欧盟与上述成员间的双边贸易数据来源于联合国统计署。

　　在美国的反倾销部分，中国遭受美国反倾销的绝对数量最高，遭受的反倾销调查和最终反倾销措施分别为99起和77起；中国的占比也是最高，遭受的反倾销调查和最终反倾销措施的占比分别达到22.5%和27.1%。日本排在第2位，遭受的反倾销调查和最终反倾销措施分别只有33起和21起，相对应的占比分别只有7.5%和7.4%。考察美国反倾销调查国别（或地区）强度指数，排在第1位和第2位的分别是印度和韩国，分别为4.6和2.4，中国的该指数虽然排在第3位，但也达到了1.7，超过了1；考察美国最终反倾销措施国别（或地区）强度指数，印度排在第1位，高达4.3，中国排在第2位，高达2.1，韩国排在第3位，达到1.8。综合上述数据，我们可以发现中国遭受到美国强烈的反倾销，而且绝对数量最高。当然，不可否认，就反倾销的国别（或地区）强度指数而言，印度和韩国也遭受到美国强烈的反倾销，特别是对印度的反倾销，美国对它的反倾销国别（或地区）强度指数超过了4，达到了一个相当高的反倾销强度，但这两国遭受到的美国反倾销绝对数量却远低于中国。

　　在欧盟的反倾销部分，中国遭受欧盟反倾销的绝对数量仍然最高，遭受的反倾销调查和最终反倾销措施分别为91起和66起；中国的占比也是最高，遭受的反倾销调查和最终反倾销措施的占比分别达到22.4%和24.7%。印度排在第2位，反倾销调查和最终反倾销措施分别只有29起和17起，对应的占比分别只有7.1%和6.4%。考察欧盟反倾销国别（或地区）强度指数，我们发现表3.11中除中国外，其他各个成员的反倾销国别（或地区）强度指数都非常高，这主要是因为欧盟自这些成员进口额不是太大导致的。其中，泰国排在第1，反倾销调查国别（或地区）强度指数和最终反倾销措施国别（或地区）强度指数分别高达27.2和37.1；印度排在第2位，分别高达24.3和21.9。中国虽然排在第4位，但也分别达到了4.8和5.3，远超过1。这说明不仅中国遭受欧盟强烈的反倾销，其他国家，如泰国、印度、韩国、俄罗斯也均遭受到欧盟强烈的反倾销，但这些国家遭受到欧盟反倾销的绝对数量还是远远低于中国。

3.3.1.3　对中国反倾销的成员中发展中国家或地区逐渐增多

　　20世纪80年代，对中国反倾销的国家主要是欧盟、美国、澳大利亚、加拿大等发达国家，进入WTO时代后，南美、亚洲、非洲、欧洲越来越多的国家加入到对中国反倾销的行列中来。近几年来，对中国反倾销的国家中发达国家所占比重有所下降，发展中国家，除印度外，阿根廷、土耳其、南非等所占比重呈现急剧上升的趋势。图 3.5 和图 3.6 显示，1995～2009 年期间，对中国反倾销的 29 个成员中大部分都是发展中国家或地区，包括南非、墨西哥、埃及、韩国、秘鲁、泰国、巴基斯坦、乌克兰等。另外特别需要提到日本，日本作为世界上的经济强国和贸易大国，作为一个发达国家，它对中国的反倾销很少，反倾销调查和最终反倾销措施分别只有 1 起，这和日本没有广泛采用反倾销行为有关系。日本在 1995～2009 年间，发起的反倾销调查总数仅 6 起（2001 年 2 起，2007 年 4 起），实施的最终反倾销措施总数仅 7 起（1995 年 1起，2002 年 2 起，2008 年 4 起）。

对中国反倾销的成员中发展中国家或地区逐渐增多是有一定原因的：一方面是由于在发达国家的带动下，发展中国家也纷纷效仿发达国家完成了国内的反倾销立法工作，从而大量采取反倾销来保护国内市场；另一方面是由于中国与这些国家或地区的贸易在不断扩大，如联合国统计署的贸易统计数据显示，2009 年，在阿根廷的主要进口贸易伙伴中中国排在第 3 位（第 1 位为巴西，第 2 位为美国），占阿根廷进口总额的 13.4%，同时中国也作为土耳其的主要进口贸易伙伴排在第 3 位（第 1 位为俄罗斯，第 2 位为德国），占土耳其进口总额的 9.0%。①

3.3.2 中国遭受反倾销的产品结构特征

按照《商品名称和编码协调制度》（HS）中的产品分类，所有的 22 个大类产品中，除了第 3 类、第 14 类、第 19 类、第 21 类和第 22 类这 5 个大类的产品没有遭受过反倾销外，其余的 17 个大类的产品均遭受过反倾销。② 可见

---

① 根据联合国统计署数据计算得到。

② 中国遭受反倾销的 17 个大类产品分别如下：第 1 类：活动物，动物产品；第 2 类：植物产品；第 4 类：食品，饮料、酒及醋，烟草、烟草及烟草代用品的制品；第 5 类：矿产品；第 6 类：化学工业及其相关工业的产品；第 7 类：塑料及其制品；第 8 类：生皮、皮革、毛皮及其制品，鞍具及挽具，旅行用品、手提包及类似品，动物肠线（蚕胶丝除外）制品；第 9 类：木及木制品，木炭，软木及软木制品，稻草、秸秆、针茅或其他编结材料制品，篮筐及柳条编结品；第 10 类：木浆及其他纤维状纤维素浆，纸及纸板的废碎品，纸、纸板及其制品；第 11 类：纺织原料及纺织制品；第 12 类：鞋、帽、伞、杖、鞭及其零件，已加工的羽毛及其制品，人造花，人发制品；第 13 类：石料、水泥等材料的制品，陶瓷、玻璃及其制品；第 15 类：贱金属及其制品；第 16 类：机电设备及其零附件；第 17 类：车辆、航空器、船舶及有关运输设备；第 18 类：光学、照相、电影、计量、检验、医疗或外科用仪器及设备、精密仪器及设备，钟表，乐器，上述物品的零件、附件；第 20 类：杂项制品。

中国遭受反倾销的产品分布是非常广的，涉及大量的行业，如果再考虑上这些行业的关联行业，则反倾销就几乎涉及中国所有的行业。

3.3.2.1 从存量上看

从存量上看，中国遭受反倾销最多的产品是贱金属及其制品和化工产品。从表3.12中可看到，中国在面临世界各国的反倾销中，遭受反倾销最多的产品是贱金属及其制品和化工产品这两个大类。在中国遭受的反倾销调查的产品中贱金属及其制品排名第1位，涉案178起，化工产品排名第2位，涉案154起，均超过涉案数量排在第3位的机电设备及其零附件很多（机电设备及其零附件遭受反倾销调查98起），占中国遭受反倾销调查总量的比重分别达到23.4%和20.2%，合计达到43.6%；而在中国遭受最终反倾销措施的产品中，这两大类产品的排名稍微有些变化，见表3.13。显示化工产品排名第1位，涉案122起，贱金属及其制品排名第2位，涉案120起，达到了排在第3位的机电设备及其零附件涉案数量（机电设备及其零附件被实施最终反倾销措施60起）的2倍，占中国遭受最终反倾销措施总量的比重分别达到22.7%和22.3%，合计达到45.0%。也就是说中国遭受反倾销的产品中，这两大类产品就超过40%。这反映出世界上各国在贱金属及其制品和化工产品上存在比较激烈的竞争，同时也提醒中国在这两大类产品的出口上要加倍小心。

表3.12　　　　　　　　1995~2009年中国遭受反倾销调查的产品类别

涉案产品类别	反倾销调查数量（起）	占比（%）
贱金属及其制品	178	23.4
化学工业及其相关工业的产品	154	20.2
机电设备及其零附件	98	12.9
纺织原料及纺织制品	72	9.5
塑料及其制品	52	6.8
杂项制品	48	6.3
石料、水泥等材料的制品；陶瓷、玻璃及其制品	41	5.4
其余所有类别	118	15.5

资料来源：根据WTO反倾销统计数据整理。

表 3.13   1995～2009 年中国被实施最终反倾销措施的产品类别

涉案产品类别	最终反倾销措施数量（起）	占比（%）
化学工业及其相关工业的产品	122	22.7
贱金属及其制品	120	22.3
机电设备及其零附件	60	11.2
纺织原料及纺织制品	53	9.9
塑料及其制品	39	7.2
杂项制品	39	7.2
石料、水泥等材料的制品；陶瓷、玻璃及其制品	24	4.5
其余所有类别	81	15.0

资料来源：根据 WTO 反倾销统计数据整理。

中国在贱金属及其制品和化工产品遭受到最多的反倾销的主要原因：一是由于对贱金属及其制品和化工产品的反倾销是全世界存在的一种普遍现象，在世界反倾销中涉案最多的产品就是这两大类产品，因此中国在贱金属及其制品和化工产品遭受到最多的反倾销和世界反倾销的总体情况是相符的；二是由于贱金属行业和化工是属于资本密集型行业，这些行业一旦开始运行，资本规模大，适应市场供求变化而调整的能力差，因此，它需要一定的保护，这也就是造成贱金属、化工等行业遭受反倾销案较多的重要原因。

3.3.2.2 从流量上看

从流量上看，中国遭受反倾销增长最快的产品不是遭受反倾销最多的产品。除了考察中国遭受反倾销的产品的存量情况，还需要考察中国遭受反倾销的产品的流量情况，这样才能得到中国遭受反倾销的产品结构特征的全貌。表 3.14 列出了 2009 年中国遭受国外反倾销中案件数量增长最快的 4 个大类的产品（表中用占比 1 和占比 2 表示产品在 2009 年的增长情况）。统计数据显示这 4 个大类的产品不仅遭受反倾销调查数量增长最快，而且遭受最终反倾销措施数量也增长最快。在反倾销调查中，"车辆、航空器、船舶及有关运输设备"增长排到第 1 位，其占比最高，达到 63.6%；排第 2 位的是"木及木制品、木炭、软木及软木制品等"，其占比达到 40.0%。在最终反倾销措施中，"车辆、航空器、船舶及有关运输设备"增长仍然排到了第 1 位，其占比达到

66.7%；排第 2 位的是"纺织原料及纺织制品"，占比高达 29.3%。可见中国遭受反倾销增长最快的产品并不是遭受反倾销最多的产品，当然这和该产品遭受反倾销的基数有关。虽然"车辆、航空器、船舶及有关运输设备"、"木及木制品、木炭、软木及软木制品等"遭受反倾销的基数较小，所以导致增长显得很快，但是"纺织原料及纺织制品"、"机电设备及其零附件"遭受反倾销的基数却较大，而这两类产品的增长也相当惊人，究其原因，这和它们 2009 年遭受反倾销的绝对数量较大有关系。

表 3.14   **2009 年中国遭受反倾销增加最快的产品**

产品类别	车辆、航空器、船舶及有关运输设备	木及木制品、木炭、软木及软木制品等	纺织原料及纺织制品	机电设备及其零附件
2009 年遭受反倾销调查案件数（起）	7	4	13	14
占比 1（%）	63.6	40.0	22.0	16.7
2009 年遭受最终反倾销措施数（起）	4	2	12	12
占比 2（%）	66.7	25.0	29.3	25.0

注：占比 1 为 2009 年的某大类产品遭受的反倾销调查数占 1995～2008 年的该大类产品遭受的反倾销调查总数的百分率，反映了该大类产品遭受反倾销调查的增长情况；占比 2 为 2009 年的某大类产品遭受的最终反倾销措施数占 1995～2008 年的该大类产品遭受最终反倾销措施总数的百分率，反映了该大类产品遭受最终反倾销措施的增长情况。

资料来源：根据 WTO 反倾销统计数据整理。

3.4　本章小结

通过 1995～2009 年中国遭受反倾销的各类数据的分析，结果显示，中国作为最大的反倾销受害国已经遭受到和正在遭受到世界强烈的反倾销调查和最终反倾销措施。总体上中国遭受到的反倾销呈增长趋势，且绝对数量和占比都排在世界第一，这与中国在世界贸易中的地位和份额不相匹配。对中国反倾销最为主要的国家或地区是印度、美国、欧盟，从这些国家的视角考察，它们对中国进行的反倾销也最多，无论绝对数量还是占比都是最多的，而且这些国家或地区对中国反倾销的强度都很高。当然也有越来越多的发展中国家加入对中国反倾销的行列，这使中国的贸易环境面临更大的挑战。中国遭受反倾销的涉案产品涵盖了 HS 中 22 个大类产品的 17 产品类别，也就是说中国绝大多数的大类产品都遭受了反倾销，其中涉案最多的是贱金属及其制品和化工产品，但其他一些产品遭受的反倾销案件增长更快，因此，对于增长较快的产品我们也需要给予足够的关注。

总之，无论是从总量、占比、增长去考察，还是从反倾销的强度指标去考察，以及从国别（或地区）结构和产品结构去考察，中国遭受反倾销的状况都非常严峻，需要我们对中国遭受到的反倾销给予高度的重视。

第4章 中国遭受反倾销调查的
影响因素研究

本章主要以中国遭受的反倾销调查数量和案件为基础，甄别出对中国遭受反倾销调查有显著影响的因素，并分析各种影响因素对中国遭受反倾销调查的影响方向和影响程度。本章主要由三个部分组成，首先进行国家层面的研究，以 1995～2009 年期间中国遭受反倾销调查所有案件的总量为研究基础，构建反倾销调查数量的时间序列，运用计数模型（Count Model）中的负二项回归模型（Negative Binomial Regression Model），从中国内部视角实证分析各种影响进口国对中国发起反倾销调查的因素；其次进行产品层面的研究，是第一个研究内容的一个递进，以中国遭受反倾销调查的农产品为研究基础，统计了 1995～2009 年期间中国遭受反倾销调查的所有农产品，不采用时间序列，而以各个案件个体为研究对象，运用条件 Logistic 技术对中国农产品遭受反倾销调查的影响因素进行实证分析；最后则是对上述两个研究内容进行的一个总结。

4.1 中国遭受反倾销调查的影响因素：
基于总量和中国视角的研究

4.1.1 引言

关于反倾销调查的影响因素方面的研究，从国内外现有的研究来看，国外专门针对中国反倾销问题的研究很少，国内专门针对中国反倾销问题的研究较多，但国内的研究主要集中于美国、欧盟、印度等少数几个国家对中国反倾销调查的影响因素的研究上。

本节的研究与他人研究的不同之处体现在下面几个方面：（1）研究的对象范围不同。本节的研究不再是仅仅针对美国或者少数几个国家对中国反倾销的情况进行研究，而是以中国在世界上遭受到的所有的反倾销调查案件为基础的研究，是基于中国遭受反倾销调查总量的研究。（2）研究的主要视角不同。影响反倾销调查的因素既有来自外部的又有来自内部的，在其他学者针对某国对另一国的反倾销研究中，一般会考虑进口国的 GDP 增长率、失业率等因素，但本节是针对全球对中国反倾销调查的研究，因此主要是从中国内部视角，即从出口国内部因素方面的视角去研究影响反倾销调查的因素。（3）研究的主要变量计算不同。本节的模型中会使用人民币实际有效汇率。已有文献显示学者们研究人民币汇率对反倾销的影响时，大部分是使用人民币双边汇率，虽然有人使用了人民币有效汇率进行分析，但是都是直接选用 IMF 公布的人民币有效汇率数据进行分析。由于一方面 IMF 选取的样本国中缺少了一些主要的对中国反倾销国家，如不包含印度（印度是现在每年对中国反倾销数量最多的国家），另一方面 IMF 公布的有效汇率的基期调整过几次，因此导致不同时段的有效汇率不具备可比性，为了让人民币有效汇率具备针对性和可比性，因此需要重新对人民币的实际有效汇率进行测算。

4.1.2 理论分析及假定

现有文献采用的变量各有不同，结论也有差异。总体上，本节的实证研究主要是从中国遭受反倾销调查总量和从中国内部视角去探究各种因素对中国遭受反倾销调查的影响，主要涉及中国的经济贸易状况、报复能力和国际地位这三个方面的影响因素。

4.1.2.1 中国的经济贸易状况

反映中国经济贸易状况的指标较多，本节以前人文献的研究为基础选取的反映中国经济贸易状况方面的指标有：中国 GDP、中国出口总额、人民币实际有效汇率。

假定 1：中国 GDP 的增长会增加国外对中国发起反倾销调查的数量。

如果中国 GDP 增长较快，则国内宏观经济状况比较景气、生产能力扩张、生产效率提高，而生产效率的提高会导致中国的出口上的价格竞争力增大，在价格存在偏低趋势的情况下，更易使对方国家发起反倾销调查。另外中国经济增长导致的竞争加剧会使进口国对中国的产品也就更为敏感，使发起反倾销调查的可能性增加。虽然 Knetter 和 Prusa（2003）发现出口国实际 GDP 与反倾销调查的相关性不明确，但他们是以美国、欧盟、澳大利亚和加拿大 4 个发达国家与地区作为研究对象，而对中国进行反倾销调查的国家既有发达国家，又有大量的发展中国家（如印度），反倾销环境有较大差异，因此这里仍需要将中国 GDP 的增长作为一个重要的考察因素。本节采用中国 GDP 增长率（CG-DP）来作为考察变量。

假定 2：中国出口的增加会增加国外对中国发起反倾销调查的数量。

本节采用中国对主要对中国反倾销调查国家的出口额占世界对这些国家的出口总额的占比（CEXR）作为考察变量，该指标越高，说明中国出口的市场集中度越高。一般来说，中国出口的较高的集中度由于对国外同类产品产生了替代作用，会使国外同类产品的厂商面临更为激烈的竞争，因此国外企业寻求贸易保护的可能性增加，这样就可能导致对中国发起反倾销调查的可能性增加。而该指标越低，中国出口的市场集中度就越低，对国外市场的冲击和影响就越小，那么国外对中国发起反倾销调查的可能性就越小。

该指标的具体计算公式如下：

$$CEXR = \frac{中国对主要对中国倾销调查国家的出口额}{世界对主要对中国反倾销调查国家的出口总额} \times 100\% \qquad (4.1)$$

假定 3：人民币实际有效汇率的降低会增加国外对中国发起反倾销调查的数量。

从倾销裁定的角度分析，当人民币汇率贬值时，经过汇率换算后的中国出口产品的人民币价格高于中国国内该产品的市场价格的可能性增加，从而降低了"低于公平价格销售"裁定的可能性，进而抑制反倾销调查案件的发起。从损害裁定的角度分析，如果人民币汇率贬值，则中国的出口将上升，使得国外相关产品面临更为强烈的进口竞争，提高了肯定性裁定的可能性，进而刺激反倾销调查案件的发起。从出口增长的角度分析，如果人民币汇率贬值，则中国的出口将上升，使得国外同类产品面临更为强烈的进口竞争，国外同类产品的厂商的利益在受到影响的情况下，即使国外厂商没有明显的证据证明中国产品存在低价倾销的行为，由于反倾销的立案调查常常也能在一段时间内明显地抑制中国产品的出口，因此国外厂商也可能会向当局提出对中国产品进行反倾销调查，从而导致反倾销调查案件的增加。由于以上从三个视角分析出的两种效应同时存在，所以汇率对反倾销调查案件的发起的影响具有不确定性。考虑到对中国反倾销的国家不止一个，双边汇率无法反映出人民币与这些对中国反倾销国家所使用货币之间的汇率的整体情况，正如人民币对美元的双边汇率只能用于美国对中国反倾销的研究，而无法用于印度对中国反倾销的研究，另外还由于真正对贸易活动起到影响作用的应该是剔除了通货膨胀因素之后的实际汇率，为了消除汇率对其他自变量的内在多重共线性的影响，需要使用汇率的变动量，因此本节采用人民币实际有效汇率变动率（REER）作为考察变量。

4.1.2.2　中国的报复能力

理论上分析，若中国对他国的报复能力越强，他国对中国发起的反倾销调查顾虑就会越大，发起的反倾销调查就会越少。本节选取的反映中国的报复能力方面的影响因素包括中国进口总额和中国对外反倾销数量。

假定4：中国进口的增加会抑制国外对中国发起反倾销调查的数量。

由于考虑到"中国自主要对中国反倾销调查国家的进口额占世界自这些国家的进口总额的占比"与变量EXR——"中国对主要对中国反倾销调查国家的出口额占世界对这些国家的出口总额的占比"的总体变动情况比较相似，为了避免这两个变量在模型拟合中出现多重共线性问题，因此本节采用中国自主要对中国反倾销调查国家的进口增长率（CIMR）来作为中国进口方面的考察变量。该指标越高，自国外的进口增长越高，相应的出口国的经济对中国的依赖就越大，国外对中国进行反倾销时顾虑就会越大，中国对他国进行报复的能力就越大；相反，该指标越小，相应的出口国的经济对中国的依赖就越小，中国对他国进行报复的能力就越小。因此该指标越大，国外对中国发起反倾销调查的可能性越小，该指标越小，国外对中国发起反倾销调查案的可能性就越大。

假定5：中国对外反倾销数量的增长会抑制国外对中国发起反倾销调查的数量。

中国对外反倾销数量越大，表明中国对进口的限制能力就越大，对对方国家在贸易利益的影响就越大，也就说明中国对外报复能力就越大。当国外对中国滥用反倾销时，我们同样可以使用反倾销手段对其进行报复以制约对方反倾销的使用。本节采用中国对外反倾销调查数量（CHAD）作为考察变量。

4.1.2.3　中国的国际地位

本节主要考虑两个影响因素：一是中国入世；二是中国"非市场经济地位"问题。

假定6：中国入世会抑制国外对中国发起反倾销调查的数量。

中国于2001年11月12日入世后可以充分利用WTO合法权利来解决对中国反倾销问题，中国在入世后对国外反倾销的对抗能力会有所加强，解决贸易摩擦的能力会有所加强，因此作者认为中国入世会在一定程度上抑制国外对中国反倾销调查的发起。本节采用虚拟变量 D1 来作为考察变量，反映 2001 年中国入世前后地位的变化对国外对中国反倾销的影响。

假定 7：中国"市场经济地位"的获得会抑制国外对中国发起反倾销调查的数量。

自从 2004 年 4 月 14 日新西兰率先承认中国的市场经济地位以来，越来越多的国家都陆续承认了中国的市场经济地位，这样在反倾销裁决中会越来越多地使用中国国内的价格、成本作为裁定依据，而不用采用"替代国"作为裁定依据。这种变化总体上会使中国面临一个更为公平、公正的反倾销裁决环境，进而抑制反倾销调查的发起。本节采用虚拟变量 D2 来作为考察变量，反映中国在"非市场经济地位"方面的变化对国外对中国反倾销的影响。

4.1.3　模型选定与数据说明

4.1.3.1　计量模型的设定

本节研究因变量是国外对中国反倾销调查案件数（AD），是非负的离散变量，属于计数数据（count data），对此类数据的分析通常采用泊松分布或负二项分布进行拟合。泊松模型是计数模型中常见的一类。以 AD_t 代表世界在 t 年对中国发起的反倾销调查数量，泊松模型分布函数为：

$$P(AD_t = y_t \mid X_t) = \exp(-\lambda_t) \times \frac{\lambda_t^{y_t}}{y_t!}, \qquad y_t = 0,1,2,\cdots \tag{4.2}$$

其中，λ_t 用来衡量世界在 t 年对中国发起的反倾销调查案件的平均发生率，它和解释变量 X_t 之间的关系式为：

$$\lambda_t = \exp(X_t \beta) = \exp(\beta_0 + \beta_1 X_{1t} + \beta_2 X_{2t} + \cdots + \beta_k X_{kt}) \tag{4.3}$$

由于泊松分布的特点，其中因变量的均值等于其方差，即：

$$E(AD_t = y_t \mid X_t) = Var(AD_t = y_t \mid X_t) = \lambda_t \tag{4.4}$$

可以进一步得到：

$$E(AD_t = y_t \mid X_t) = \exp(\beta_0 + \beta_1 X_{1t} + \beta_2 X_{2t} + \cdots + \beta_k X_{kt}) \tag{4.5}$$

对式（4.5）取自然对数得到：

$$\ln[E(AD_t = y_t \mid X_t)] = \beta_0 + \beta_1 X_{1t} + \beta_2 X_{2t} + \cdots + \beta_k X_{kt} \tag{4.6}$$

实践中由于泊松模型的使用有较严格的约束条件，即均值需等于方差，但通常会出现过度离差，即方差常大于均值，因此对泊松模型的批评较多。据此，对泊松模型建议的普遍选择是负二项模型，后者考虑了过度离差现象，因此采用负二项回归模型较为合适。

负二项回归模型的数学表达式如下：

$$\ln[\,E(AD_t = y_t \mid X_t)\,] = \ln\mu_t = \ln\lambda_t + \ln\nu_t \qquad (4.7)$$

其中，ν_t 为引入条件均值 μ_t 的未考虑到的影响因素。

世界在 t 年对中国发起的发倾销调查案件的负二项回归模型为：

$$\ln[\,E(AD_t = y_t \mid X_t)\,] = \ln\mu_t = \beta_0 + \beta_1 X_{1t} + \beta_2 X_{2t} + \cdots + \beta_k X_{kt} + \varepsilon_t \qquad (4.8)$$

AD_t 代表世界在 t 年对中国发起的反倾销调查数量。$\varepsilon_t = \ln\nu_t$，为随机误差，$\exp(\varepsilon_t)$ 服从 γ 分布。β_0 为常数项，X_{1t}、$X_{2t}\cdots X_{kt}$ 为模型中的各个自变量，β_1、$\beta_2\cdots\beta_k$ 为模型中的自变量系数，表示自变量对因变量的影响效应。本节选用计量经济软件 Eviews 6.0 进行辅助研究。

4.1.3.2　数据说明

中国遭受的反倾销调查案件数是作为因变量，选取 WTO 成立的 1995 ~ 2009 年作为样本期间，该数据来源于 WTO 的反倾销统计数据库。中国 GDP 增长率来源于中国国家统计局。

CEXR、CIMR 数据根据联合国统计署数据库中的世界和各国进出口数据进行计算得到，其中统计各个年份中国出口到世界主要对中国反倾销国家或地区的出口额以及各个年份中国来自于世界主要对中国反倾销国家或地区的进口额时，虽然共有 29 个 WTO 的成员对中国发起了反倾销调查，但是其中一些成员对中国反倾销调查案件的数量较少，有 14 个国家低于 10 起。甚至有的国家，如智利、牙买加、日本、马来西亚只对中国发起了 1 起反倾销调查案件，这些成员在很多年份对中国都没有发起反倾销调查案件，因此在计算这两个指标时选取这 29 个国家和地区进行计算就显得不合适。在计算中初步考虑选取对中国反倾销调查案件超过 10 起的国家和地区，共有 15 个（即 14 个国家和欧盟），它们从 1995 ~ 2009 年间对中国反倾销达到 703 起，占到同期对中国反倾销总量的绝大部分，达到 92.4%，因此它们的相关贸易数据具有代表性。由于欧盟是一个很多国家组成的整体，1995 ~ 2009 年间欧盟成员有变化，而且中国与欧盟之间的一些年份的准确进出口数据无法获得，因此对欧盟进行如下处理：选取欧盟的一些核心成员以及对中国贸易较多的成员作为计算的国家，最终确定选取法国、德国、意大利、荷兰、西班牙、英国、比利时这 7 个欧盟成员，但是由于比利时的很多年份的相关贸易数据无法准确获得，因此需要剔除比利时这个成员。另外这 15 国家和地区中的南非也是由于很多年份的贸易数据无法准确获得，因此这个国家最终需要剔除掉。这样最终用于计算 CEXR、CIMR 数据的世界主要对中国反倾销国家共计 19 个，它们分别是：美国、印度、韩国、加拿大、阿根廷、巴西、法国、德国、意大利、荷兰、西班牙、土耳其、英国、澳大利亚、墨西哥、哥伦比亚、秘鲁、埃及、印度尼西亚。用于计算 CEXR 的具体相关数据见附表 6，用于计算 CIMR 的具体相关数据见附表 7。

中国对外反倾销调查数量来源于 WTO 的反倾销统计数据库。作为反映 2001 年中国入世后地位的变化对国外对中国反倾销影响的虚拟变量 D1，2002 年开始取值为 1，表示中国已入世，之前取值为 0。作为反映中国在"非市场经济地位"方面的变化对国外对中国反倾销影响的虚拟变量 D2，2004 年开始取值为 0，之前取值为 1，表示中国处于"非市场经济地位"，分析从新西兰于 2004 年最早承认中国的市场经济地位后中国在"非市场经济地位"上的变化对反倾销调查的影响。

为了获得人民币实际有效汇率变动率，首先如前文所述需要重新对人民币的实际有效汇率进行测算，不直接采用 IMF 公布数据代入模型中。国际货币基金组织测算人民币有效汇率时，选取了 16 个样本国和地区，它们分别是中国香港、日本、美国、德国、中国台湾、法国、意大利、英国、加拿大、韩国、荷兰、比利时、新加坡、澳大利亚、瑞士和西班牙。考虑到需要将一些主要的对中国反倾销国家包括进来，因此将样本国和地区扩展为 22 个，即在上述 16 个样本国和地区的基础上再增加 6 个主要的对中国反倾销国家：印度、阿根廷、土耳其、巴西、南非、墨西哥。虽然还有些国家也对中国发起过反倾销调查，但是没有长期持续性地发起反倾销调查，只是在某些年份对中国有反倾销调查，因此这种国家没有计入样本国。另外，为了让人民币实际有效汇率具备连续性和可比性，计算过程中所有样本国都调整为 1995 年为基期。具体计算公式为：

$$人民币实际有效汇率 = \prod_{i=1}^{n}\left[\frac{BNER_i}{BNER_{bi}} \times 100 \times \frac{CPI}{CPI_i}\right]^{w_i} \qquad \sum_{i=1}^{n} w_i = 1$$

$$(4.9)$$

$BNER_i$ 为第 i 个国家或地区的计算期双边名义汇率；$BNER_{bi}$ 为第 i 个国家或地区的基期双边名义汇率；n 为 n 个贸易伙伴国或地区；w_i 为权重，即第 i 个国家或地区的贸易比重；CPI 为中国的消费物价指数，CPI_i 为第 i 个贸易伙伴国或地区的消费物价指数。其中双边名义汇率为年度平均价，数据来源于加拿大英属哥伦比亚大学的太平洋汇率服务网站；CPI 数据来源于联合国统计署数据库和国际劳工组织数据库；贸易比重通过联合国统计署数据库的各国贸易额进行测算得出。表 4.1 为根据上述样本国或地区数据测算出来的各个年份的人民币实际有效汇率的具体数据，其中用于计算人民币实际有效汇率的相关数据见附表 8、附表 9 和附表 10。

表 4.1　　　　　　　　　　1995～2009 年人民币实际有效汇率

年份	实际有效汇率	年份	实际有效汇率
1995	100.0	2003	116.3
1996	110.8	2004	113.2
1997	116.6	2005	111.8
1998	122.6	2006	115.1
1999	117.1	2007	117.9
2000	117.3	2008	129.2
2001	123.9	2009	132.6
2002	122.4		

资料来源：根据前文所述公式和数据计算获得。

根据上述具体变量依据公式可以构建出本节所需的负二项回归模型：

$$\ln[E(AD_t = y_t \mid X_t)] = \beta_0 + \beta_1 GDP_{t-i} + \beta_2 CEXR_{t-i} + \beta_3 REER_{t-i} + \beta_4 CIMR_{t-i}$$
$$+ \beta_5 CHAD_{t-i} + \beta_6 D1 + \beta_7 D2 + \varepsilon_t \quad\quad (4.10)$$

考虑到国外对中国进行反倾销调查的调查期的设定中，有的是以立案前一年的若干月份为调查期，有的是以立案的当年的前几个月份作为调查期，因此，在该计数模型中对具有时滞效应的自变量考虑做滞后一期处理。模型中的 i = 0，1，根据变量系数的显著性、赤池信息准则（AIC）、施瓦茨准则（SC）数值极小化原则来确定是采用当期变量还是采用滞后一期的变量。若没有滞后效应，则 i = 0。

4.1.4　实证分析

利用负二项回归模型拟合出的最优回归结果见表 4.2。负二项回归的结果显示，除了常数项、当期的 REER（人民币实际有效汇率变动率）和 D2（反映中国在"非市场经济地位"方面的变化的虚拟变量）这三个变量对国外对中国发起反倾销调查的影响不显著外，其他的变量在模型中都具有统计上显著的影响。

表 4.2　　　　　　　　　　　　负二项回归结果

自变量	系数	标准差	P 值
C	− 0.372357	1.441682	0.7962
CGDP	0.380876	0.157832	0.0158
CEXR	− 1.575803	0.676641	0.0199
$CEXR_{t-1}$	1.981024	0.770735	0.0102
REER	− 0.021481	0.020175	0.2870
$REER_{t-1}$	0.031010	0.018072	0.0862
$CIMR_{t-1}$	− 0.023379	0.013631	0.0863
CHAD	0.086947	0.036876	0.0184
$CHAD_{t-1}$	0.020274	0.009156	0.0268
D1	− 2.060213	0.865760	0.0173
D2	− 0.093912	0.318214	0.7679
R^2 值	0.986842	赤池信息准则	7.545589
对数似然值	− 40.81912	施瓦茨准则	8.093352
似然比统计值	54.75539	Probability	0.000000

注：下标为 t − 1 表示滞后一期，没有下标的表示当期。

从回归的过程来看，在剔除不显著的变量时，R^2 值在上升，赤池信息准则和施瓦茨准则这两个数值均在降低。最后的回归结果中，R^2 值 = 0.986842，Probability 值 = 0.000000，负二项回归模型的拟合效果较好。回归结果中显著变量都是在 5% 或 1% 的水平上对反倾销调查的数量存在显著影响。

（1）CGDP 在 5% 的水平上对国外对中国反倾销调查的影响显著，这个结果与 Knetter 和 Prusa（2003）的研究结果不一致，他们通过对美国、欧盟、澳大利亚和加拿大 4 个发达国家与地区发起反倾销调查的情况进行了研究，发现出口国 GDP 增长与反倾销调查的相关性不明确。本节实证结果的回归系数显示，当期的中国 GDP 增长率每增加 1 个百分点，则中国遭受的反倾销调查数量会增加 38.09%，回归结果与假定相符。

（2）CEXR 对国外对中国反倾销调查数量在 5% 的水平上有显著的影响，但当期是反向影响，滞后一期的是正向影响。根据回归系数显示，当期中国对主要对中国反倾销调查国家的出口额占世界对这些国家的出口总额的占比每增加 1 个百分点，则中国遭受的反倾销调查数量会减少 157.58%；滞后一期的该变量每增加 1 个百分点，则中国遭受的反倾销调查数量会增加 198.10%。虽然该变量当期和滞后一期的影响是相反的，但从回归系数的大小上看滞后一期的正向影响大于当期的反向影响，因此反映中国出口状况的该变量的总体效应是正向影响，即该变量的增加会导致国外对中国反倾销调查数量的增加，这与假定是相符的。

（3）REER 对国外对中国反倾销调查数量在 10% 的水平上有显著的正向影响。根据回归系数显示，滞后一期的人民币实际有效汇率每增加 1 个百分点，则中国遭受的反倾销调查数量会增加 3.10%。这说明理论分析中所述人民币实际有效汇率的第一种效应处于主导地位，即人民币汇率贬值时，经过汇率换算后的中国出口产品的人民币价格高于中国国内该产品的市场价格的可能性增加，从而降低了"低于公平价格销售"裁定的可能性，进而抑制反倾销调查案件的发起。

（4）CIMR 对国外对中国反倾销调查数量在 10% 的水平上有显著的反向影响。根据回归系数显示，滞后一期的中国自主要对中国反倾销调查国家的进口增长率每增加 1 个百分点，则中国遭受的反倾销调查数量会减少 2.34%，显示出中国的进口对国外对中国反倾销调查的发起有一定抑制作用，回归结果与假定相符。

（5）CHAD 对国外对中国反倾销调查数量在 5% 的水平上有显著的正向影响。根据回归系数显示，当期的中国对外反倾销调查数量每增加 1 起，则中国遭受的反倾销调查数量会增加 8.69%；滞后一期的中国对外反倾销调查数量每增加 1 起，则中国遭受的反倾销调查数量会增加 2.03%，这与假定不相符。这可能是由于中国对外反倾销的数量偏少，还不足够多，导致这种报复能力不是足够大，不足以产生威慑力。当中国对外发起反倾销调查时反而会激起对方国家也通过反倾销调查进行报复，因此中国的对外反倾销没能有效地抑制国外对中国反倾销调查的发起。当中国的对外反倾销数量达到一个比较高的数量后，对国外有足够的威慑能力时，中国对外反倾销调查数量的增加才可能会对国外对中国反倾销调查的发起产生抑制作用。

（6）D1 对国外对中国反倾销调查数量在 5% 的水平上有显著的反向影响。回归系数为 -2.06，说明中国入世减少了中国遭受的反倾销调查数量，回归结果与假定相符。这表明中国入世后能有效利用 WTO 合法权利来解决对中国反倾销问题，针对国外反倾销的对抗能力得到加强。

（7）D2 对国外对中国反倾销调查数量的影响不显著。世界上承认中国"市场经济地位"的国家在不断增多，但未能有效抑制国外对中国反倾销调查的发起。

4.1.5　结论

本节从中国遭受的反倾销调查总量和中国内部视角出发，利用负二项回归模型研究了中国的经济贸易状况、中国的报复能力和中国的国际地位三个方面对中国遭受世界反倾销调查的影响。中国 GDP、中国出口、人民币实际有效汇率、中国进口、中国对外反倾销数量、中国入世都显著地影响着国外对中国发起的反倾销调查数量。具体影响为：当期中国 GDP 增长率的上升、滞后一期的中国对主要对中国反倾销调查国家的出口额占世界对这些国家的出口总额的占比的上升、滞后一期的人民币实际有效汇率变动率的上升、当期和滞后一期的中国对外反倾销调查数量的上升都会增加世界对中国的反倾销调查数量；而当期的中国对主要对中国反倾销调查国家的出口额占世界对这些国家的出口总额的占比的上升、滞后一期的中国自主要对中国反倾销调查国家的进口增长率的上升、中国入世则抑制了世界对中国反倾销调查的数量。其中当期和滞后一期的中国对主要对中国反倾销调查国家的出口额占世界对这些国家的出口总额的占比都对世界对中国反倾销调查的数量存在影响，且方向相反，但最终的总体效应是正向影响，即会增加世界对中国的反倾销调查数量。

4.2　中国遭受反倾销调查的影响因素：基于农产品反倾销的研究

4.2.1　引言

由于农产品固有的特殊性，使其一直是 WTO 体制下争论最为激烈的问题。虽然在多哈发展议程和全球粮食危机发生以后，这方面的问题有所缓解，但中国作为一个外贸大国和农业大国，仍处在高频率地遭遇反倾销的风险中。中国遭受反倾销的出口农产品大部分是中国具有比较优势的产品。

从现有的文献考察，虽然学者们对反倾销的影响因素进行了很多研究，但专门研究对中国农产品反倾销的影响因素很少。马述忠、黄祖辉（2005）认为农产品的反倾销活动是一个研究甚少的话题，国内外的文献都相当有限，国内学者对农产品反倾销的研究大多以案例分析为主，主要是探讨中国农产品遭遇反倾销的特点、内外部原因等。黄军、李岳云（2002）对国外对中国农产品反倾销案件的特点进行了总结，并分析了中国农产品遭受反倾销的外部原因和内部原因。刘爱东、周以芳（2009）在对中国农产品遭遇反倾销案件的涉案国家、涉案产品和裁决结果情况进行统计分析的基础上，揭示了各国对中国农产品频繁发起反倾销调查的原因。总体而言，有限的相关文献主要是通过演绎归纳的方法分析中国农产品遭受反倾销的影响因素，以及从农产品反倾销个案的视角去推断反倾销的影响因素，缺乏用实证研究方法对中国农产品遭受反倾销的影响因素进行甄别和分析。

分析中国农产品反倾销问题可以更有效地规避国外对中国农产品的反倾销，维护中国农产品贸易安全，降低反倾销所带来的损失，并保护中国农民和企业的利益。

4.2.2 对中国农产品反倾销概况

4.2.2.1 对中国农产品反倾销案件统计

按照《商品名称和编码协调制度》（HS）中的产品分类，中国遭受反倾销的涉案产品包括贱金属及其制品、化工产品、机电产品、塑料橡胶及其制品、纺织原料及其制品等，当然农产品也不例外，但是由于在 HS 中没有专门将农产品作为一个大类产品列出，因此遭受反倾销的农产品是分散到若干个大类产品中的。

为了分析的方便，本节以 WTO 的《农业协议》中定义的农产品贸易统计范围为标准来统计涉案农产品。以 HS 为基础的 WTO 的《农业协议》定义的农产品范围为：（1）HS 税则第 1 章至第 24 章（鱼及鱼产品除外）；（2）HS编码 2905.43（甘露糖醇）、HS 编码 2905.44（山梨醇）、HS 税目 33.01（精油）、HS 税目 35.01~35.05（蛋白类物质、改性淀粉、胶）、HS 编码 3809.10（整理剂）、HS 编码 3823.06（2905.44 以外的山梨醇）、HS 税目 41.01~41.03（生皮）、HS 税目 43.01（生毛皮）、HS 税目 50.01~50.03（生丝和废丝）、HS 税目 51.01~51.03（羊毛和动物毛）、HS 税目 52.01~52.03（原棉、废棉和已梳棉）、HS 税目 53.01（生亚麻）、HS 税目 53.02（生大麻）。由于考虑到鱼及鱼产品在中国的农产品贸易中的重要地位，因此本节统计涉案农产品时将鱼及鱼产品纳入涉案农产品的统计，即为"WTO 农产品 + 鱼及鱼产品"。判断是否属于农产品都严格地以涉案产品的税号作为标准，虽然中国遭受反倾销的某些产品具有一定的农产品特征，如猪鬃毛刷，但由于涉案的猪鬃毛刷的税号是以 96 开头，属于 HS 中的第 20 大类的商品，不属于 WTO 的《农业协议》中定义的农产品，故类似情况的产品不统计在内。

中国农产品最早遭受反倾销的案件为 1982 年 2 月欧盟对中国出口的梨罐头发起的反倾销调查案件。从 1982～2009 年国外对中国农产品反倾销调查案件汇总情况见表 4.3。

表 4.3　　　　　　1982～2009 年国外对中国农产品反倾销调查案件*

序号	立案年份	涉案产品	立案国家	序号	立案年份	涉案产品	立案国家
1	1982	梨罐头	欧盟	14	1999	苹果汁	美国
2	1982	蘑菇罐头	美国	15	1999	大蒜	韩国
3	1991	西红柿罐头	澳大利亚	16	1999	大蒜	南非
4	1991	桃罐头	澳大利亚	17	2000	蜂蜜	美国
5	1991	梨罐头	澳大利亚	18	2002	桑蚕生丝	印度
6	1991	花生仁	澳大利亚	19	2004	面粉	印度尼西亚
7	1994	蜂蜜	美国	20	2004	冷冻或罐装温水虾	美国
8	1994	大蒜	美国	21	2005	伞菇罐头	墨西哥
9	1994	大蒜	巴西	22	2005	蘑菇罐头	澳大利亚
10	1996	小龙虾仁	美国	23	2006	桃罐头	新西兰
11	1996	蘑菇罐头	巴西	24	2006	草莓	欧盟
12	1996	大蒜	加拿大	25	2006	菠萝罐头	澳大利亚
13	1998	蘑菇罐头	美国	26	2007	柑橘类水果罐头	欧盟

注：* 通过查阅对中国反倾销的 29 个 WTO 成员反倾销半年度报告，2008～2009 年间未发现中国出口农产品遭受国外反倾销调查。

资料来源：根据刘爱东、周以芳的《我国农产品遭遇反倾销的案例统计分析》一文的部分案件统计和 WTO 的各成员反倾销半年度报告整理而成。

4.2.2.2　对中国农产品反倾销呈现的特点

第一，部分农产品反复遭受反倾销。中国遭受反倾销的部分农产品，如大蒜、蘑菇罐头、梨罐头、桃罐头、蜂蜜等存在反复遭受反倾销的状况，有的是被不同的国家反倾销，有的则是在不同的时间被同一国家反倾销。其中以大蒜最为突出，前后共遭到美国、巴西、加拿大、韩国、南非 5 个国家的反倾销，蜂蜜则是在不同的时间遭受到美国的两次反倾销。第二，反倾销国家中发达国家或地区占到绝大多数。美国发起 8 起，澳大利亚发起 6 起，欧盟发起 3 起。

这三个发达国家或地区对中国农产品反倾销案就占到总数的 65.4%，除此之外还有加拿大、新西兰等发达国家也在对中国农产品发起反倾销调查，因此发达国家或地区是对中国农产品反倾销的绝对主导力量。

4.2.2.3　反倾销对农产品贸易安全的威胁

反倾销对中国农产品及农业发展会产生了一系列的影响，其中最为直观的影响表现在对中国农产品出口贸易的出口额和市场份额的影响上。通过分析我们发现对中国农产品反倾销已对中国的农产品贸易安全造成了威胁，严重地影响到中国的农产品贸易利益。本节考察了立案调查的后一年，即 t + 1 年份（t 为立案年份）中国的涉案农产品出口额增长率以及 t + 1 年份涉案农产品在进口国的占比变化情况。表 4.4 为中国在 t + 1 年份出口额增长率下降最多的 10 个农产品反倾销案件的具体情况。

表 4.4　　　　　反倾销对中国涉案农产品出口贸易的直接影响　　　　单位：%

序号	立案年份（t）	涉案产品	立案国家	t + 1 年份的出口额增长率	t + 1 年份的进口国占比增加
1	1999	大蒜	韩国	－ 98.1	－ 1.3
2	1998	蘑菇罐头	美国	－ 98.0	－ 29.5
3	2005	伞菇罐头	墨西哥	－ 97.0	－ 76.9
4	1994	大蒜	美国	－ 93.9	－ 20.2
5	1996	小龙虾仁	美国	－ 42.6	－ 12.8
6	2006	菠萝罐头	澳大利亚	－ 39.1	－ 3.4
7	2004	冷冻或罐装温水虾	美国	－ 39.0	－ 3.6
8	1994	蜂蜜	美国	－ 38.3	－ 17.4
9	2000	蜂蜜	美国	－ 30.8	－ 3.4
10	2004	面粉	印度尼西亚	－ 28.8	－ 10.2

资料来源：根据联合国统计署数据计算得到。

表 4.4 的数据显示无论是"出口额增长率"还是"进口国占比增加"全都为负数，表示无论是涉案产品的出口额还是在进口国的市场份额都在减少，这说明国外对中国反倾销立案调查对中国涉案农产品在后一年的出口有很明显的抑制作用。出口额增长率下降最多的是韩国对中国大蒜反倾销案件，t + 1

年份出口额下降98.1%，10个案件中出口额下降最少也达到了28.8%（印度尼西亚对中国面粉反倾销案件）。在出口额急剧下降的同时，这些涉案产品在进口国的占比也在下降，说明出口额的下降并非是由于进口国的整个市场萎缩造成的，而主要是由于反倾销造成的。其中占比下降最多的为墨西哥对中国伞菇罐头反倾销案，占比下降达到76.9%，同时出口额增长率下降高达97.0%。

上述数据清楚地显示出国外对中国农产品反倾销已直接影响到中国的农产品贸易安全，并严重损害了中国农产品贸易的合法利益。如果考虑到反倾销所带来的关联效应，如反倾销对从事农产品生产的广大的农民所带来的影响，那么反倾销导致的负面影响则更大、更广。农产品反倾销问题是农产品贸易中除技术贸易壁垒之外的另一个需要中国高度重视的问题。

4.2.3　变量选取及理论分析

本节专门针对国外对中国农产品反倾销案件的发起进行研究，期望能甄别出是哪些因素导致中国农产品遭受反倾销调查。选取的变量涉及两个方面：农产品的微观影响因素、双边国家的宏观影响因素。

4.2.3.1　农产品的微观影响因素

农产品微观影响因素是指具体到某一种农产品（如大蒜、花生仁等）的相关的微观变量。在反倾销影响因素的研究中，有关农产品的微观变量的统计和收集较为困难，这是针对农产品本身的实证分析缺乏的原因之一。理论上的分析认为进口国的相关利益方发起反倾销调查的申请，更多的会是在农产品的微观变量（如价格、数量等）刺激下的一种行为。如果影响因素的分析中缺乏最为直接的微观变量，会导致研究结果不完善，因此本节特别针对农产品的若干微观影响因素进行分析，这也是本书的创新之处。

（1）农产品出口数量增长率（AEQR）。农产品出口数量增长率具体是指中国的某种农产品对某进口国的出口数量增长率。中国某种农产品出口到进口国的出口数量是进口国反倾销当局确定损害的重要指标。当中国某种农产品出口到进口国的数量出现较快增长时，进口国的国内市场势必会受到冲击，进口国的相关利益方为了维护自身的利益，就会考虑通过反倾销的手段对中国出口的该种农产品进行阻击，从而提出反倾销调查的诉讼请求。

（2）农产品出口价格增长率（AEPR）。农产品出口价格增长率具体是指中国的某种农产品对某进口国的出口价格增长率。当某种农产品的出口价格降低较快时，可能会冲击进口国当地市场秩序和当地农产品生产者的利益，而此时由于我方的出口价格偏低，进口国当地相关利益方的反倾销诉讼的胜诉预期就会比较高，进口国提出反倾销调查的可能性就增大了。

（3）农产品在进口国占比（AIMR）。农产品在进口国占比具体是指某国从中国进口的某种产品进口额占该国该种农产品进口总额的比率。一般来说，当中国某种农产品出口的市场结构失衡时，出口会过度集中。该农产品出口市场的过度集中对进口国同类产品产生替代作用，会使进口国同类产品厂商的市场萎缩，进口国厂商寻求贸易保护的可能性增加，从而可能导致对中国的该农产品发起反倾销调查的可能性增加。AIMR 具体计算如下：

$$AIMR = \frac{某国从中国进口的某种农产品进口额}{某国的某种农产品进口总额} \times 100\% \qquad (4.11)$$

4.2.3.2 双边国家的宏观影响因素

反映一国宏观情况的指标中较为常见的是 GDP、失业率、汇率等诸如此类的一些宏观指标，根据文献阅读和本节的研究内容，本节最终选取的双边国家的宏观影响因素为以下 4 个：

（1）中国 GDP 增长率（CGDP）。如果中国 GDP 增长较快，则国内宏观经济状况比较景气、生产能力扩张、生产效率提高，而生产效率的提高会导致中国的出口的价格竞争力增大，易使进口国发起反倾销调查。虽然 Knetter 和 Prusa（2003）发现出口国 GDP 与发起反倾销调查的相关性不明确，但他们是 4 个发达国家与地区作为研究对象，而对中国农产品反倾销的国家既有发达国家，又有发展中国家（如印度、印度尼西亚、韩国），反倾销环境有较大差异，因此这里仍需将中国 GDP 的增长作为一个重要的考察因素。

（2）进口国 GDP 增长率（FGDP）。当进口国国内宏观经济状况不景气时，则任何进口竞争可能对进口国国内生产能力利用、利润幅度产生进一步的压力。此时，进口国国内相关利益方会游说并对政府施加压力以保护国内产业，结果导致反倾销调查案件增多；反之，当进口国国内宏观经济状况良好时，反倾销调查案件就会得到一定的抑制，因此进口国 GDP 增长率越高，中国出口的农产品遭受反倾销调查的可能性就越低。

（3）进口国社会失业率（FUER）。当进口国的社会失业率偏高时，来自于国外较低价格的进口商品会对失业产生进一步的压力，政府会面对更多的来自于国内同类产品厂商及政治集团的压力，此时国内同类产品厂商提出的反倾销诉讼申请会更容易得到批准。

（4）人民币双边实际汇率变动率（BRER）。虽然有学者的研究显示汇率对反倾销调查与否无显著影响，但大多数学者的研究都发现汇率与反倾销调查之间有联系。若从倾销裁定的角度分析，当人民币汇率贬值时，经过汇率换算后的中国出口产品的人民币价格高于中国国内该产品的市场价格的可能性增加，从而降低了"低于公平价格销售"裁定的可能性，进而抑制反倾销调查的发起。若从损害裁定的角度分析，如果人民币汇率贬值，则中国的出口将上升，使得国外相关产品面临更为强烈的进口竞争，提高了肯定性裁定的可能性，进而刺激反倾销调查的发起。若从出口增长的角度分析，如果人民币汇率贬值，则中国的出口将上升，使得国外同类产品面临更为强烈的进口竞争，国外同类产品的厂商的利益在受到影响的情况下，即使国外厂商没有明显的证据证明中国产品存在低价倾销的行为，由于反倾销的立案调查常常也能在一段时间内明显地抑制中国产品的出口，因此国外厂商也可能会向当局提出对中国产品进行反倾销调查，从而导致反倾销调查案件的增加。由于以上两种效应同时存在，所以汇率对反倾销调查案件的发起的影响具有不确定性。考虑到真正对贸易活动起到影响作用的应该是剔除了通货膨胀因素之后的实际汇率，另外为了消除汇率对其他自变量的内在多重共线性的影响，本节使用汇率的变动量，因此这里采用人民币双边实际汇率变动率作为考察变量。

4.2.4　模型设定及数据说明

4.2.4.1　计量模型的设定

由于反倾销研究领域的特殊性，本节是以反倾销调查发起与否作为计量模型的因变量，这是二分类变量，不能采用以连续变量为因变量的一般计量模型，此时采用 Logistic 回归模型则是较为广泛的选择。Logistic 回归模型主要在医学、公共卫生领域有非常广泛的应用，但是近些年来也逐渐有人将之运用到经济管理领域的研究中。本节以中国遭受反倾销的具体农产品案件为研究基础，将该农产品在遭受反倾销调查时的情况和未遭到反倾销调查时的情况进行配对比较，以此对反倾销立案调查的影响因素进行有效甄别，因此考虑选用条件 Logistic 回归模型（也称为配对 Logistic 回归模型）。

本节的条件 Logistic 回归模型采用 1∶1 配对，即每一配对组包括一个农产品反倾销案件和一个对照。以中国遭受反倾销调查的农产品案件作为研究对象，以是否发起反倾销调查（用 AD 表示）作为模型的因变量，当 AD = 1 时，表示发起了反倾销调查，当 AD ＝0 时，表示未发起反倾销调查。由于反倾销案件都有一个涉案调查期，进口国是以调查期的数据作为反倾销案件裁决的依据，若立案年份为 t，则调查期年份为 t −1①。使用条件 Logistic 回归模型进行配对时，农产品反倾销案件中的所有自变量都使用 t −1 年份的数据，即调查期年份的数据。选取该农产品的 t −2 年份作为对照组，即选取调查期所在年份的前一年作为对照组，最后形成 t −1 年份和 t −2 年份的 1 : 1 配对。

计量分析以 SPSS 16.0 软件作为辅助。模型的基本形式如下：

$$h(t,x) = h_0 t \cdot \exp(\beta_1 x_1) \cdot \exp(\beta_2 x_2) \cdots \exp(\beta_p x_p) \qquad (4.12)$$

$h(t,x)$ 表示在受到危险因素 x 的影响下，在时刻 t 的风险率。$h_0(t)$ 表示在不受危险因素 x 的影响下，在时刻 t 的风险率。显然 $h_0(t) = h_0(t,0)$，并称 $h_0(t)$ 为基础风险函数。在 P 个因变量 x_1，x_2，…，x_p 的共同影响下，风险函数就变为 $h(t,x)$，使得个体风险函数由 $h_0(t)$ 增至 $h_0 t \cdot \exp(\beta_1 x_1) \cdot \exp(\beta_2 x_2) \cdots \exp(\beta_p x_p)$。$\beta_j(i = 1,2,\cdots,p)$ 为回归系数，是模型中的待定参数。在其他因变量固定的情况下，因变量 $x_i(i = 1,2,\cdots,p)$ 的取值增加一个单位，则 $h(t,x)$ 变为原来的 e^{β_i} 倍，这就是相对风险比，它反映了因变量 x_i 对风险函数的效果。如果 β_i 为正，则 x_i 具有增加风险的效果；相反，如果 β_i 为负，则 x_i 具有降低风险的效果。

4.2.4.2 数据说明

本节以中国遭受反倾销的涉案农产品作为考察对象，虽然本节统计出来的农产品反倾销案件共有 26 起，但是由于其中 7 个案件的部分相关的统计数据无法获得，因此最终确定以其余的 19 个案件作为研究对象。由于每个案件都分别有一套 t −1 年份和 t −2 年份的 1 : 1 配对的数据，因此研究样本的数量达到 38 个。剔除掉的 7 个案件分别是：1922 年欧盟立案调查的梨罐头、1982 年美国立案调查的蘑菇罐头、1991 年澳大利亚立案调查的桃罐头、1991 年澳大利亚立案调查的梨罐头、1994 年巴西立案调查的大蒜、1996 年巴西立案调查的蘑菇罐头、1999 年南非立案调查的大蒜。

农产品出口数量增长率、农产品出口价格增长率、农产品在进口国占比数

---

① 调查期年份一般为 t −1。如果调查期是跨年度的，则选用大部分时间所处的年份作为调查期年份。

据根据联合国统计署数据库数据计算得到。具体数据见附表 11、附表 12 和附表 13。中国 GDP 增长率来源于中国国家统计局，进口国 GDP 增长率数据来源于联合国统计署，进口国社会失业率数据来源于 IMF 国际金融统计，具体数据见附表 14。

用于计算人民币双边实际汇率变动率的双边名义汇率数据来源于加拿大英属哥伦比亚大学的太平洋汇率服务网站，各国的 CPI 数据来源于联合国统计署数据库，具体数据见附表 15。表 4.5 是对模型中的各个变量赋值和预期影响方向的说明。

表 4.5   各变量及其赋值

变量		指标名称	指标符号	案件组赋值	对照组赋值	影响因素的预期影响方向
因变量		是否发起反倾销调查	AD	1	0	
自变量	微观因素	农产品出口数量增长率	AEQR	$t-1$ 年份数据	$t-2$ 年份数据	+
		农产品出口价格增长率	AEPR	$t-1$ 年份数据	$t-2$ 年份数据	−
		农产品在进口国占比	AIMR	$t-1$ 年份数据	$t-2$ 年份数据	+
	宏观因素	中国 GDP 增长率	CGDP	$t-1$ 年份数据	$t-2$ 年份数据	+
		进口国 GDP 增长率	FGDP	$t-1$ 年份数据	$t-2$ 年份数据	−
		进口国社会失业率	FUER	$t-1$ 年份数据	$t-2$ 年份数据	+
		人民币双边实际汇率变动率	BRER	$t-1$ 年份数据	$t-2$ 年份数据	?

注："+" 表示自变量对 AD 有正向效应，"−" 表示自变量对 AD 有反向效应，"?" 表示自变量对 AD 的影响方向不明确。

4.2.5 实证分析

模型拟合时采用基于偏最大似然估计的后退法（Backward：LR），剔除水平为默认的 0.10。利用条件 Logistic 回归模型拟合出的结果见表 4.6。

表 4.6   在方程中的自变量

自变量	B	SE	Wald	df	Sig.	Exp（B）
农产品出口价格增长率	− 0.091	0.051	3.139	1	0.076	0.913
农产品在进口国占比	0.255	0.128	3.999	1	0.046	1.291

回归结果显示在 10% 的水平下，最终进入方程的只有两个自变量：农产品出口价格增长率、农产品在进口国占比，说明这两个因素对中国农产品遭受反倾销调查有显著影响，且这两个因素对反倾销调查的影响方向与前文的理论分析一致。农产品出口价格增长率的回归系数为 -0.091，是负数，说明随着上期农产品出口价格的增长当期遭受国外反倾销调查的风险将减少，是反向效应，具体为中国的上期该农产品出口价格增长率每增加 1 个百分点，当期遭受反倾销调查的风险将减少到 0.913 倍，减少 8.7%；农产品在进口国占比的回归系数为 0.255，是正数，说明随着上期农产品在进口国占比的增长其当期遭受国外反倾销调查的风险将增加，是正向效应，具体为中国的上期该农产品在进口国占比每增加 1 个百分点，当期遭受反倾销调查的风险将增加到 1.291 倍，增加 29.1%。依据式 4.12 拟合出的模型可表示为：

$$h(t) = h_0(t)\exp(-0.091\,\text{AEPR} + 0.255\,\text{AIMR}) \qquad (4.13)$$

4.2.6 结论

通过对中国农产品遭受反倾销调查的影响因素的实证研究，得出以下结论：

（1）对中国农产品反倾销的显著影响因素主要有：农产品出口价格增长率、农产品在进口国占比，且农产品在进口国占比的影响更大。

（2）对中国农产品反倾销的条件 Logistic 回归结果显示：某种农产品出口价格上期增长，则导致该农产品在当期遭受国外反倾销调查的风险减少；某种农产品在进口国占比上期增长，则导致该农产品在当期遭受国外反倾销调查的风险增加。

（3）这两个影响因素都是农产品微观因素，实证结果显示没有任何宏观因素对农产品的反倾销调查的发起有显著影响，说明国外对中国农产品反倾销实际上主要是在中国某种农产品的微观变量刺激下所做出的一种反应，因为国外某种农产品（如大蒜）相关利益方主要是对该种农产品（大蒜）的状况做出反应，而不会对 GDP 的变动或整个社会的失业等宏观状况做出反应。

4.3　本章小结

本章首先运用负二项回归模型从中国遭受反倾销调查的总量和中国内部视

角去研究反倾销调查的影响因素，发现从国家层面的一些宏观影响因素去考察的话，中国的经济贸易状况、中国的报复能力和中国的国际地位三个方面都会对世界对中国反倾销调查产生显著影响，具体影响因素包括中国 GDP、中国出口、人民币实际有效汇率、中国进口、中国对外反倾销数量、中国入世。可见有较多的宏观因素都会对中国遭受反倾销调查产生影响。其次运用条件 Logistic 技术对中国农产品遭受反倾销调查的影响因素，从产品层面研究发现，对农产品遭受反倾销产生显著影响的主要是一些涉案农产品的微观因素，包括农产品出口价格增长率、农产品在进口国占比。这时微观因素处于主导地位的原因是由于进口国的利益方是一个个的微观主体，它们主要只关注自身的产品利益，因此这些利益方提出常常是基于涉案产品本身的状况而提出反倾销诉讼。

这些实证结果对于政府部门和涉案企业、行业协会的意义是有差异的，政府部门进行的宏观监控主要是对总量的监控，更多的是把握大局，因此政府部门更多的是对中国的经济贸易状况、报复能力、国际地位中的各种影响因素的关注；而涉案企业、行业协会作为一个出口涉案产品的个体或一个集合，更多的是需要对自身出口的产品的价格变动、出口份额变动这些微观因素给予高度的关注。

第5章 中国遭受最终反倾销措施的影响因素：基于美国对中国反倾销裁决的研究

由于最终反倾销措施和反倾销调查是两个不同事情，因此仍需专门对中国遭受最终反倾销措施的影响因素进行研究。本章为了使研究更为细致、研究结果更为精准，不再从中国遭受最终反倾销措施总量的视角进行研究，而是选取了对中国反倾销中极具代表性的国家——美国，统计了从 1995 年 1 月到 2010 年 6 月期间美国对中国反倾销已有最终裁决结果的所有案件，不采用通常的时间序列，而以各个案件的最终裁决结果为研究基础，首先运用二元 Logistic 回归技术甄别出显著影响对中国反倾销裁决结果的因素；然后再运用关联分析方法研究中国的"非市场经济地位"对反倾销税率高低的影响；最后是对本章上述研究内容的一个总结。

5.1 引　　言

中国与美国互为非常重要的贸易伙伴，中美两国的贸易额逐年上升，但与此同时，由于各种经济及政治原因，中美之间的贸易摩擦不断发生，在关税壁垒限制商品进口的效力不断降低时，美国对中国产品高筑非关税壁垒，频繁使用各种手段限制中国产品进入其国内，而反倾销成为其中最重要的手段。美国不仅是世界上主要的反倾销国家，同时也是最主要的对中国反倾销国家之一。同时作为世界上最发达的国家，美国是世界经济规模、贸易规模最大的国家，它的一举一动都具有很强的影响力，它对中国的反倾销行为同样具有强烈的示范效应，基于美国对中国反倾销裁决去研究中国遭受最终反倾销措施的影响因素是很具代表性的，因此本章选取美国对中国反倾销裁决中已有最终裁决结果的案件作为研究对象去分析中国遭受最终反倾销措施的影响因素。

5.2　美国对中国反倾销状况

根据 WTO 官方统计，从 WTO 成立后的 1995～2009 年，美国对中国发起的反倾销调查案件为 99 起，占中国遭受反倾销调查总量（761 起）的 13%；美国对中国实施最终反倾销措施 77 起，占中国遭受最终反倾销措施总量（538 起）的 14%。在此期间，从中国的角度观察，美国对中国发起的反倾销调查案件和对中国实施最终反倾销措施均排在第 2 位（这两个数量排在第 1 位的均为印度，分别为 131 起和 98 起）。从美国的角度观察，中国遭受美国发倾销的数量位居美国对外反倾销的第 1 位，美国对中国发起的反倾销调查占美国总量（440 起）的 23%，远高于处于第 2 位日本的 8%（33 起）；美国对中国实施的最终反倾销措施占美国总量（284 起）的 27%，远高于处于第 2 位日本的 8%（21 起）。[①]

根据"全球反倾销数据库"[②] 的统计，从 1995 年 1 月到 2010 年 6 月，美国对中国反倾销已有最终裁决结果的案件共计 88 起。其中有部分案件是在 1995 年之前立案的，但是最终裁决时间是在 1995 年之后的案件也统计在内。美国对中国反倾销已有最终裁决结果的具体案件汇总见表 5.1。

表 5.1　终裁期为 1995.1～2010.6 的美国对中国反倾销已有终裁结果的案件汇总

序号	涉案产品英文名称	涉案产品中文名称	立案时间	是否实施最终反倾销措施
1	Honey	蜂蜜	1994 - 10 - 13	实施
2	Manganese Sulfate	硫酸锰	1994 - 12 - 08	未实施
3	Furfuryl Alcohol	糠醇	1994 - 06 - 08	实施
4	Glycine	氨基乙酸、甘氨酸	1994 - 07 - 08	实施
5	Manganese Metal	金属锰	1994 - 11 - 17	实施
6	Pure Magnesium	纯镁	1994 - 04 - 12	实施
7	Alloy Magnesium	镁合金	1994 - 04 - 12	实施
8	Disposable Lighters	一次性打火机	1994 - 05 - 16	未实施

---

① 根据 WTO 反倾销统计数据整理计算得到。

② Bown, Chad P.. Global Antidumping Database［DB］. http://econ. worldbank. org/ttbd/gad/.

续表

序号	涉案产品英文名称	涉案产品中文名称	立案时间	是否实施最终反倾销措施
9	Polyvinyl Alcohol	聚乙烯醇	1995 - 03 - 17	实施
10	Bicycles	自行车	1995 - 04 - 12	未实施
11	Drawer Slides	抽屉滑轨	1994 - 11 - 09	未实施
12	Crawfish Tail Meat	小龙虾尾肉	1996 - 09 - 27	实施
13	Persulfates	过硫酸盐	1996 - 07 - 17	实施
14	Melamine Institutional/Non-Institutional Dinnerware	餐具套件	1996 - 02 - 14	实施
15	Cut To Length Carbon Steel Plate	定尺碳钢板	1996 - 11 - 13	实施
16	Collated Roofing Nails	屋顶排钉	1996 - 12 - 04	实施
17	Certain Brake Drums and Rotors	刹车鼓	1996 - 03 - 15	实施
18	Certain Preserved Mushrooms	蘑菇罐头/腌渍蘑菇	1998 - 01 - 16	实施
19	Non-Frozen Apple Juice Concentrate	非冷冻浓缩苹果汁	1999 - 06 - 16	实施
20	Creatine Monohydrate	水合肌氨酸	1999 - 02 - 22	实施
21	Aspirin	阿司匹林	1999 - 06 - 07	实施
22	Synthetic Indigo	合成靛青	1999 - 07 - 08	实施
23	Cold-Rolled Carbon Steel Products	冷轧碳钢产品	1999 - 06 - 09	未实施
24	Honey	蜂蜜	2000 - 10 - 06	实施
25	Foundry Coke	铸造焦炭	2000 - 09 - 27	实施
26	Steel Wire Rope	钢丝绳	2000 - 03 - 09	未实施
27	Steel Concrete Rebar	钢筋	2000 - 07 - 07	实施
28	Hot-Rolled Carbon Steel Products	热轧碳钢产品	2000 - 11 - 22	实施
29	Pure Magnesium	纯镁	2000 - 10 - 25	实施
30	Folding Gift Boxes	折叠礼品盒	2001 - 03 - 01	实施
31	Automotive Replacement Glass Windshields	汽车挡风玻璃	2001 - 03 - 08	实施
32	Ferrovanadium	铁钒合金	2001 - 11 - 30	实施
33	Structural Steel Beams	结构型钢	2001 - 06 - 04	未实施

续表

序号	涉案产品 英文名称	涉案产品 中文名称	立案时间	是否实施最终 反倾销措施
34	Circular-Welded Non-Alloy Steel Pipe	环状焊接非合金钢管	2001－06－04	未实施
35	Cold-Rolled Steel Products	冷轧板卷	2001－10－05	未实施
36	Folding Metal Tables and Chairs	折叠金属桌椅	2001－05－04	实施
37	Barium Carbonate	碳酸钡	2002－10－04	实施
38	Refined Brown Aluminum Oxide	棕刚玉	2002－11－29	实施
39	Saccharin	糖精	2002－07－18	实施
40	Polyvinyl Alcohol	聚乙烯醇	2002－09－13	实施
41	Non-Malleable Cast Iron Pipe Fittings	无可锻性铸铁管件	2002－02－27	实施
42	Lawn and Garden Steel Fence Posts	草地与庭园钢制围栏柱	2002－05－08	实施
43	Malleable Iron Pipe Fittings	可锻性玛钢管件	2002－11－06	实施
44	Ball Bearings	滚珠轴承	2002－02－21	未实施
45	Tetrahydrofurfuryl Alcohol	四氢糠醇	2003－06－30	实施
46	Carbazole Violet Pigment 23	咔唑紫颜料	2003－11－28	实施
47	Polyethylene Retail Carrier Bags	聚乙烯零售购物袋	2003－06－27	实施
48	Color Television Receivers	彩色电视机	2003－05－13	实施
49	Hand Trucks	手推车	2003－11－21	实施
50	Ironing Tables and Certain Parts Thereof	烫衣板及部件	2003－07－08	实施
51	Wooden Bedroom Furniture	木制卧室家具	2003－11－10	实施
52	Certain Frozen and Canned Warm Water Shrimp and Prawns	冷冻和罐装温水虾	2004－01－08	实施
53	Chlorinated Isocyanurates	三氯异氰尿素	2004－05－21	实施
54	Crepe Paper Products	绉纸制品	2004－02－23	实施
55	Certain Tissue Paper Products	薄页纸	2004－02－23	实施
56	Certain Circular Welded Carbon Quality Line Pipe	圆形焊接碳钢线管	2004－03－09	未实施
57	Magnesium	金属镁	2004－03－09	实施

续表

序号	涉案产品 英文名称	涉案产品 中文名称	立案时间	是否实施最终 反倾销措施
58	Certain Lined Paper Products	文具纸	2005 – 09 – 19	实施
59	Artists' Canvas	艺术画布	2005 – 04 – 06	实施
60	Diamond Sawblades and Parts Thereof	钻石锯条及部件	2005 – 05 – 10	未实施
61	Certain Activated Carbon	活性炭	2006 – 03 – 15	实施
62	Coated Free Sheet Paper	铜版纸	2006 – 11 – 06	未实施
63	Certain Polyester Staple Fiber	聚酯纤维	2006 – 06 – 29	实施
64	Sodium Hexametaphosphate	六偏磷酸钠	2007 – 02 – 15	实施
65	Electrolytic Manganese Dioxide	电解二氧化锰	2007 – 08 – 28	实施
66	Sodium Nitrite	亚硝酸钠	2007 – 11 – 15	实施
67	Polyethylene Terephthalate Film/Sheet/Strip (PET Film)	聚对苯二甲酸乙二酯膜、片和条	2007 – 10 – 05	实施
68	Certain New Pneumatic Off-The-Road Tires	新充气工程机械轮胎	2007 – 06 – 22	实施
69	Lightweight Thermal Paper	低克重热敏纸	2007 – 09 – 27	实施
70	Laminated Woven Sacks	复合编织袋	2007 – 07 – 05	实施
71	Certain Steel Nails	钢钉	2007 – 06 – 04	实施
72	Circular Welded Carbon Quality Steel Pipe	圆形焊接碳钢管件	2007 – 06 – 14	实施
73	Light – Walled Rectangular Pipe and Tube	薄壁矩形钢管	2007 – 07 – 03	实施
74	Steel Wire Garment Hangers	钢丝衣架	2007 – 08 – 10	实施
75	Raw Flexible Magnets	未加工橡胶磁铁	2007 – 09 – 28	实施
76	1 – Hydroxyethylidene – 1/1 – Diphosphonic Acid	羟基亚乙基二膦酸	2008 – 03 – 26	实施
77	Citric Acid and Certain Citrate Salts	柠檬酸和柠檬酸盐	2008 – 04 – 22	实施
78	Circular Welded Austenitic Stainless Pressure Pipe	圆形焊接奥氏体不锈高压套管	2008 – 02 – 05	实施
79	Steel Threaded Rod	钢制螺杆	2008 – 03 – 12	实施
80	Certain Circular Welded Carbon Quality Steel Line Pipe	圆形焊接碳钢线管	2008 – 04 – 14	实施

续表

序号	涉案产品 英文名称	涉案产品 中文名称	立案时间	是否实施最终 反倾销措施
81	Frontseating Service Valves	空调用截止阀	2008 - 03 - 26	实施
82	Certain Tow Behind Lawn Groomers and Certain Parts Thereof	后拖式草地维护设备及零部件	2008 - 07 - 01	实施
83	Certain Kitchen Appliance Shelving and Racks	厨房用搁板和网架	2008 - 08 - 07	实施
84	Small Diameter Graphite Electrodes	小直径石墨电极	2008 - 01 - 25	实施
85	Uncovered Innerspring Units	非封闭内置弹簧部件	2008 - 01 - 07	实施
86	Amino Trimethylene Phosphonic Acid and 1 - Hydroxyethylidene - 1/1 - Diphosphonic Acid	氨基三亚甲磷酸和羟基亚乙基二膦酸	2008 - 01 - 08	未实施
87	Oil Country Tubular Goods	石油管材	2009 - 04 - 15	实施
88	Prestressed Concrete Steel Wire Strand	预应力混凝土用钢绞线	2009 - 06 - 03	实施

资料来源：根据"全球反倾销数据库"统计数据整理得到。全球反倾销数据库：Bown, Chad P. . Global Antidumping Database [DB] . http：//econ. worldbank. org/ttbd/gad/.

　　在上述统计数据中，倾销裁决和损害裁决均为肯定性裁决的案件计入实施最终反倾销措施的案件数量中。采用"中止协议"的案件也计入实施最终反倾销措施的案件数量中，如1995年立案的蜂蜜反倾销案件是中美之间用"中止协议"来处理的第一例，中美双方同意用中止协议的方式停止反倾销调查，但是中止协议对中国向美国出口蜂蜜的数量和价格都进行了限制，虽然与征收反倾销税相比，"中止协议"方式对维持出口有一定的好处，中国可在遵守数量和价格限制承诺的条件下继续向美国出口，但是"中止协议"对数量和价格的双重限制也使得企业的出口变得十分困难，"中止协议"其实就是一个折中了的最终反倾销措施，因此本章将"中止协议"视为最终反倾销措施的一种。中途撤销的案件、倾销裁决或损害裁决中有任何一个裁决为否定性裁决的案件则都记入未实施最终反倾销案件数量中。

　　在美国对中国已有最终裁决结果的上述88个反倾销案件中，有14个案件

没有实施最终反倾销措施，74 个案件被实施最终反倾销措施。根据统计，在
14 个没有实施最终反倾销措施的案件中，由于中途撤销诉讼等原因未实施最
终反倾销措施的有 2 起，其余的 12 起案件全都给予了肯定性倾销裁决结果，
但是由于否定性的损害裁决而导致未实施最终反倾销措施。整个 88 起案件中
排除掉中途撤诉等原因的 2 起案件，剩下的 86 起案件中，倾销裁决全部都为
肯定性，损害裁决有 74 起为肯定性（具体裁决结果分布见图 5.1）。

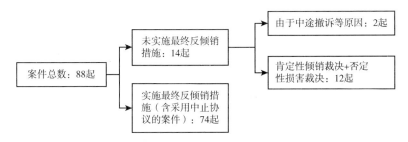

图 5.1　终裁期为 1995.1～2010.6 的美国对中国反倾销案件的裁决结果分布

资料来源：根据"全球反倾销数据库"统计数据整理得到。

实施最终反倾销措施的案件高达 84%，涉及 24 章商品（HS 分类为 98 章商
品，本节涉及的商品共计有 24 章），按其比重排序，首先是钢铁制品（第 73 章
商品），总计 13 起，达到 17.6%；其次是有机化学品（第 29 章商品），总计 9
起，达到 12.2%；再次为无机化学品、贵金属、稀土金属（第 28 章商品），总
计 6 起，达到 8.1%，具体被实施最终反倾销措施的涉案产品分布情况见图 5.2。
未实施最终反倾销措施的 14 个案件仅涉及 10 章商品，其中钢铁（第 72 章商品）
和钢铁制品（第 73 章商品）最多，各有 3 起；其余的涉案产品都只各有 1 起。

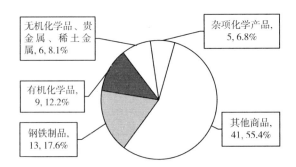

图 5.2　遭受美国最终反倾销措施的中国涉案产品分布情况

资料来源：根据"全球反倾销数据库"统计数据整理。

5.3　美国反倾销裁决影响因素的研究状况

关于反倾销的研究文献很多，不同的学者从不同的视角和内容对反倾销做了大量深入的研究，但是专门针对反倾销最终裁决结果的研究较少。这里仅对关于美国反倾销裁决影响因素的相关文献进行评述。

5.3.1　国外研究

5.3.1.1　经济因素

理论上分析，只有出口国的企业采取了不公平的贸易手段，且造成了经济上的实质性损害时，进口国才会实施反倾销措施来保护本国企业和本国市场，因此对经济因素的关注显得很重要。

Baldwin 和 Steagall（1994）使用了反倾销调查案件的经济数据，通过Probit 模型研究了 20 世纪 80 年代美国国际贸易委员会裁定反倾销的损害结果的经济因素。Czinkota 和 Kotabe（1997）通过对 1980～1992 年间的美国反倾销案件的研究，发现在美国国际贸易委员会反倾销裁决中，当前的进口渗透率对裁决会产生影响，但是来自于日本和其他亚洲国家的进口好像对于裁决结果影响不大。Mah（2000）研究了在美国国际贸易委员会的反倾销裁决中的宏观经济影响因素。Johansen 协整检验的结果显示肯定性反倾销裁决的百分率增长和贸易差额之间存在长期均衡关系。肯定性反倾销裁决的百分率增长被认为是经济增长降低的原因。Sabry（2000）实证研究的结果显示进口渗透率、资本利用和美国商务部的倾销评估在解释美国反倾销诉讼裁决的结果时是显著影响因素。Lee 和 Mah（2003）通过 1975～1999 年的反倾销案件的实证分析，结果显示增长的进口渗透率对美国国际贸易委员会的肯定性裁决的百分率存在肯定性影响。Mah（2006）使用美国数据揭示了反倾销中损害裁决的影响因素。实证结果显示所有的美国国际贸易委员会委员都会考虑涉案产业的利润的变化，利润/销售额比的变化影响到少数委员的行为，反倾销法规中列举的其他因素、宏观经济状况、总统的任期则不会对委员的投票行为产生影响，国家影响也未发现。

5.3.1.2　政治因素

除了经济因素会对美国反倾销裁决结果产生影响外，学者们还发现许多经济因素之外的一些因素，如政治因素，也会对反倾销裁决结果产生影响。Moore（1992）分析了美国国际贸易委员会在 1980～1986 年期间的反倾销裁决，研究显示政治因素能帮助预测委员会的裁决结果。如果诉讼方的支持者是参议院监管委员会的成员，则对诉讼方有利。裁决中可能对欠发达国家的出口存在偏见的证据也被提出来了。Lee 和 Mah（2003）通过 1975～1999 年的美国反倾销案件的实证分析，发现民主党的委员比共和党的委员对于宏观经济状况的变化更为敏感。Gupta 和 Panagariya（2006）实证研究显示反倾销案件中的损害调查被美国国际贸易委员会操纵。

5.3.1.3　混合性因素

本节提出的混合因素包括制度和社会压力等在内的一些混杂性因素，与上面描述的政治因素在某些方面具有一定关联性。Lee 和 Mah（2003）研究发现有强烈的证据显示 WTO 制度的开始和随之而来的争端解决机制的建立降低了美国肯定性损害裁决的可能性。Gupta 和 Panagariya（2006）对美国反倾销案件的实证研究发现长期拥有总的市场份额的涉案的被告公司越多，肯定性裁决的可能性就越高。Czinkota 和 Kotabe（1997）发现即使在市场不断增长的情况下，大公司面临国外竞争者时使用反倾销的手段能获得战略性保护，而处于更为"原子状态"竞争产业的小公司只有在市场萎缩的情况下才可能获得这样的保护。Mah（2000）发现在美国国际贸易委员会的反倾销裁决中存在派系的特征。Kim, E. 和 M. Kim（2007）使用了美国 1947～1999 年间反倾销的年度时间序列数据，认为国际政治和国内社会方面在美国反倾销裁决中具有支配地位，特别是国际压力和利益集团的组织水平对于美国反倾销的裁决有高度的相关性。

5.3.2　国内研究

国内学者对反倾销影响因素的研究主要是针对反倾销调查案件的发起，针对反倾销裁决的影响因素的研究非常少，而其中专门针对美国对中国反倾销裁决影响因素研究的文献则更为稀缺，仅有极少数学者对此进行了研究。

沈国兵（2007）基于时间序列运用负二项计数模型发现：美国工业生产增长率下降、失业率增加、从中国进口渗透率提高和美元对人民币实际汇率变动率上升，会增加美国对中国最终反倾销措施数量；而美国对中国出口比重增加，会降低对中国最终反倾销措施数量。李坤望、王孝松（2008）则采用经验分析方法，从贸易政策的政治经济学视角对 1980～2005 年美国对中国反倾销案件裁定结果和影响因素进行了研究，认为案件申诉者的政治势力对税率的裁定结果的影响最为重要，是美国对中国反倾销呈现出歧视性的首要原因；反倾销税率裁定结果还依赖于中美双边贸易状况和涉案产品所属部门等因素，而其他政治经济因素均不能对裁定结果产生显著影响。

从已有的文献来看，西方学者对美国反倾销裁决影响因素的研究，都是将美国在一定时期的反倾销作为研究对象，并不专门研究美国对中国反倾销。另外，无论是国外文献还是国内文献，在对于反倾销影响因素的实证研究中，已有的文献几乎都是以时间序列为基础，并且是以宏观影响因素为基础进行反倾销因素的筛选和甄别，最终导致计量模型中所有的反倾销因素都是宏观因素，这会在一定程度上降低分析的有效性。本章的研究不采用时间序列，而是以美国对中国反倾销中已有最终裁决结果的各个具体案件的详细统计为基础，基于涉案产品的视角对反倾销裁决的影响因素进行分析，因为在反倾销的裁决中，其实进口国主要是针对具体案件本身的微观因素（如涉案产品的价格、数量等）进行倾销以及损害的裁决，即使在同样的宏观因素背景的情况下，由于涉案产品的微观变量的差异也会导致裁决结果截然不同。本章在考虑宏观因素影响的同时，更多的是考察微观因素的影响。另外，在现有文献中，已有的相关研究主要是采用定性描述的方式对"非市场经济地位"的影响进行了研究，专门就"非市场经济地位"问题给中国的反倾销带来多大的负面影响进行定量分析和实证分析很少，有少数的实证研究是基于时间序列以某个年份为界设定一个虚拟变量来反映中国的"非市场经济地位"的变化。这种研究设定有些粗糙，导致研究结果可能会出现偏差。因此本章还基于非时间序列专门就"非市场经济地位"对美国对中国反倾销裁决的影响方面进行了实证研究。

5.4　变量选取及理论分析

现有文献采用的变量各有不同，结论也有差异。本章在重点考察涉案产品的微观影响因素的同时也兼顾宏观影响因素的分析，当然选择影响因素时还需要避免各个因素之间存在严重的多重共线性问题而导致结果失真。

5.4.1　涉案产品的微观影响因素

涉案产品的微观影响因素是指具体到某一种涉案产品（如蜂蜜、文具纸等）的相关的微观变量。在反倾销影响因素的研究中，有关涉案产品的微观变量的统计和收集较为困难，这是针对涉案产品本身的实证分析缺乏的原因之一。涉案产品的微观变量（如价格、数量等）的变动其实是进口国的相关利益方最能直接感受到的，也是进口国进行倾销以及损害的裁决的重要依据，因此如果影响因素的分析中缺乏最为直接的微观变量，会导致研究结果不完善。

虽然很少有学者采用涉案产品的微观变量进行分析，但是我们也发现Baldwin 和 Steagall（1994）的研究中采用了一些微观变量，如涉案产品进口/消费的比率、产量变化率等，当然这些微观变量和本章选取的微观变量是完全不同的。

5.4.1.1　涉案产品出口数量增长率（EQR）

该指标是指中国涉案产品出口美国的出口数量增长率。中国涉案产品出口到美国的数量是美国反倾销当局确定损害的重要指标。当中国涉案产品出口到美国的数量出现较快增长时，美国的国内同类商品市场势必会受到冲击，可能会造成实质性损害。涉案产品出口数量增长越快，越容易造成实质性损害，因此越容易导致实施最终反倾销措施的裁决结果。

5.4.1.2　涉案产品出口价格变动率（EPR）

该指标是指中国涉案产品出口美国的出口价格变动率。当涉案产品的出口价格降低较快时，可能会冲击进口国当地市场秩序和当地生产者的利益。中国涉案产品出口美国的出口价格是美国反倾销当局裁定是否存在倾销以及倾销幅度多大的重要指标。当涉案产品的出口价格降低较快时，中方的出口价格显得比以往偏低，美国反倾销当局越容易裁定中国存在倾销行为，因此越容易导致实施最终反倾销措施的裁决结果。

5.4.1.3　涉案产品在美国进口份额（IMR）

该指标是指美国从中国进口的涉案产品总额占美国从全球进口的该类产品总额的百分率，具体计算如下：

$$IMR = \frac{\text{美国从中国进口的某种涉案产品进口总额}}{\text{美国的某种涉案产品进口总额}} \times 100\% \tag{5.1}$$

一般来说，当中国某种商品出口的市场结构失衡时，出口会过度集中。该产品出口市场的过度集中对进口国同类产品产生替代作用，会使进口国同类产品厂商的市场萎缩，进口国反倾销当局做出存在实质性损害的可能性增加，从而越容易导致实施最终反倾销措施的裁决结果，因此当涉案产品在美国的进口份额占比越高，越容易被实施最终反倾销措施。

5.4.1.4　涉案产品的主要输美国家出口价格变动率（FEPR）

该指标是指对美国出口该涉案产品的国家中除中国之外最大的一个出口国对美国出口该涉案产品的出口价格变动率。考虑到美国既从中国进口涉案产品，同时也从其他国家大量进口该涉案产品，在美国市场上既有中国的商品也有其他国家的商品，这样来自于中国之外的涉案产品的价格高低同样会影响美国同类商品厂商，从而影响到是否实施最终反倾销措施的裁决。

理论上分析，该指标对裁决结果的影响会产生两种效应：第一，当涉案产品的主要输美国家出口价格下降的越多时，由于该国是对美国出口该涉案产品的主要国家，导致美国市场上的大量的该涉案产品出现价格下降的情况，美国市场被造成冲击。当进口商品价格下降对美国市场造成冲击时，在反倾销裁定中有时很难非常明晰地识别出是哪国的商品造成的实质性损害，以及很难识别出实质性损害中中国商品和他国商品造成的损害分别占到多少。一些学者的研究显示美国在反倾销裁决中存在自由裁量权滥用的情况，如 Boltuck 和 Litan（1991）分析了美国商务部裁定倾销幅度时使用的方法，认为这些方法明显具有随意性，从而为美国商务部在裁定过程中偏向某些申诉者提供了可能；李坤望、王孝松（2008）认为美国商务部和国际贸易委员会在裁定过程中具有很大程度的随意性，这会对最终裁定结果造成显著影响。这时由于美国在反倾销裁决中存在自由裁量权滥用的情况，再加上美国长期对中国的出口商品比较敏感，可能会将一些其他国家商品造成的损害算到中国的出口商品头上，这就导致对中国的涉案产品裁定实施最终反倾销措施的可能性增加。第二，当涉案产品的主要输美国家出口价格下降的越多时，中国涉案产品出口价格针对该主要国家出口价格的相对价格则呈现出增长，或者呈现出相对出口价格的下降减缓的状况，这种状况可能会减少美国反倾销当局对中国出口商品的关注和敏感度，从而减少美国反倾销当局肯定性终裁的可能性。具体产生哪种效应则需要通过后文的实证分析来检验。

5.4.1.5　涉案产品的美国全球进口总额增长率（GIMR）

该指标是指美国从全球进口的某种涉案产品的进口总额的增长率。当美国从全球进口的该涉案产品的进口额增长较快时，对美国国内市场冲击就会较大，同样由于在反倾销裁定中有时很难非常明晰地识别出是哪国的商品造成的实质性损害，以及很难识别出实质性损害中中国商品和他国商品造成的损害分别占到多少，并且美国在反倾销裁决中存在自由裁量权滥用的情况，再加上美国长期对中国的出口商品比较敏感，可能会将一些其他国家商品造成的损害算到中国的出口商品头上，这就导致美国反倾销当局对中国的涉案产品裁定实施最终反倾销措施的可能性增加。

5.4.2 双边国家的宏观影响因素

根据文献阅读和本章的研究内容，以及考虑到美国对中国反倾销的特点，本章最终选取的双边国家的宏观影响因素如下：

5.4.2.1 美国失业率（UER）

由于来自于美国同类商品的生产行业的失业是美国整个社会的失业的一个组成部分，当美国失业率偏高时，美国反倾销当局可能会认定来自中国的较低价格的涉案产品增加来了美国失业，认定造成了实质性损害的可能性增大，从而导致实施最终反倾销措施的可能性增加。沈国兵（2007）的实证研究也发现美国的失业率增加会导致美国对中国最终反倾销措施数量增加。

5.4.2.2 人民币实际汇率变动率（RER）

前面已论述了汇率变化对反倾销调查的发起可能存在两种效应，从理论上看，汇率变化对反倾销案件的最终裁定结果也可能存在两种效应。若从倾销裁定的角度分析，当人民币汇率贬值时，经过汇率换算后的中国出口产品的人民币价格高于中国国内该产品的市场价格的可能性增加，从而降低了"低于公平价格销售"裁定的可能性，进而减小肯定性倾销裁决的可能性。若从损害裁定的角度分析，如果人民币汇率贬值，则中国的出口将上升，使得美国的相关产品面临更为强烈的进口竞争，提高了肯定性损害裁决的可能性。由于以上两种效应同时存在，从而影响到是否实施最终反倾销措施的裁决。具体产生哪种效应则需要通过实证分析来检验。考虑到真正对贸易活动起到影响作用的应该是剔除了通货膨胀因素之后的实际汇率，另外为了消除汇率对其他自变量的内在多重共线性的影响，本章使用汇率的变动量，因此这里采用人民币对美元的实际汇率变动率作为考察变量。

5.4.2.3   非市场经济地位

"非市场经济地位"问题一直是中国在反倾销应诉中非常敏感的一个问题。自 2004 年新西兰率先承认中国"市场经济地位"后，越来越多的国家承认了中国的"市场经济地位"，但美国却无视中国在市场经济方面取的成果，在本章统计的美国对中国反倾销的所有案件裁决中美国都是将中国视为"非市场经济国家"。① 薛荣久（2004）认为非市场经济地位问题使受到倾销投诉的中国企业出现无中生有的倾销或加大倾销幅度的风险。王世春、叶全良（2005）分析了"非市场经济地位"与对中国反倾销的关联性，认为"非市场经济地位"使中国成为国际反倾销最大受害国。陈力（2006）认为美国反倾销法中的"非市场经济"规则是中国出口商在应对美国反倾销诉讼时最为关切和面临的最大障碍之一。理论上的分析显示"非市场经济地位"会导致美国在倾销裁决时中国"存在倾销"的可能性增加，因为"非市场经济地位"情况下的"替代国"是由美国来选定（当然，中国可以抗诉，提出选择更为合理的"替代国"）。在通常情况下，当美国调查机构提起反倾销指控时，为了证实"倾销"的存在，必然选择一个看似合理，但实际上生产成本较高的替代国同类产品价格进行比较，只有这样，才能确定进口产品倾销的存在，从而导致实施最终反倾销措施的可能性增加。

前面已述，已有文献对"非市场经济地位"问题在对中国反倾销裁决中的影响主要是采用一般逻辑推理和个案研究，定量分析和实证分析很少，而仅有的少数的实证研究是基于时间序列以某个年份为界设定一个虚拟变量来反映中国的"非市场经济地位"的变化，这种研究设定有些粗糙，导致研究结果可能会出现偏差，因此本章试图基于非时间序列通过实证研究的方法来分析"非市场经济地位"对美国对中国反倾销裁决结果的影响程度。虽然在第 4 章中也涉及中国的"非市场经济地位"这个变量，但由于研究方法和赋值的标准与本章有很大的差异，因此在本章需要采用与前文不一样的代码来表示该变量。本章用 NMT 来表示该变量，当中国为"非市场经济地位"时，令 NMT = 1，当中国能获得"市场经济地位"时，令 NMT = 0。

---

① 根据美国国际贸易委员会公布的案件裁决公告整理得到。

5.5 模型设定及数据说明

5.5.1 模型的设定

由于反倾销研究领域的特殊性，在研究中常碰上诸如发起反倾销调查或未起反倾销调查、肯定性裁决或否定性裁决。当以反倾销裁决结果作为计量模型的因变量时，即以是否实施最终反倾销措施为因变量，由于该因变量是二分类变量，不能采用以连续变量为因变量的一般计量模型，也不能采用诸如泊松回归模型或负二项回归模型等计数模型，此时采用二元 Logistic 回归模型是较为广泛的选择。

Logistic 回归也称为 Logit 分析。Logit 模型的最大优点是不假定任何概率分布，不需要严格的假设条件，克服了线性方程受统计假设约束的局限性。因变量为 Y，只取两个值（Y = 1 与 Y = 0）。设 P 为某事件发生的概率，取值范围为"0 ~ 1"，对 P 进行 Logit 转换，以 LogitP 为因变量，建立线性回归方程：

$$\text{LogitP} = \alpha + \beta_1 x_1 + \beta_2 x_2 + \cdots + \beta_m x_m (i = 1, 2, \cdots, m) \tag{5.2}$$

$$P = \frac{e^{(\alpha + \beta_1 x_1 + \cdots + \beta_m x_m)}}{1 + e^{(\alpha + \beta_1 x_1 + \cdots + \beta_m x_m)}} (i = 1, 2, \cdots, m) \tag{5.3}$$

该公式可以进一步简化为：

$$P = \frac{1}{1 + e^{-(\alpha + \beta_1 x_1 + \cdots + \beta_m x_m)}} (i = 1, 2, \cdots, m) \tag{5.4}$$

该模型即为二元 Logistic 回归模型，模型中的参数 a 是常数项，参数 β_i 为 Logistic 回归系数。本章选用软件 SPSS 16.0 进行辅助研究，SPSS 的二元 Logistic 回归过程默认以因变量较大取值的概率 P（Y = 1），而不是以 P（Y = 0）建立模型。

以美国对中国反倾销案件的最终裁决结果为模型的因变量，用 FMER 表示。当最终裁决结果为"实施最终反倾销措施"，则令 FMER = 1，当最终裁决结果为"不实施最终反倾销措施"，则令 FMER = 0。5.4 节提到的"涉案产品的微观影响因素"和"双边国家的宏观影响因素"中的共计 8 个影响因素作为模型的自变量。

5.5.2　数据说明

美国对中国反倾销的最终裁决结果（FMER）根据"全球反倾销数据库"统计数据整理得到，由于从 1995～2010 年 6 月美国对中国反倾销已有最终裁决结果的 88 起案件中有 5 起案件相关的统计数据无法完全获得，因此只能以余下的 83 起案件作为分析样本。剔除掉的 5 起案件分别是：1994 年立案的糠醇、1994 年立案的抽屉滑轨、1996 年立案的餐具套件、1996 年立案的刹车鼓、2008 年立案的氨基三亚甲基磷酸和羟基亚乙基二膦酸。

考虑到美国反倾销当局在裁决时主要是针对调查期的情况进行裁定，各类影响因素在调查期的数据就很重要，另外由于作为研究样本的案件较多，因此本章统一将立案前一年作为调查期，使用立案前一年的数据进行分析。涉案产品出口数量增长率、涉案产品出口价格变动率、涉案产品在美国进口份额、涉案产品的主要输美国家出口价格变动率、涉案产品的美国全球进口总额增长率数据根据联合国统计署数据库数据计算得到。美国失业率数据来源于 IMF 的世界经济展望数据库（World Economic Outlook Database）。人民币实际汇率变动率计算中所需的人民币对美元名义汇率数据来源于加拿大英属哥伦比亚大学的太平洋汇率服务网站，而中美两国的 CPI 数据来源于联合国统计署，上述相关数据见附表 16、附表 17、附表 18、附表 19、附表 20 和附表 21。

非市场经济地位统计数据来源于美国国际贸易委员会关于案件裁决的公告。上述美国对中国反倾销裁决结果影响因素模型中的自变量汇总见表 5.2。

表 5.2　　　　　　　　　　　美国对中国反倾销裁决的影响因素

变量	名　称	指标符号	影响因素的预期影响方向
涉案产品的微观影响因素	涉案产品出口数量增长率	EQR	+
	涉案产品出口价格变动率	EPR	−
	涉案产品在美国进口份额	IMR	+
	涉案产品的主要输美国家出口价格变动率	FEPR	?
	涉案产品的美国全球进口总额增长率	GIMR	+

续表

变量	名　　称	指标符号	影响因素的预期影响方向
双边国家的宏观影响因素	美国失业率	UER	+
	人民币实际汇率变动率	RER	?
	非市场经济地位	NMT	+

注："+"表示自变量对肯定性反倾销裁决有正向效应，"-"表示自变量对肯定性反倾销裁决结果有反向效应，"?"表示自变量对肯定性反倾销裁决结果的影响方向不明确。

5.6　影响因素分析

本节以二元 Logistic 回归模型为基础进行实证分析。模型拟合时采用基于偏最大似然估计的后退法（Backward：LR），利用二元 Logistic 回归模型拟合出的结果见表5.3。

表5.3　　　　　　　　　　　　　　在方程中的自变量

自变量名称	B	S. E.	Wald	df	Sig.	Exp（B）
涉案产品在美国进口份额	0.050	0.024	4.413	1	0.036	1.052
涉案产品的主要输美国家出口价格变动率	-0.029	0.015	3.776	1	0.052	0.972
常数项	0.962	0.498	3.736	1	0.053	2.617

二元 Logistic 回归结果显示最终只有两个变量进入模型，两个变量分别为：涉案产品在美国进口份额、涉案产品的主要输美国家出口价格变动率。它们的 Sig. 值分别为 0.036 和 0.052，都小于 0.10，说明在10%的显著性水平下，这两个变量有统计学意义，同时表5.4中变量移出模型的结果表明这两个变量不能从模型中剔除掉，回归结果显示该两个因素对美国对中国反倾销裁决结果有显著影响。

实证结果显示涉案产品在美国进口份额的回归系数为 0.050，是正数，表明是正向效应，这与5.4节的理论分析中的影响方向一致，说明中国的涉案产品在美国的进口份额越大，中国被裁定实施最终反倾销措施的风险就越大，具体为涉案产品在美国进口份额每增加一个百分点，美国对中国裁定实施最终反

表 5.4　　　　　　　　　　　　　变量移出模型的结果

自变量名称	Model Log Likelihood	Change in −2 Log Likelihood	df	Sig. of the Change
涉案产品在美国进口份额	−33.089	6.423	1	0.011
涉案产品的主要输美国家出口价格变动率	−31.941	4.127	1	0.042

倾销措施的风险将增加到 1.052 倍，即增加 5.2%。

涉案产品的主要输美国家出口价格变动率的回归系数为 −0.029，是负数，表明是负向效应，说明涉案产品的主要输美国家出口价格增长越快，中国被裁定实施最终反倾销措施的风险就越低，具体为涉案产品的主要输美国家出口价格每增加一个百分点，美国对中国裁定实施最终反倾销措施的风险将降低到 0.972 倍，即降低 2.8%。5.4 节的理论分析认为该影响因素可能存在两种效应，现在的实证分析结果确认了产生的是第一种效应，即涉案产品的主要输美国家出口价格越低，美国对中国裁定实施最终反倾销措施的风险越大。

最后依据式（5.4）可以得到二元 Logistic 回归的事件发生概率方程，即被裁定存在倾销的概率方程：

$$P = \frac{1}{1 + e^{-(0.962 + 0.05IMR - 0.029FEPR)}} \qquad (5.5)$$

简化为：

$$P = \frac{1}{1 + e^{(-0.962 - 0.05IMR + 0.029FEPR)}} \qquad (5.6)$$

在实证分析过程中发现"非市场经济地位"一开始就被自动排除在模型之外，根本未纳入模型分析。后来发现，之所以出现这种奇怪的现象是因为在作为研究样本的 88 起案件裁定中美国均将中国视为"非市场经济地位"，因此导致 NMT 全部等于 1，没有等于 0 的情况。SPSS 软件在运行中就会自动地将该变量排除在外，不纳入模型分析。因此基于上述原因，虽然在最终的回归模型中没有"非市场经济地位"这个变量，但我们也不能得出"非市场经济地位"对美国对中国反倾销裁决没有影响的结论，至少从表面的数据统计上看，在以"非市场经济地位"为背景裁决的 88 起案件，有 74 起被裁定实施最终反倾销措施，肯定性裁决比例高达84%。国内学者的研究普遍认为"非市场经济地位"会增大中国遭受反倾销的风险；国外的学者也进行了类似研究，如Lindsay（1999）的研究指出使用"推定价格"、"非市场经济国家方法"等方法来确定正常价值的案件裁定的倾销幅度偏高。理论分析认为"非市场经济地位"主要是对"正常价值"的计算产生一定影响，从而影响到"倾销幅度"的高低，最终影响到"反倾销税率"的高低。另外，已有的文献主要是通过理论研究和个案研究来分析"非市场经济地位"对反倾销税率高低的影响，缺乏"非市场经济地位"对反倾销税率影响的实证研究。因此，对于"非市场经济地位"在美国对中国反倾销裁决中的影响还需要进一步探索。

5.7 对 "非市场经济地位" 影响的再分析

美国商务部在对中国反倾销案件的倾销裁决中，一直视中国为非市场经济国家，总是在"非市场经济地位"的基础上进行裁决。在针对非市场经济国家的出口产品发起的反倾销调查中，美国商务部一般推定该国所有的出口企业与政府混为一体，因此给它们确定一个全国统一的"普遍税率"。但是，在个案中，美国反倾销法允许出口企业通过证明其自主决定出口活动，在法律上和事实上不受政府控制，从而获得不同于该国其他所有企业的税率，即"单独税率"，简单而言就是单独税率裁决中涉案厂商以各个厂商的身份单独获得"市场经济地位"。中国一些涉案企业在美国商务部的倾销裁决中也获得了"单独税率"的裁决结果。

除了蜂蜜（1994年立案）、圆形焊接碳钢线管（2004年立案）、氨基三亚甲基膦酸和羟基亚乙基二膦酸（2008年立案）这3个案件由于采用"中止协议"或中途撤销等原因美国商务部没有进行倾销裁决外，其他的85起案件美国商务部均进行了倾销终裁。这85起案件中，氨基乙酸和甘氨酸（1994年立案）、纯镁（1994年立案）、镁合金（1994年立案）、屋顶排钉（1996年立案）、冷轧碳钢产品（1999年立案）、亚硝酸钠（2007年立案）这5个案件没有"单独税率"，即只有统一的"普遍税率"；其余的80起案件既有对部分涉案厂商的"单独税率"，又有统一的"普遍税率"（具体裁决税率分布见图5.3）。"普遍税率"的具体裁决见附表22，"单独税率"的具体裁决见附表23。

根据美国商务部国际贸易署（ITA）公布的案件公告的数据统计整理后发现，美国商务部给予了"单独税率"的这80起案件中，获得"单独税率"的

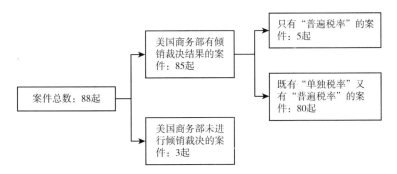

图5.3　终裁期为1995.1～2010.6的美国对中国反倾销案件的裁决税率分布

资料来源：根据美国商务部国际贸易署公布的案件公告整理得到。

涉案厂商有1 090个，具体情况见表5.5。获得低于"普遍税率"的涉案厂商达到1 048个，其中获"零税率"裁决的有20个（如一次性打火机、聚乙烯醇、自行车、抽屉滑轨等案件中均有部分涉案厂商获得了"零税率"的裁决），其中裁定为"存在倾销，但忽略不计"的有17个（如自行车案件中，有部分涉案厂商的裁决结果为0.55%、1.54%、1.56%；餐具套件案件中，有部分涉案厂商的裁决结果为0.04%、0.46%、0.47%。这些涉案厂商虽然存在倾销行为，但由于低于法定幅度，所以被忽略不计）。低于"普遍税率"的涉案厂商占到所有获"单独税率"的涉案厂商数量的96.1%，而且以"单独税率"应诉的涉案厂商最终被裁定的税率绝大部分低于"非市场经济地位"基础上裁定的"普遍税率"，如阿司匹林案件的裁决中，普遍税率高达144.02%，而单独税率仅为10.85%和16.51%，可以直观地看出"非市场经济地位"对美国商务部裁定反倾销税率的高低存在很大的影响。

表5.5　终裁期为1995.1～2010.6的美国对中国反倾销的单独税率分布情况

	单独税率情况	涉案厂商数量（个）
	零税率	20
低于普遍税率	存在倾销，但忽略不计	18
	其他税率	1 010
等于普遍税率		41
高于普遍税率		1
	总计	1 090

资料来源：根据美国商务部国际贸易署公布的案件公告整理得到。

5.7.1 "非市场经济地位"与肯定性或否定性倾销裁决结果

5.7.1.1 研究设计

本节需要考察"非市场经济地位"是否与美国商务部的肯定性或否定性倾销裁决结果有关。在数据的选用上，除了上面提到的 1 090 个涉案厂商的"单独税率"的裁决结果外，还加入 85 个案件的"普遍税率"的裁决结果，共计 1 175 个倾销裁决结果。当裁决结果为"零税率"或"存在倾销，但忽略不计"时，则视为否定性倾销裁决；其他所有的税率都视为肯定性裁决结果。设肯定性裁决 = 1，否定性裁决 = 0，非市场经济地位 = 1，市场经济地位 = 0，获得了"单独税率"的涉案厂商被认为给予了"市场经济地位"。

由于"非市场经济地位"和美国商务部的裁决结果都是二分类变量，且都是无序分类变量。由于相关分析中的 Pearson 相关系数、Spearman 相关系数、Kendall's 相关系数是用于反映连续变量或有序分类变量相关性的指标，不能用于分析无序分类变量之间的情况，因此不能采用相关分析。对于无序的二分类变量，本节采用关联分析。关联分析具体是通过 Crosstabs 过程来完成，首先通过 χ^2 检验来判断两个变量之间是否存在关联。χ^2 检验是主要用于分类变量，根据样本数据推断总体的分布与期望分布是否有显著差异，或推断这两个分类变量是否相互关联或相互独立。它的原假设是：H_0：观察频数与期望频数没有差别。如果 P 值很小，说明观察值与理论值偏离很大，应当拒绝原假设，表示两个变量之间有显著差异，存在关联性，否则不能拒绝原假设。当统计上认定变量之间存在关联性，那么再进一步通过"相对危险度"指标来判断变量之间的关联强度大小。

5.7.1.2 实证结果

表 5.6 显示了"非市场经济地位"与倾销裁决结果的列联表。在"市场经济地位"情况下的肯定性裁决结果为 1 052 个，否定裁决结果为 38 个，共计 1 090 个。在"非市场经济地位"情况下的肯定性裁决结果为 85 个，否定性裁决结果为 0 个，共计 85 个。表 5.7 为卡方检验结果表，Pearson 卡方的双侧近似概率（Asymp. Sig. 2 – sided）为 0.80，连续性校正卡方的双侧近似概率为 0.152，Fisher's 精确概率法的双侧精确概率（Exact Sig. 2 – sided）和单侧精确概率（Exact Sig. 1 – sided）分别为 0.106 和 0.055，全部大于 0.05 的显著性水平，因此不能拒绝 H_0 假设，可以认为中国的"非市场经济地位"与美

国商务部的肯定性或否定性倾销裁决结果是独立的，这两个变量间无显著的关联性，即我方能否获得"市场经济地位"对美国商务部的肯定性或否定性倾销裁决结果无显著影响，这也说明"非市场经济地位"对裁决结果不产生质的影响。在实际的统计数据中，获得"肯定性"裁决结果的有 1 138 个，其中在"市场经济地位"下的裁决高达 92.5% 的比例，在"非市场经济地位"下的裁决仅占到 8.5%，这也正好直观地显示出这两个变量件的关联性非常小。

表 5.6 　　　　　　　　　　**非市场经济地位 ＊ 倾销裁决的列联表**

观察频数				
		倾销裁决		总计
		0	1	
非市场经济地位	0	38	1 052	1 090
	1	0	85	85
总计		38	1 137	1 175

表 5.7 　　　　　　　　　　　　　　**卡方检验**

	Value	df	Asymp. Sig.（2 – sided）	Exact Sig.（2 – sided）	Exact Sig.（1 – sided）
Pearson Chi-Square	3. 062[a]	1	0. 080		
Continuity Correction[b]	2. 050	1	0. 152		
Fisher's Exact Test				0. 106	0. 055
N of Valid Cases[b]	1 175				

注：a. 1 个格子（25.0%）的期望频数小于 5，最小期望频数为 2.68。

b. 只为 2×2 表格计算。

5.7.2 "非市场经济地位"与反倾销税率高低

5.7.2.1 研究设计

本节还需要进一步分析"非市场经济地位"是否与美国商务部裁定的反倾销税率高低有关。设低于普遍税率＝0，等于或高于普遍税率＝1，非市场经

济地位 =1，市场经济地位 =0，获得了"单独税率"的涉案厂商被认为给予了"市场经济地位"。在数据的选用上，同样还是使用上面提到的 1 175 个倾销裁决结果。由于这两个变量仍然是无序二分类变量，故还是采用上文提到的关联分析。

5.7.2.2 实证结果

表 5.8 显示了"非市场经济地位"与倾销裁决结果的列联表。在"市场经济地位"情况下等于或高于普遍税率的裁决结果为 42 个，低于普遍税率的裁决结果为 1 048 个，共计 1 090 个。在"非市场经济地位"情况下等于或高于普遍税率的裁决结果为 85 个，低于普遍税率的裁决结果为 0 个，共计 85 个。

表 5.8　　　　　　　　　　非市场经济地位 ∗ 税率高低的列联表

		观察频数		
		税率高低		总数
		0	1	
非市场经济地位	0	1 048	42	1 090
	1	0	85	85
总数		1 048	127	1 175

表 5.9 为卡方检验结果表，Pearson 卡方的双侧近似概率为 0，连续性校正卡方的双侧近似概率为 0，Fisher's 精确概率法的双侧精确概率和单侧精确概率都是 0。当然，它们的真实概率并不是 0，显示为 0 是因为四舍五入的原因，但是真实概率几乎是接近于 0 了。这些值全部远远小于 0.05 或 0.01 的显著性水平，因此拒绝 H_0 假设，可以有非常大的把握认为中国的"非市场经济地位"与美国商务部裁定的反倾销税率高低不是独立的，这两个变量间有显著的关联性，即我方是否能获得"市场经济地位"对美国商务部裁定的反倾销税率高低有显著影响，这说明"非市场经济地位"对裁决结果产生量上的影响。在实际的统计数据中，在"市场经济地位"下裁定的反倾销税率中低于普遍税率的有 1 048 个，达到全部裁决结果的 89.2%，占到绝大多数，这也正好直观地显示出这两个变量之间有很强的关联性。

表 5.9 卡方检验

	Value	df	Asymp. Sig. (2 - sided)	Exact Sig. (2 - sided)	Exact Sig. (1 - sided)
Pearson Chi-Square	7. 561E2^a	1	0. 000		
Continuity Correction^b	746. 174	1	0. 000		
Fisher's Exact Test				0. 000	0. 000
N of Valid Cases^b	1 175				

注：a. 0 个格子（0%）的期望频数小于 5，最小期望频数为 9.19。

b. 只为 2×2 表格计算。

这两个变量之间存在的关联度有多大则需要通过表 5.10 的风险估计来揭示。"市场经济地位"情况下裁决结果为"等于或高于普遍税率"的概率与"非市场经济地位"情况下裁决结果为"等于或高于普遍税率"的概率的比值为关联分析中的"相对危险度"，此处"相对危险度"的估计值为 0.039，说明前者发生的概率仅是后者发生的概率的 3.9%。这说明，如果美国商务部在"非市场经济地位"情况下裁决了 100 起案件，且裁决结果为"等于或高于普遍税率"的案件达到 100 起的话，那么，在"市场经济地位"情况下裁决 100起案件，则仅有 3.9 起案件的裁决结果会"等于或高于普遍税率"。上述实证结果显示，中国企业如果能以"市场经济地位"的身份应诉，获得较低税率的可能性将大大增强。

表 5.10 风险估计

	95% Confidence Interval		
	Value	Lower	Upper
For cohort 税率高低 - 1	0. 039	0. 029	0. 052
N of Valid Cases	1 175		

5.7.3 结 论

通过美国对中国反倾销裁决的影响因素的实证研究，得出以下结论：

（1）美国对中国反倾销裁决的影响因素主要有三个：涉案产品在美国进口份额、涉案产品的主要输美国家出口价格变动率、非市场经济地位。前两个影响因素对肯定性或否定性裁决结果产生影响，第三个影响因素则是对反倾销税率的高低产生影响。

（2）二元 Logistic 回归的结果显示：其一，涉案产品在美国的进口份额越大，中国被裁定实施最终反倾销措施的风险就越大；其二，涉案产品的主要输美国家出口价格增长越快，中国被裁定实施最终反倾销措施的风险就越低。

（3）这两个影响因素都是涉案产品的微观因素，实证结果显示没有任何宏观因素对美国对中国反倾销的肯定性或否定性裁决结果有显著影响，说明美国对中国反倾销的肯定性或否定性裁决实际上主要是在涉案产品的微观变量刺激下所做出的一种反应，不是对整个社会的失业等宏观状况做出的反应。

（4）关联分析的结果显示：中国的"非市场经济地位"在美国对中国反倾销裁决中不产生质的影响，但会产生量的影响。第一，中国的"非市场经济地位"与美国商务部的肯定性或否定性倾销裁决结果之间无显著的关联性，即我方是否能获得"市场经济地位"对美国商务部的肯定性或否定性倾销裁决结果无显著影响，故"非市场经济地位"对裁决结果不产生质的影响；第二，中国的"非市场经济地位"与美国商务部裁定的反倾销税率高低之间有显著的关联性，即我方是否能获得"市场经济地位"对美国商务部裁定的反倾销税率高低有显著影响，故"非市场经济地位"对裁决结果产生量上的影响。在"市场经济地位"下获得"低于普遍税率"的较低税率裁决结果的可能性将非常大。

5.8　本章小结

由于美国在世界经济贸易中的举足轻重的地位，美国的反倾销行为、反倾销法律都是世界各国重点研究的东西，它对中国的反倾销行为具有强烈的示范效应，而且美国是最主要的对中国反倾销国家之一，因此基于美国对中国反倾销裁决去研究中国遭受最终反倾销措施的影响因素得到的结果是具有代表性的。实证研究的结果显示，对反倾销的肯定性或否定性的最终裁定结果产生影响的因素仍然包含涉案产品的微观因素：涉案产品在美国进口份额、涉案产品的主要输美国家出口价格变动率。这再次提醒中国的涉案企业和行业协会要高度关注涉案产品的市场份额、出口价格这些微观因素的变动，这也是因为美国的利益方主要是基于单个的涉案产品本身的情况提出反倾销诉讼，而美国的反倾销当局也主要是就单个的涉案产品本身的情况分别裁决，而不会就所有的涉案产品混杂在一起进行统一裁决。另外，中国的"非市场经济地位"虽然对肯定性或否定性倾销裁决结果不产生显著影响，但会显著影响到反倾销税率高低的裁定，即"非市场经济地位"容易导致中国获得较高税率的裁决结果。因此，无论是从涉案企业的角度还是国家的角度，"非市场经济地位"问题都是需要我们认真面对的。

第6章 中国遭受反倾销的影响效应：以蜂蜜反倾销案为例的探索

为了获知国外反倾销对中国产生的具体的影响，通过对典型的具体个案的研究所获得的数据和结果会更有说服力和针对性，因此本章选取了中国涉案农产品中的蜂蜜产品，以美国对中国蜂蜜反倾销为例进行研究。本章在引言的基础上，首先分析了蜂蜜贸易背景和美国对中国蜂蜜反倾销历程；其次使用时间序列对反倾销的效应进行了实证研究，涉及对出口价格的影响、对出口市场份额的影响、对出口收入的影响方面的分析，主要运用 Johansen 协整检验方法以及大量的统计数据进行分析；再次是得出相应的结论和建议；最后是对上述研究内容的一个总结。

6.1 引　　言

对反倾销影响效应的研究有利于我们清楚知道国外对中国反倾销对中国的出口到底在哪些方面造成了影响、影响多大，这对于中国建立反倾销的贸易救济体系具有积极的意义。

现有文献显示，国内外在反倾销效应方面的研究主要是从进口国的视角进行分析，缺少从出口国的视角的分析，而且针对国外对中国反倾销具体个案的反倾销效应实证研究很少，尤其缺乏对农产品个案方面的实证研究。由于美国对中国蜂蜜反倾销是国外对中国反倾销案件以及对中国农产品反倾销案件中非常典型的一个案件，因此本章选取了该具体产品的反倾销个案，试图从出口国的视角就美国对中国蜂蜜反倾销案对中国产生的各种效应进行系统的实证研究。

6.2　蜂蜜贸易背景及美国对中国蜂蜜反倾销历程

美国是全球第二大蜂蜜生产和进口国，同时又是全球最大的蜂蜜消费国。

美国蜂蜜的生产和贸易在全球蜂蜜生产和贸易中占有十分重要的地位。美国蜂蜜消费量中约60%需要进口。阿根廷、中国、墨西哥和加拿大是美国主要的蜂蜜进口国。亚洲是世界上最大的蜂蜜出口地，而中国是亚洲最大的蜂蜜出口国，中国的出口贸易伙伴主要是美国、日本、欧盟。表6.1为中国蜂蜜出口到美国、日本、欧盟的具体数据。

表6.1		1992～2009年中国蜂蜜出口额统计		单位：百万美元
年份	总额	美国	日本	欧盟（15国）[a]
1992	80.0	20.0	23.3	16.8
1993	70.2	23.9	24.0	15.5
1994	75.0	20.2	28.2	19.0
1995	87.5	14.2	27.0	37.9
1996	110.7	27.8	36.0	36.6
1997	65.4	12.3	22.7	24.5
1998	83.1	16.9	24.3	36.0
1999	74.8	20.9	28.7	20.4
2000	84.1	20.5	33.0	25.5
2001	95.8	14.3	36.7	35.7
2002	77.9	8.1	50.3	6.1
2003	103.1	36.6	41.6	0.2
2004	89.0	29.7	41.1	0.2
2005	87.6	23.9	43.7	6.7
2006	105.3	27.3	52.9	10.1
2007	94.4	14.0	54.0	13.3
2008	147.1	12.9	62.0	44.0
2009	125.7	0.2	47.4	53.3

注：a. 为了使欧盟的数据具有可比性，这里欧盟数据是选用欧盟2004年东扩前的15个成员国的贸易数据计算得到。用于统计的这15个欧盟成员国为：法国、德国、英国、意大利、西班牙、葡萄牙、奥地利、爱尔兰、比利时、丹麦、希腊、卢森堡、荷兰、瑞典、芬兰。

资料来源：根据联合国统计署数据整理得到。

1994年10月31日，美国商务部发布公告，对原产于中国的蜂蜜产品进行反倾销立案调查。1995年3月20日，美国商务部做出初裁：江苏土特产进出口公司的倾销幅度为127.52%，中国其他公司的倾销幅度为157.16%。1995年8月6日，双方达成"中止协议"。"中止协议"规定中国对美国蜂蜜出口的年度出口量为43 925 000磅，按美国蜂蜜市场增长情况，出口量的调整最多不超过年度配额量的 6%，而且蜂蜜的销售价格不能低于参考价格。2000
年 7 月 3 日，美国商务部取消"中止协议"，终止本次反倾销案件。①

2000 年 10 月 26 日，美国商务部发布公告，对原产于中国的蜂蜜产品，
进行第二次反倾销立案调查。2001 年 5 月 11 日，美国商务部做出初裁，2001
年 10 月 4 日，美国商务部做出终裁：内蒙古土特产进出口公司的反倾销税率
为 57.13%；昆山外贸公司为 49.75%；浙江土特产进出口公司为 25.88%；江
苏 High Hope 食品进出口公司、上海 Eswell 有限公司、安徽土特产进出口公
司、河南土特产进出口公司均为 45.51%；普遍税率为 183.80%。5 年后美国
对该案件进行日落复审，裁定对中国出口的蜂蜜继续进行反倾销，从 2007 年
8 月 2 日继续征收反倾销税。

而且美国从 2001 年开始不断地进行对中国蜂蜜反倾销案的新出口商复审，
从 2003 年还开始不断地进行对中国蜂蜜反倾销案的行政复审。到目前为止已
进行了 7 次行政复审了。美国商务部于 2009 年 2 月 2 日开始对该案的第 7 次
反倾销行政复审，2009 年 12 月 23 日做出行政复审初裁，2010 年 5 月 6 日做
出反倾销行政复审终裁，裁定对中国涉案产品征收 2.63 美元/千克的反倾销
税，涉案企业包括安徽土特产进出口公司、内蒙古青年贸易发展有限公司、秦
皇岛大蜂实业有限公司和芜湖市秦氏糖业有限公司，并取消对东台鼎峰蜂业有
限责任公司的此次行政复审。②

中国的蜂蜜产品自从 1994 年 10 月 31 日开始到目前为止一直处于美国反
倾销的阴影笼罩之下。通过两次立案、不断地行政复审和新出口商复审，使美
国对中国的蜂蜜产品的反倾销从 1994 年到现在长达 16 年。

6.3　反倾销效应分析

由于通过总量的研究几乎都是发现反倾销导致来自于未被指控国家的进口
增加以及价格上涨，因此对于个案的研究显得更有意义，而本章正是以个案为
基础来分析美国在蜂蜜上长达 16 年反倾销行为对中国蜂蜜的出口价格方面、

---

① 于洋. 美国对华蜂蜜反倾销案评析 [EB/OL]. http：//www. cacs. gov. cn/cacs/news/xiangguan-
show. aspx？articleId＝37870.

② 贸易救济信息网公布的反倾销案件情况 [EB/OL]. http：//www. cacs. gov. cn/cacs/news/
allsearchresult. aspx？ctitle＝%e8%9c%82%e8%9c%9c&ccontent＝.

出口的市场份额方面以及出口收入方面所产生的影响。

6.3.1　对蜂蜜出口价格的影响

反倾销对中国蜂蜜出口价格的影响分析主要参照 Asche（2001）研究美国对挪威三文鱼反倾销的研究思路。为了分析反倾销是否对中国出口美国的蜂蜜在价格上产生影响，我们需要检验蜂蜜贸易是否存在一个统一的全球市场，以及美国市场是否是这个市场的一部分。只有当美国市场不是这个统一的全球蜂蜜市场的一部分时，中国出口到美国的蜂蜜价格才会发生与其他市场不一样的变动。这需要通过分析中国蜂蜜对美国、日本、欧盟三个主要市场的出口价格的关系来进行检验。

为了判断是否存在统一的全球蜂蜜市场需要通过检验中国出口到美国的蜂蜜价格相对于出口到其他主要市场蜂蜜价格是否出现上涨（或下跌）来判断。这里选取美国、日本和欧盟①这三个中国蜂蜜出口的主要市场进行考察，其中为了使中国出口到欧盟的数量和价格具有可比性，因此固定选取欧盟东扩前的15 个成员作为考察对象。中国蜂蜜出口到三个主要市场的价格见图 6.1。通过

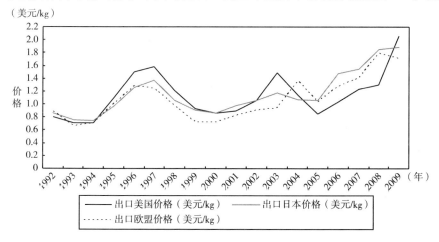

图 6.1　中国蜂蜜出口到美国、日本、欧盟的出口价格

资料来源：根据联合国统计署数据计算得到。

---

①　为了使欧盟的出口价格数据具有连续性，这里欧盟出口价格是选用欧盟 2004 年东扩前的 15 个成员国的相关数据计算得到。用于统计的这 15 个欧盟成员国为：法国、德国、英国、意大利、西班牙、葡萄牙、奥地利、爱尔兰、比利时、丹麦、希腊、卢森堡、荷兰、瑞典、芬兰。

价格的走势图粗略地观测，出口到三个市场的出口价格好像具有相同的长期走势。具体计算数据见附表24、附表25和附表26。

为了判断这三个出口价格之间是否的确存在长期的稳定关系，这里采用协整的方法进行检验。对时间序列的协整检验主要有 Engle - Granger 两步检验法和 Johansen 检验。前者主要针对两变量的协整检验，后者可用于多变量之间的协整检验，同时具有非常良好的小样本性质，因此本章采用 Johansen 检验对以上三个出口价格的序列进行协整检验。

在进行 Johansen 检验前需要判断这三个出口价格的时间序列的平稳性情况。平稳性检验又称"单位根检验"（Unit Root Test），其方法通常有 DF 检验法、PP 检验法和 ADF 检验法等。本章采用 ADF（Augment Dickey-Fuller）检验，这是 Dickey 和 Fuller 于1978年对他们以前提出的 DF 检验进行了扩充而形成的检验方法，这是目前普遍应用的检验序列稳定性的方法。ADF 检验的结果见表6.2。出口到美国、日本、欧盟（15国）的出口价格分别用 UNP、JPP、EUP 表示。

表6.2   **各变量的 ADF 单位根检验结果**

变量	检验类型 (c, t, k)	ADF 统计量	1% 临界值	5% 临界值	10% 临界值	检验结果
UNP	(c, 0, 1)	-2.186371	-3.920350	-3.065585	-2.673459	不平稳*
JPP	(c, 0, 0)	-0.159661	-3.886751	-3.052169	-2.666593	不平稳*
EUP	(c, 0, 0)	-0.819215	-3.886751	-3.052169	-3.052169	不平稳*
ΔUNP	(0, 0, 0)	-2.118034	-2.717511	-1.964418	-1.605603	平稳**
ΔJPP	(0, 0, 0)	-2.902529	-2.717511	-1.964418	-1.605603	平稳***
ΔEUP	(0, 0, 0)	-3.945491	-2.717511	-1.964418	-1.605603	平稳***

注：Δ 表示一阶差分；（c, t, k）分别表示单位根检验方程包括常数项，时间趋势项和滞后阶数，0 表示不包括 c 或 t，滞后阶数根据 AIC 和 SC 准则确定。* 表示10% 显著性水平下的情况，** 表示5% 显著性水平下的情况，*** 表示1% 显著性水平下的情况。

由表6.2可知，三个变量的水平序列的 ADF 统计值都大于10% 显著水平的临界值，因此水平序列为非平稳序列。对三个变量进行一阶差分，一阶差分后各序列的 ADF 统计值小于1% 或5% 显著水平的临界值，变为平稳序列，因此 ΔUNP、ΔJPP、ΔEUP 为一阶单整序列，即 I（1），不存在单位根，是稳定的时间序列。因此，可以通过 Johansen 检验来进行协整分析以判定三个出口价格之间的关系。

　　Johansen 检验是一种基于回归系数的协整检验，有时也称为 JJ（Johansen-Juselius）检验，是 Johansen 在 1988 年以及在 1990 年与 Juselius 一起提出的一种以 VAR（Vector Autoregressive）模型为基础的检验回归系数的方法。Johansen 检验的检验结果见表6.3。

表6.3　　　　　　　　　　　　　**Johansen 检验结果**

原假设	迹统计量（P 值）	5% 临界值	最大特征根值统计量（P 值）	5% 临界值
0 个协整向量 *	34.36947（0.0139）	29.79707	23.66726（0.0215）	21.13162
至少1 个协整向量	10.70221（0.2305）	15.49471	10.69110（0.1704）	14.26460
至少2 个协整向量	0.011113（0.9158）	3.841466	0.011113（0.9158）	3.841466

　　注：当统计量大于临界值时，拒绝有关协整方程个数的零假设；＊ 表示在5%的显著性水平下显著。

　　检验结果显示，出口到美国、日本、欧盟的出口价格 UNP、JPP、EUP 之间存在一个协整关系，也即说明三个价格之间存在长期的稳定关系。因此我们得出结论，认为蜂蜜贸易是存在一个统一的全球市场，美国市场是这个统一市场的一部分，没有证据显示美国对中国蜂蜜反倾销造成中国输美的蜂蜜出口价格发生变动，也即美国的反倾销没有导致中国输美的蜂蜜出口价格出现上涨（或下跌）。虽然中国蜂蜜输美的出口价格出现波动，但这种波动是整个世界市场的蜂蜜出口价格的波动，而非美国对中国蜂蜜反倾销带来的。

6.3.2　对蜂蜜出口市场份额的影响

　　从作为蜂蜜出口国的中国而言，虽然中国输美的出口价格没有受到影响，但是在这个出口价格基础上再加上一定的反倾销税后，美国消费者会面临更高的消费价格，从而抑制美国消费者对中国蜂蜜的需求，进而可能导致中国蜂蜜出口美国市场的份额减少，出口产品被部分挤出美国市场。另外，1995 年中美两国在蜂蜜反倾销中达成的"中止协议"则可能直接减少中国蜂蜜出口美国市场的份额，因此，理论上的分析显示美国反倾销会导致中国蜂蜜出口美国市场的份额减少。

先通过一个典型的案例来直观感受一下美国反倾销对中国蜂蜜出口市场份额所产生的影响。湖北省蜂蜜出口始于1999年，多年位居全国第一，是湖北省农产品出口的主打品种之一，武汉小蜜蜂食品有限公司则一直是湖北省蜂蜜出口的"领头羊"。武汉小蜜蜂食品有限公司是一家民营企业，其生产规模在国内排第三位。2002年5月武汉小蜜蜂食品有限公司首次向美国出口蜂蜜，即遭到美国2000多蜂农对武汉小蜜蜂集体提起的反倾销诉讼，美国商务部进行了新出口商的反倾销审查，几经波折，2004年美国商务部最终裁定对武汉小蜜蜂公司出口美国的蜂蜜征收32.84%的反倾销税。此举对武汉小蜜蜂影响很大，2003年该公司出口美国的蜂蜜曾达5 000多吨，但2004年一下子降至1 500吨，退出了很大一块美国市场。

从单独一个蜂蜜出口商的个案来看，美国反倾销对中国蜂蜜的出口市场份额的减少有明显影响，但是从中国蜂蜜出口整体状况来考察，美国对中国蜂蜜反倾销是否真的导致中国蜂蜜出口美国市场的份额减少还需要通过下面的数据进行验证。图6.2的数据显示，中国蜂蜜出口美国的市场份额（以数量计的市场份额）从1993～2002年总体上存在下降趋势，对美国出口的市场份额受到抑制，美国市场份额由1993年的34.7%下降到2002年的10.0%。2003年美国市场份额突然出现一个较大的上涨，达到29.3%，这主要是因为从2002年2月欧盟全面暂停从中国进口动物源性产品，导致中国蜂蜜对欧盟出口全面下滑。欧盟市场份额由2001年的40.6%急剧下降到2002年的8.8%，甚至2003年和2004年的市场份额分别只有0.24%和0.16%。正是由于欧盟市场份额的急剧萎缩，才导致美国市场份额出现较大上涨。不仅美国市场份额，日本市场份额和其余国家市场份额也出现较大增幅。实际上是美国市场、日本市场和其他国家瓜分了欧盟市场失掉的份额。因此，如果将欧盟市场份额的急剧萎缩带来的影响剔除掉，美国市场份额仍会保持一个较低的比重。由于2005年后中国蜂蜜开始在欧盟市场上复苏，市场份额也出现增长趋势，所以美国市场份额在2007年、2008年出现了较大的降幅，而2009年则出现了非常大的下降，这时反倾销对美国市场份额的影响又开始凸显，2007年降到了17.6%，2008年降到了11.6%，而2009年居然降到了极低的0.1%。① 因此，我们认为美国对中国蜂蜜反倾销对中国蜂蜜出口美国有较明显的抑制作用，导致了出

---

① 根据联合国统计署数据计算得到。

口美国市场的份额减少。

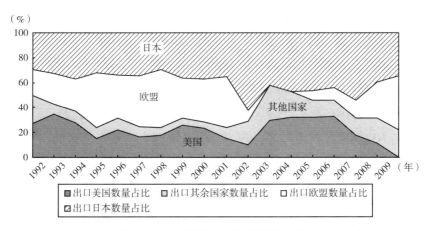

图6.2　中国蜂蜜出口数量市场份额

资料来源：根据联合国统计署数据计算得到。

6.3.3　对蜂蜜出口收入的影响

美国除了从中国进口蜂蜜，还大量从其他国家进口蜂蜜。美国从世界（含中国）进口蜂蜜每年有一个增长率，假定中国输美蜂蜜能按照这样一个年度的增长率出口，即以该增长率作为中国蜂蜜输美"应有的出口增长率"（用 ER 表示），则中国在各个年份蜂蜜输美的"应有出口收入"（用 EEV 表示）可以用下面的公式表示：

$$EEV_t = REV_{t-1} \times (1 + ER_t) \tag{6.1}$$

其中，REV 表示各个年份中国蜂蜜输美的"实际出口收入"，t 表示年份。用"应有出口总收入"（用 TEEV 表示）减去"实际出口总收入"（用 TREV 表示）则可计算出美国反倾销对中国蜂蜜输美的出口收入影响，即"减少的出口总收入"（用 LTV 表示），用公式表示为：

$$
\begin{aligned}
LTV &= TEEV - TREV = \sum_{t}^{n} EEV_t - \sum_{t}^{n} REV_t \\
&= \sum_{t}^{n} \left[REV_{t-1} \times (1 + ER_t) - REV_t \right]
\end{aligned}
\tag{6.2}
$$

根据上述公式测算出，从美国对中国蜂蜜开始反倾销的 1994～2009 年间中国蜂蜜输美"减少的出口总收入"共计 5 060 万美元，占到反倾销期间中国蜂蜜出口总额（29 970 万美元）的 16.9%，年均减少约 320 万美元。如果假定中国蜂蜜输美为零增长，以反倾销之前的一年 1993 年为基准计算在遭受到反倾销的情况下，1994～2009 年间中国蜂蜜输美"减少的出口总收入"则达到 8 240 万美元，占到反倾销期间中国蜂蜜出口总额的 27.5%，年均减少约520 万美元。[①] 具体数据见附表 27。

由于美国对中国蜂蜜反倾销对中国蜂蜜出口美国有抑制作用，导致了出口美国市场的份额减少，而市场份额的减少又导致中国输美蜂蜜的出口收入减少。根据前面的测算，发现美国反倾销对中国输美蜂蜜的出口收入减少的影响较为明显，而且如果在中国蜂蜜出口美国的增长率为零的情况下，美国反倾销也导致中国输美蜂蜜的出口收入减少。

6.3.3 结论

美国对中国蜂蜜反倾销是非常典型的中国农产品出口反倾销的个案，本章使用了市场一体化的检验方法，这是针对具体的反倾销案件基于价格间的关系而分析市场结构的方法。实证研究显示，作为中国蜂蜜出口的目标市场之一的美国和其他主要的目标市场具有较高的一体化程度，显示出对于中国蜂蜜的出口存在一个全球统一的市场。因此，美国对中国蜂蜜的反倾销对中国输美蜂蜜的出口价格没有显著的影响，但是由于反倾销税和"中止协议"的作用，对于中国蜂蜜出口美国的市场份额有较显著的影响，反倾销导致美国市场份额减少，而市场份额的减少又导致中国输美蜂蜜的出口收入出现减少的情况。

6.4 本章小结

本章以涉案农产品中的蜂蜜产品反倾销为例，研究了 1994 年开始持续至今的美国对中国蜂蜜反倾销案件，其中对出口价格的研究参照 Asche（2001）研究美国对挪威三文鱼反倾销的研究思路。研究的结果显示，美国的反倾销没有给中国的蜂蜜出口价格产生明显影响，但是我们无法保证在其他产品的案件中反倾销也同样对出口价格没有影响，因为蜂蜜产品毕竟是个案，虽然是一个

---

① 根据联合国统计署数据计算得到。

很典型的个案。另外，美国的反倾销对中国蜂蜜出口市场份额、出口收入已经造成了严重影响。因此，除了涉案企业自身要尽力通过应诉、市场多元化等手段减少损失外，政府和行业协会的积极的贸易救济也显得非常重要。

第7章 中国遭受反倾销的贸易救济体系：一个二维体系的构建

我们研究中国遭受的反倾销问题，是为了能有效预防和减少世界对中国反倾销，以及减少反倾销导致的贸易损失，维护中国对外贸易的合法利益，增强产业安全，在减少贸易摩擦的基础上实现对外贸易的可持续发展。

在中国遭受反倾销量大、面广的非常严峻的形势下，在高强度的反倾销对中国已经造成和正在造成严重损害的现实中，对国外的反倾销"放任自流"肯定是不行的，但仅靠涉案企业个体的单打独斗去对抗世界频繁的对中国反倾销是低效的，且是高成本的，而通过一个合理的贸易救体系的运作去应对世界对中国反倾销才是一个系统和高效的办法。因此，对反倾销的研究最终要回归到中国遭受反倾销的二维贸易救济体系的构建。第一，对贸易救济包含的两层意思分别进行阐述，指明本章研究的贸易救济的意思；第二，对涉案企业应诉预期的相关问题进行研究；第三，对反倾销的二维贸易救济体系构建中的框架进行研究；第四，对反倾销的二维贸易救济体系构建中的体系运作进行研究；第五，对上述研究内容的一个总结。

7.1 贸易救济的含义

贸易救济包括两层意思：一层意思是指当中国面临国外对中国不公平的出口贸易时，为了维护中国国内厂商的合法利益，中国对外采取的反倾销、反补贴和保障措施；另一层意思是指当中国遭受国外对中国采取的反倾销、反补贴和保障措施时，在对方国家滥用这些做法的情况下，为了维护中国涉案企业出口贸易中正常的贸易利益，以及减少中国涉案企业贸易损失，维护相关产业安全，实现中国出口贸易的可持续发展而采取的一系列救助性的政策措施，如建立反倾销预警体系、政府部门和行业协会在应诉中的协调和帮助、应诉基金的筹集、对涉案企业提供的应诉知识的培训等。简单而言，贸易救济的一层意思是我们采取反倾销、反补贴和保障措施进行贸易救济；另一层意思是中国为避免或减少国外对中国滥用反倾销、反补贴和保障措施导致的负面影响而采取各种政策措施进行的贸易救济。

本章研究的贸易救济是特指第二层意思，而且是专门针对国外频繁地对中国滥用反倾销时，中国所采取的一系列救助性的政策措施的贸易救济的研究。我们认可国外为了保护自身的合法利益，针对中国的一些出口厂商的不公平贸易行为进行反倾销，这是一种合理的诉求。但是，第 3 章的数据显示出中国遭受到的反倾销绝对数量、占比以及遭受到的反倾销的强度指标都远高于其他国家，这和中国的在世界上的贸易比重、经济规模、国家的发展程度完全不相匹配。虽然我们不能保证中国所有的出口厂商都是公平贸易的，但中国绝对不应遭受如此大量的反倾销，中国也一定不会有如此众多的产品和厂商在出口贸易中有不公平的贸易行为。反倾销本来是一种保护性措施，但现在的数据已强烈地显示出其他国家对中国的反倾销已达到滥用的程度，而这种滥用已对中国出口贸易造成严重障碍。为了减少反倾销滥用导致的损失和安全问题，针对国外的反倾销行为建立贸易救济体系对中国涉案企业进行救助和救济、维护我们的合法利益就显得很迫切和很必要了。

7.2　涉案企业胜诉预期的研究

为了能清晰地将"涉案企业胜诉预期的研究"中所研究内容的前后逻辑衔接呈现出来，同时便于对所述内容的理解，在此有必要将这部分的内在逻辑思路通过图 7.1 加以说明。

研究内容一：该部分是对涉案企业的成本、收益、损失进行分析，得出在不同的情况下涉案企业的净收益或净损失。

研究内容二：该部分是针对涉案企业应诉策略所做的博弈分析，由于涉案企业进行应诉策略的博弈时，是基于对各种可能情况下的净收益或净损失的对比后作出的应诉与否的决策，因此"研究内容二"需要以"研究内容一"为博弈分析的基础。

通过"涉案企业应诉策略的博弈分析"（即研究内容二）的研究，本书作者得出结论，认为："胜诉预期"是涉案企业应诉的基本前提，从而增加涉案企业的"胜诉预期"就成了提高应诉率的关键。要增加涉案企业的"胜诉预期"首先要清楚哪些因素会影响到涉案企业的"胜诉预期"，这样就进入"研

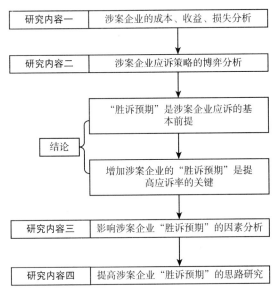

图 7.1 涉案企业胜诉预期研究的逻辑思路

究内容三"的研究部分。

研究内容三：该部分是对影响涉案企业"胜诉预期"的因素进行分析。通过研究归纳出对"胜诉预期"产生影响的各种因素，并分析这些因素对"胜诉预期"是如何产生影响。对"胜诉预期"影响因素的研究并不是目的，目的是以影响因素的研究结果为基础，期望能采取有针对性的措施策略有效提高涉案企业"胜诉预期"，这就进入"研究内容四"的研究部分。

研究内容四：该部分是对提高涉案企业"胜诉预期"的总体思路进行研究，是在"胜诉预期"影响因素的种类细分基础上的一个思路研究。

7.2.1 涉案企业的费用、收益和损失分析

在国外对中国提出反倾销诉讼，并立案调查后，中国的涉案企业根据应诉或不应诉以及应诉结果的具体情况会面临 7 种情形，见图 7.2。

情形一，涉案企业参加应诉，这时涉案企业需要支付高额的应诉费用（设应诉费用为 C，后同）。当应诉结果为胜诉且为零税率时，涉案企业由于可以继续大量出口，则在后期会有大量的贸易收益（设贸易收益为 B，后同），长期来看这些贸易收益足以抵消应诉过程中支付的应诉费用，因此最后

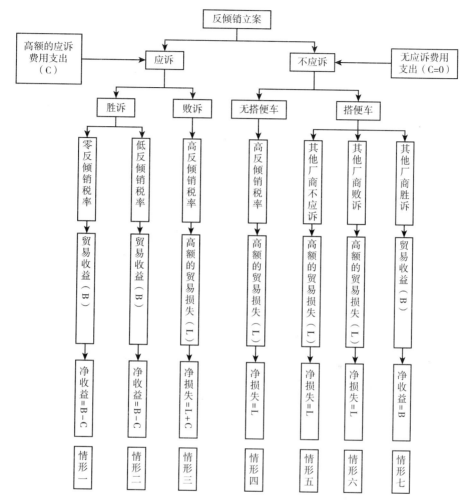

图7.2 反倾销立案后涉案企业的费用、收益和损失

的结果是产生净收益，净收益等于 B－C。这是最好的一种情形。

情形二，涉案企业参加应诉，这时涉案企业需要支付高额的应诉费用（C）。当应诉结果为被裁定按较低反倾销税率征收反倾销税时，由于税率不高，对中国出口的影响很小，因此也将这种结果认定为胜诉。在这种裁决结果下，涉案企业由于可以继续大量出口，则在后期也会有大量的贸易收益（B），长期来看这些贸易收益同样足以抵消应诉过程中支付的应诉费用，因此最后的结果也是产生净收益，净收益等于 B － C。这种情形虽不是最好的一种，但应属于次好。

情形三，涉案企业参加应诉，这时涉案企业需要支付高额的应诉费用（C）。当应诉结果为败诉时，涉案企业就会被进口国按裁定的高反倾销税率征收大量的反倾销税，这会导致中国涉案企业的出口严重受阻，从而产生高额的贸易损失（设贸易损失为 L，后同），再加上应诉过程中支付的高额的应诉费用，最终产生的高额净损失就等于 L ＋ C。这种情形是所有的应诉企业最不愿意看到的，其产生的净损失是所有情形中最高的。

情形四，涉案企业不参加应诉，且由于进口国在反倾销案件裁决中是采用"单独税率"，不采用"一国一税"的做法，因此涉案企业无法"搭便车"。在涉案企业不参加应诉的情况下，进口国会非常容易地认定中国涉案企业存在倾销行为，并裁定按高反倾销税率来征收大量的反倾销税，这会导致中国涉案企业的出口严重受阻，从而产生高额的贸易损失（L），虽然没有应诉费用的支出，但仍然导致了高额净损失 L。

情形五，涉案企业不参加应诉，但由于进口国在反倾销案件裁决中采用"一国一税"的做法，因此，涉案企业存在"搭便车"的可能性。在涉案企业"搭便车"心理的诱导下，涉案企业选择了不应诉，期望其他涉案企业能参加应诉。在本情形中，其他涉案企业也选择了不应诉的策略，因此最终中国所有的涉案企业都会很容易地被认定存在倾销行为，并被裁定按高反倾销税率来征收大量的反倾销税，这会导致中国所有涉案企业的出口严重受阻，从而产生高额的贸易损失（L）。虽然未参加应诉的涉案企业没有应诉费用的支出，但仍然导致了高额净损失 L。

情形六，涉案企业不参加应诉，同样是由于进口国在反倾销案件裁决中采用"一国一税"的做法，因此，涉案企业存在"搭便车"的可能性。在涉案企业"搭便车"心理的诱导下，涉案企业选择了不应诉，期望其他涉案企业能参加应诉。在本情形中，其他涉案企业虽然选择了参加应诉的策略，但是应诉结果为败诉，从而所有的涉案企业都会被进口国按裁定的高反倾销税率征收大量的反倾销税，这会导致中国所有涉案企业的出口严重受阻，从而产生高额的贸易损失（L）。虽然未参加应诉的涉案企业没有应诉费用的支出，但仍然导致了高额净损失 L。

情形七，涉案企业不参加应诉，同样是由于进口国在反倾销案件裁决中采用"一国一税"的做法，因此，涉案企业存在"搭便车"的可能性。在涉案企业"搭便车"心理的诱导下，涉案企业选择了不应诉，期望其他涉案企业能参加应诉。在本情形中，其他涉案企业选择了参加应诉的策略，且应诉结果为胜诉，从而包括未参加应诉的涉案企业在内的所有的涉案企业由于可以继续大量出口，则在后期会有大量的贸易收益（B），最终产生净收益。由于未参加应诉的涉案企业没有支付高额的应诉费用，因此该涉案企业产生净收益最大，净收益等于B。

在涉案企业参加应诉的情况下，有3种可能的情形，其中2种为获得净收益，1种为获得净损失，净收益为B－C，净损失为L＋C；在涉案企业不参加应诉的情况下，有4种可能的情形，其中1种为获得净收益，3种为获得净损失，净收益为B，净损失为L。

7.2.2 涉案企业应诉决策的博弈分析

涉案企业对裁决结果的预期在应诉与否的选择中扮演着重要的角色，当涉案企业对案件的胜诉预期高的时候，涉案企业才会有积极参加应诉的内在动力。涉案企业是否参加反倾销应诉其实是涉案企业在"胜诉预期"和"败诉预期"下的一种行为选择，是涉案企业综合各种情况进行博弈的结果，因此首先需要对涉案企业的应诉与否的决策进行博弈分析。涉案企业应诉决策的博弈分析汇总见表7.1。

表7.1　　　　　　　涉案企业应诉决策的博弈分析

序号	背景	预期	企业的选择	应诉结果	收益或损失	博弈决策结果
1	一国一税	胜诉预期	应诉	胜诉	净收益 = B－C（情形一、情形二）	取决于"搭便车"的博弈结果
				败诉	净损失 = L＋C（情形三）	
			不应诉		净损失 = L 或净收益 = B（情形五、情形六、情形七）	
2	一国一税	败诉预期	不应诉		净损失 = L 或净收益 = B（情形五、情形六、情形七）	不应诉
3	单独税率	胜诉预期	应诉	胜诉	净收益 = B－C（情形一、情形二）	应诉
				败诉	净损失 = L＋C（情形三）	
			不应诉		净损失 = L（情形四）	
4	单独税率	败诉预期	不应诉		净损失 = L（情形四）	不应诉

当涉案企业处于"胜诉预期"的情况下选择应诉时，应诉结果有两种可能：胜诉和败诉，从情形一到情形七中，应诉时出现败诉结果的净损失（净损失 = L + C）是最大的，由于前提是"胜诉预期"，所以涉案企业是基于"胜诉"这种结果才选择了"应诉"行为，但是任何"应诉结果"在事前都不可能百分之百地确定是"胜诉"，因此"败诉"的可能性仍然存在，但可能性小（如果"败诉"的可能性大的话，则就变为"败诉预期"情况下的博弈决策分析了），因此在决策的博弈分析中，一个理性的涉案企业并不会因为存在这种败诉的可能就放弃一切应诉的机会。

7.2.2.1 博弈决策一

在"胜诉预期"的情况下的博弈决策结果由于涉及"搭便车"的情况，因此较复杂一些。对于"一国一税 + 胜诉预期"下的涉案企业基于自身的收益和损失情况会考虑到多种策略：（1）当涉案企业选择"应诉"，且"胜诉"（包括零反倾销税率和低反倾销税率）时，该涉案企业获得净收益，净收益 = B – C；（2）当涉案企业选择"应诉"，但"败诉"时，该涉案企业获得净损失，净损失 = L + C；（3）由于涉案企业存在"搭便车"的机会，故该涉案企业可以选择"不应诉"，但其他涉案企业选择"应诉"，且"胜诉"了，这时该涉案企业获得净收益，净收益 = B；（4）由于涉案企业存在"搭便车"的机会，故该涉案企业可以选择"不应诉"，而其他涉案企业选择"应诉"，但却"败诉"了，这时该涉案企业获得净损失，净损失 = L；如果当该涉案企业选择"不应诉"时，其他涉案企业也选择"不应诉"，这时该涉案企业同样是获得净损失，净损失 = L。上述 4 种策略的博弈决策的损失和收益汇总见表 7.2。

表 7.2　　"一国一税 + 胜诉预期"下涉案企业博弈决策的损失和收益

策　略	涉案企业"应诉"		涉案企业"不应诉"	
	（1）	（2）	（3）	（4）
涉案企业的收益或损失	净收益	净损失	净收益	净损失
	B – C	L + C	B	L

按照对该涉案企业有利程度递减对上述 4 种策略的排序如下：（3）＞（1）＞（4）＞（2），在该涉案企业"应诉"的策略，即（1）和（2）的情况下，有两种可能结果：净收益 = B – C，或净损失 = L + C；在该涉案企业"不应诉"的策

略，即（3）和（4）的情况下，也有两种可能结果：净收益＝B，或净损失＝L。可以看到在（3）这种策略中，该涉案企业在"不应诉"的情况下，由于可以"搭便车"，收益（B）反而比在"应诉"情况下的收益（B－C）还高，高出的部分是节省下来的应诉成本，因此本涉案企业完全有可能采用"不应诉"的策略，当然是否采用"不应诉"的策略要取决于对其他涉案企业是否应诉的判断结果，也就是涉案企业之间相互博弈的一个结果。当该涉案企业如果认为其他涉案企业不会应诉，则该涉案企业一定会选择"应诉"；当该涉案企业如果认为其他涉案企业会应诉，且会胜诉时，则本涉案企业一定会选择"不应诉"，从而通过"搭便车"节省应诉成本，获得净收益B。

7.2.2.2　博弈决策二

由于涉案企业是"败诉预期"，因此理性的选择一定是"不应诉"，但由于是在"一国一税"的背景下，有机会"搭便车"，所以当其他涉案企业不应诉，或败诉时，则该涉案企业获得净损失，净损失＝L；当其他涉案企业胜诉时，则该涉案企业获得净收益，净收益＝B。

7.2.2.3　博弈决策三

由于是在"单独税率"的背景下，所以涉案企业无法"搭便车"，因此涉案企业在"胜诉预期"时，如果选择"不应诉"，唯一的结果就是获得净损失，净损失＝L；但是涉案企业此时如果选择"应诉"，则有可能在胜诉时获得净收益，净收益＝B－C。当然在"胜诉预期"情况下选择"应诉"时也可能出现"败诉"的结果，前文曾讲到"在决策的博弈分析中，一个理性的涉案企业并不会因为存在这种败诉的可能就放弃一切应诉的机会"，因此理性的涉案企业这时会选择"应诉"。

7.2.2.4　博弈决策四

由于涉案企业是"败诉预期"，因此理性的选择一定是"不应诉"。由于是在"单独税率"的背景下，所以无法"搭便车"，该涉案企业只能获得净损失，净损失＝L。

传统的应诉决策的博弈分析针对"一国一税"背景下的"搭便车"问题较多，但现在在反倾销裁决中"一国一税"的情况已越来越少了，大量的裁决是"单独税率"，因此后两种博弈决策的分析和运用更为重要。

7.2.3 影响涉案企业胜诉预期的因素分析

根据杨仕辉（2000）的研究显示，中国企业在 1989～1997 年期间各年对外国对中国反倾销案的应诉率分别是 20%、25%、14%、8%、22%、21%、39%、46% 和 55%。冯巨章（2006）的研究显示，总体上中国遭受反倾销时涉案企业的应诉率较低，他统计的 66 个样本案例的应诉率只有 21.7%，应诉明显偏低。从上述应诉率的数据可以看到，中国涉案企业在面对国外反倾销时的应诉率长期偏低，虽然近几年中国涉案企业的应诉率在不断提高，但是我们仍然可以不断看到中国涉案企业不积极应诉的报道。

关于影响涉案企业是否应诉的原因较多，例如，对反倾销带来的严重后果认识程度、由于信息不对称涉案企业不知自己被反倾销、应诉费用的高低、对应诉结果的预期等很多的因素都会影响涉案企业是否选择"应诉"。随着中国遭受的反倾销数量越来越多，中国对反倾销重视程度也越来越高、对反倾销基本知识的宣传也越来越广泛，"对反倾销带来的严重后果认识程度、由于信息不对称涉案企业不知自己被反倾销"等类似的因素的影响程度已经非常小了。因此，现在面对国外反倾销时，涉案企业需要决策的就是"应诉"或"不应诉"。

从前面涉案企业应诉决策的博弈分析中我们已观察到，涉案企业要选择"应诉"，最基本的前提一定是"胜诉预期"，在"胜诉预期"的情况下才会去考虑应诉费用的高低、应诉费用的分摊是否合理等后续问题，因为在"败诉预期"的情况下，涉案企业不会选择"应诉"，自然就不涉及应诉费用等相关问题的考虑了。因此要增加涉案企业的应诉率，关键是增加涉案企业的"胜诉预期"。"胜诉预期"其实正是涉案企业积极应诉的内在动力，因此要促使涉案企业积极应诉的根本在于要通过有效的措施来提高涉案企业对裁决结果的"胜诉预期"，而不是仅仅靠一般性的呼吁和宣传。如果涉案企业本身在出口销售上存在低价倾销的行为，无论如何应诉都会败诉，在这种情况下选取不应诉的策略是最优的，净损失最小。对于其他的涉案企业而言，如果中国政府部门或行业协会能及时提供积极的、实质性的贸易救济措施，会有效提高涉案企业的"胜诉预期"，从而增加积极应诉的可能，同时也提高了应诉率。下面专门针对涉案企业"胜诉预期"的影响因素进行分析。

7.2.3.1 涉案企业本身的出口价格和市场份额

中国涉案企业出口价格的高低是进口国反倾销机构进行反倾销裁决时考察的关键因素。中国同一种涉案产品的涉案企业一般情况下会有多家，由于涉案企业的众多，各个企业是各自单独出口，因此涉案产品的出口价格一般会有差异，很难保证所有的涉案企业都是按正常的价格出口。当某些涉案企业在出口涉案产品时本身的出口价格就很低，而且低于在国内的销售价格，或者低于"正常价值"，这种情况下这些涉案企业的胜诉预期就会非常低，甚至于胜诉预期为零。这时，这些涉案企业为了使自身的净损失最少，最优的策略就是放弃应诉。另外，不同涉案企业的贸易方向是有差异的，因此市场份额也会有差异，从而对进口国产生的影响也会不一样。当某涉案企业出口到某国的市场份额偏高时，这对损害裁定的结果不利，因此这些涉案企业的胜诉预期就会偏低。

7.2.3.2 缺乏相关经验而难以很好地准备应诉材料

如在对美国的反倾销应诉中，美国的两个反倾销执行机构美国商务部和美国国际贸易委员会立案后会向出口商发出的调查问卷。调查问卷分为 4 个部分（ABCD），内容相当广泛，包括中国相关法律、企业组织机构，企业与政府部门的关系，成本、生产总量、国内销售价格、出口价格、出口数量、出口情况、财务报表、会计制度、生产经营情况、生产要素，等等。填写这些问卷需要大量资料和广泛深入的调研。当中国涉案企业不能提供翔实资料和数据时，对方国家可以依据不完整资料确定倾销幅度，从而做出不利于中国涉案企业的裁决，因此当涉案企业预计无法很好地准备这些应诉材料时，涉案企业的"胜诉预期"就会降低。

7.2.3.3 对起诉国的反倾销法律和 WTO 规则的知识匮乏

当涉案企业对起诉国的反倾销法律和 WTO 相关的规则的知识匮乏时，就会对诸如反倾销应诉程序、应诉资料准备、应诉期限、裁决过程，以及后续的司法、仲裁等规定和条款不甚了解，即使应诉，也会很茫然。在这种情形下涉案企业对应诉结果的预期自然不好，这时"胜诉预期"就会降低，"败诉预期"则会增加。

7.2.3.4　企业不愿公开自己的账目

由于部分涉案企业在日常的经营过程中财务运作不规范，账目不清，交易原始单据、业务往来档案资料不全，担心自己的企业经不起调查，因此在面临反倾销调查时，就不愿将自己的账目全部公开，在这种情形下，"胜诉预期"自然会降低。

7.2.3.5　反倾销调查发起国家类型

冯巨章（2006）认为不同国家的经济环境和法律环境不相同，发达国家和发展中国家之间各方面存在较大的差异。发达国家的反倾销法律较完善，司法的透明度高，企业应诉时较易把握、面临不确定性较小，这可能导致涉案企业胜诉的概率较大；而发展中国家的反倾销法律往往不完善，而且司法的透明度低，因而企业应诉面临的不确定性大，而且许多发展中国家的官方语言不是英语，致使应诉存在一定的语言障碍，可能导致涉案企业胜诉的概率较低。因此，总体而言，若反倾销调查发起国是发达国家，涉案企业的胜诉预期会高些；若反倾销调查发起国是发展中国家，涉案企业的胜诉预期则会较低。

7.2.3.6　中国非市场经济地位的影响

"非市场经济地位"问题一直是中国在反倾销应诉中非常敏感的一个问题。自2004年新西兰率先承认中国"市场经济地位"后，越来越多的国家承认了中国的"市场经济地位"，但是还是有一些主要的对中国反倾销国家或地区，如美国、印度、欧盟等未承认中国的"市场经济地位"。按照WTO《反倾销协议》的规定，正常价值和出口价格的比较是确定是否存在倾销的关键。其中，对正常价值的确定是要害问题。非市场经济国家（或者未获得市场经济地位的企业）不能使用本国国内同类产品的价格作为正常价值与其出口产品价格进行对比，而只能采取替代国国内同类产品价格作为正常价值与其出口产品价格进行比较，以此确定是否构成倾销。问题的关键还在于这个"替代国"由谁来选定，是由进口国来选定，还是由出口国来选定。按照WTO《反倾销协议》的规定，应由进口国来选定，即由发起反倾销调查的进口国政府来选定"替代国"（当然，出口国可以抗诉，提出选择更为合理的"替代国"）。在通常情况下，当进口国调查机构（或进口国的反倾销起诉企业）对来自非市场经济国家的进口产品提起反倾销指控时，为了证实"倾销"的存在，必然选择一个生产成本较高的替代国同类产品价格进行比较。因为只有这样，才能确定进口产品倾销的存在，所以一些涉案企业认为"非市场经济地位"导致中国败诉概率更高，同时导致涉案企业的"胜诉预期"降低，"败诉预期"增加。

7.2.3.7 行业协会是否参与应诉

随着国内企业对反倾销认识的提高，中国企业反倾销应诉、胜诉呈现上升趋势。这些成果除了企业的自身努力之外，行业协会的作用是功不可没。

（1）在反倾销应诉的动员说服过程中，行业协会有着不可缺少、不可替代的作用；当国内企业面临国外的反倾销诉讼时，部分企业是不愿应诉，特别是中小企业更是如此，即使有个别企业愿意应诉，但应诉过程中的费用负担、相关数据的计算和提供等都是较为麻烦的问题，单个的企业往往难以承受。如果想联合其他的企业共同应诉，但由于单个企业往往无力去做动员说服其他企业的工作，而行业协会作为某一产业的代表，加上其本身具有的自律性、非营利性，进行动员说服工作，有着非常积极的作用。同时，反倾销行为往往针对一个国家的所有同类生产者，单个企业的联合，取代不了行业协会的作用，因为行业协会与企业之间有着最为广泛和密切的联系，具有较强的组织能力，消息灵通，对行业的整体状况有着全面的掌握，更适合于出面组织企业共同应对反倾销。

（2）协调企业出口自律，积极沟通参加应诉的各有关方面作用显著。例如，在1998年美国苹果汁协会对中国出口的浓缩苹果汁的反倾销案中，从1995～1998年中国浓缩苹果汁对美国出口量上升1 700%，平均单价却下降了51%。美国苹果种植商和果汁加工商，紧急呼吁美国产业界对来自中国的浓缩苹果汁讲行反倾销调查。对此，中国食品土畜进出口商会积极组织协调，立刻召开26个主要出口商的紧急会议，讨论制定了出口最低限价和协调办法，严格行业自律。在商会的组织协调下，苹果汁行业的企业第一次坐到了一起，自觉采取自律行动，结果案子发生了重大转折，在应诉中争取了主动。2000年6月5日，美国商务部做出了终裁：我应诉企业税率为0%～27.57%，其中一家0税率。而且中国涉案企业还于2000年7月向美国国际贸易法院上诉商务部裁决不公，最终有10家应诉企业6家获0税率，4家获3.38%的加权平均税率。因此当有行业协会参与到案件的诉讼过程时，这有利于提高涉案企业的"胜诉预期"。

7.2.4 提高涉案企业"胜诉预期"的总体思路

要提出如何提高涉案企业"胜诉预期"的总体思路，首先需要对上述 7 个影响因素进行种类细分。

这 7 个影响因素是具有代表性的，但影响因素不仅限于上述 7 个方面。这 7 个方面的影响因素按照因素的来源可以分为两个大类：一是内部因素，内部影响因素主要是来自于涉案企业自身；二是外部因素，外部影响因素主要是来自于企业外部。同时，这 7 个方面的影响因素按照我方可操控的程度也可以分为三个大类：一是可操控因素，即我方可以自行进行改变或调整的因素；二是不易操控因素，即我方存在对该因素进行改变的可能，但不容易进行自行改变或调整的因素；三是不能操控因素，即我方完全不能自行改变或调整的因素。具体分类情况见表 7.3。

表7.3　　　　　　　　　　　　胜诉预期的影响因素分类

序号	影响因素	按照因素来源分类	按照我方可操控程度分类
(1)	涉案企业本身的出口价格和市场份额	内部因素	可操控因素
(2)	缺乏相关经验而难以很好地准备应诉材料	内部因素	可操控因素
(3)	对起诉国的反倾销法律和 WTO 规则的知识匮乏	内部因素	可操控因素
(4)	企业不愿公开自己的账目	内部因素	可操控因素
(5)	反倾销调查发起国家类型	外部因素	不能操控因素
(6)	中国非市场经济地位的影响	外部因素	不易操控因素
(7)	行业协会是否参与应诉	外部因素	可操控因素

表 7.3 中显示 7 个影响涉案企业胜诉预期的因素中，属于内部因素的有 (1)、(2)、(3)、(4)，这些影响因素主要是涉案企业自身原因造成的；属于外部因素的有 (5)、(6)、(7)，这些影响因素主要由外部环境决定。属于可操控因素的有 (1)、(2)、(3)、(4)、(7)，这些影响因素我方通过努力是有较大改变的，也是我方为了提高"胜诉预期"需要重点关注的；属于不易操控因素的有 (6)，因为中国的市场经济地位的获得并非我方单方面的意愿和努力就行，需要与进口国进行相关的经济、政治谈判，有较大难度，但并非不可改变，另外即使进口国未给予中国市场经济地位，但是涉案企业也可以以企

业的身份向反倾销国证明自身的市场经济行为，从而获得相对有利的单独税率裁决；属于不能操控因素的有（5），因为反倾销调查发起国家类型不是我方能够自由选择的，完全不具备可选择性。

基于上述分类，提出如何提高涉案企业"胜诉预期"的总体思路：积极改善我方可以操控的因素，尽量改善我方不易操控的因素；以涉案企业为主体在政府部门和外部机构的配合下改善内部因素，政府部门和外部机构则负责改善外部因素。至于提高涉案企业的"胜诉预期"的具体措施策略将在后面两节中体现。

7.3　二维贸易救济体系构建之框架研究

贸易救济体系的构建不应是单一的，而应该是完整的、多层次的。已有的反倾销贸易救济体系的构建较为单一，缺乏功能维度和时间维度相结合的二维贸易救济体系的研究。

完整的贸易救济体系的构建需要功能维度和时间维度相结合，改变以前贸易救济体系构建的单一性。功能维度包括：宏观、中观、微观三个层次。宏观主要涉及中国相关政府部门；中观主要涉及行业协会和社会机构；微观主要涉及涉案产品的出口企业。这三个层次的主体在反倾销中所发挥的职能各不相同，如何使各主体的功能进行无缝衔接是贸易救济体系构建的内容之一。时间维度包括：事前、事中、事后三个层次。将事前的预警体系、事中应对措施以及事后的弥补策略三个方面进行结合，构建时间维度反倾销贸易救济体系。最为重要的是需要将功能维度的贸易救济和时间维度的贸易救济在纵向和横向进行有机的交叉和合并，使功能维度的各个要素和时间维度的各个要素相互支撑，从而耦合成为一个完整的二维贸易救济体系，进而提升反倾销贸易救济体系的效用。图 7.3 为中国遭受反倾销的时间维度和功能维度耦合的二维贸易救济体系的总体框架。

当然，图 7.3 仅是二维贸易救济的总体框架，是二维贸易救济体系构建的总体思想，要建立一个行之有效的二维贸易救济体系则需要在这个总体框架的基础上以时间维度中的时间先后为序进行详细的体系构建。图 7.4 则是最终构建出的详尽的中国遭受反倾销的二维贸易救济体系。

图 7.4 中显示在整个反倾销贸易救济体系的每个时间维度中均涉及中国的四个主体：政府部门、行业协会、社会机构、涉案企业，这正是功能维度中包

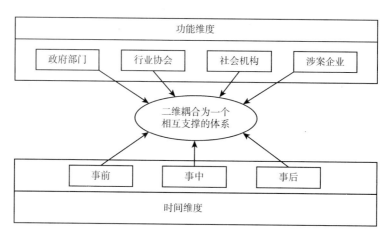

图 7.3　功能维度和时间维度耦合的二维贸易救济体系总体框架

括的三个层次中所涉及的各个功能要素。

（1）政府部门。政府部门主要指中国的商务部和地方的商务厅等相关政府部门，政府部门在争取有利的国际环境、政策法规制定、信息获取、指导、咨询等方面有着其他主体不可比拟的优势。

（2）行业协会。行业协会是指中国的各行业或各大类产品的厂商组成的商会或协会，如中国食品土畜进出口商会、中国纺织品进出口商会、中国五矿化工进出口商会、中国机电产品进出口商会、中国轻工艺品进出口商会、中国医药保健品进出口商会等。行业协会在反倾销应诉的动员说服过程中，有着不可缺少、不可替代的作用；行业协会在协调企业出口自律，积极沟通参加应诉的各有关方面有显著的作用。

（3）社会机构。社会机构主要包括和反倾销相关的律师事务所、会计师事务所、高校等研究机构。这些社会机构为反倾销的贸易救济提供了专业律师、会计师、贸易专家等专业人才，这些专业人才能为反倾销的贸易救济提供法律咨询与辩护、会计咨询与支持、WTO 规则咨询，包括出口市场选择在内的出口贸易策略支持、预警模型构建的理论支持等。

（4）涉案企业。涉案企业是指国外对中国反倾销中涉案产品的出口厂商。涉案企业在反倾销中是处于风口浪尖的主体，是最为直接的相关利益方，是反倾销贸易救济体系中的中坚力量和贸易救济对象。

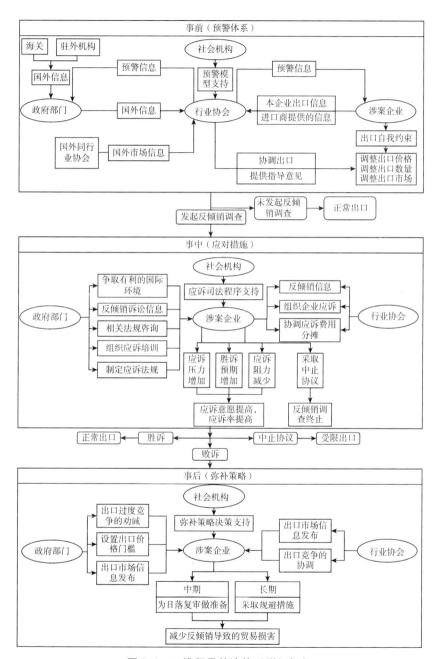

图 7.4   二维贸易救济体系详细框架

在整个二维贸易救济体系中，政府部门和社会机构这两个主体处于辅助地位，而行业协会和涉案企业这两个主体处于核心地位，但是这两个主体的核心地位在不同的时间维度中是有变化的。在事前这个时间维度中，行业协会处于核心地位，此时涉案企业则处于辅助地位；在事中和事后这两个时间维度中，涉案企业处于核心地位，此时行业协会则处于辅助地位。

7.4 二维贸易救济体系构建之运作研究

本节以"时间维度"为序，即分别按照事前预警体系、事中应对措施、事后弥补策略为序介绍中国遭受反倾销的二维反倾销贸易救济体系的运作。

7.4.1 事前预警体系

在愈演愈烈的国际反倾销实践中，许多国家都建立了相应的预警体系，如美国的"扣动扳机制度"、欧盟的"进出口产品预警机制"和印度的"大宗产品进出口监测机制"、巴西的"外贸出口预警机制"，等等。这些国家的反倾销预警机制基本上以现代化信息手段为依托，对国外贸易壁垒及贸易争端的监测预警发挥了重要作用。"预则立，不预则废"，尽快建立中国出口反倾销预警体系，是保证中国出口持续健康发展策略之一。与费尽周折应诉反倾销相比，建立反倾销预警体系，通过预警体系化解国外对中国反倾销于无形显然是最佳选择。

在本章构建的反倾销预警体系中，行业协会处于核心地位，政府部门、社会机构、涉案企业这三个主体则处于辅助支撑的地位。

（1）政府部门。政府部门利用其权力能从中国海关、驻外机构（如驻外商务机构）等获取国外在发起反倾销调查之前的各类信息，包括各类进出口统计数据、市场变化、国外政策变动等各类国外信息，并将相关信息通过一定渠道在国内公布以及提供给相应的行业协会，行业协会将使用这些信息作为反倾销预警模型的输入资料。

（2）涉案企业。涉案企业（由于此时反倾销调查还未发起，因此这些企业还不是涉案企业，但为了前后名称一致，这里也称为"涉案企业"）将本企业的各类出口信息，如出口价格、出口额、出口市场份额等信息提供给行业协会，以及将本企业从国外进口商处获取的各类信息提供给行业协会。另外涉案企业需要未雨绸缪，在日常的财务运作中需要做到规范化，一方面能为行业协会提供准确的信息，另一方面一旦被国外发起反倾销调查，涉案企业的"胜诉预期"也会相对较高，那么因为本企业的财务运作不规范而放弃应诉的可能性就会降低。

（3）社会机构。在预警阶段，主要需要由社会机构中的高校等研究机构的贸易专家根据科学研究结果为反倾销预警提供适用且有效的预警模型。由于不同的行业、不同的商品有不同的特点，存在较大的差异，因此没有一个预警模型适用于所有的出口商品。正是为了使预警模型更为有效，因此社会机构需要针对不同的行业或不同的大类产品来建立预警模型。预警模型的建立需要在反倾销影响因素的基础上进行，只有通过科学的统计和计量经济的方法甄别出对中国遭受反倾销有显著影响的因素后，使用这些影响因素构建出的预警模型才具有效用，才能通过这些影响因素的变动及时发出准确的预警信号。周灏（2009，2010）在针对纺织品的预警体系和模型方面也曾进行了一些探索。中国是一个纺织大国，纺织业为中国的经济建设做出了重大贡献，纺织品是中国出口创汇的重要产品，同时也是中国遭受国外反倾销的主要产品。中国纺织品出口存在竞争情报方面的反倾销诱因，预警体系需要依赖纺织品贸易中的竞争情报的收集和甄别，笔者采用射线原则来建立了预警模型，利用历史数据进行了预警有效性检验，结果显示预警模型具有较高的准确性。这些探索对于理论界或者实际管理者都是一种有益的尝试。

（4）行业协会。行业协会处于反倾销预警体系的核心。针对不同行业或不同大类产品的预警体系靠单个涉案企业来建立不现实，原因主要是：其一，生产涉案产品的企业一般不只一家，往往有很多家；其二，由单个企业承担建立预警体系所承担的费用成本不经济；其三，单个企业只关心本企业的利益，而行业协会则关心整个行业的利益。基于上述原因，以行业协会为预警体系的核心更能充分发挥预警模型的效用。行业协会汇集从政府部门、涉案企业的各类信息，当然同时也获取来自于国外的同行业协会反馈的一些信息，通过社会机构提供的反倾销预警模型对国外的反倾销进行预警和监控。行业协会发出的预警信息能使涉案企业意识到中国现在的出口产品存在遭受反倾销的较大风险，因此可以使涉案企业及时调整出口价格、出口方向和出口市场份额，减少反倾销发生的可能性。即使最终国外发起反倾销调查，由于我方涉案企业的出口价格和出口市场份额已在前期进行了必要的调整，这时涉案企业的"胜诉预期"也会提高，这对于事中阶段涉案企业积极参加应诉也是有很大促进作用的。

当最终国外未发起反倾销调查，则中国商品仍然能正常出口；当国外发起了反倾销调查，则随即进入反倾销贸易救济体系的第二个阶段：事中应对措施阶段。

7.4.2 事中应对措施

在事中应对措施阶段，涉案企业在该阶段处于核心地位，政府部门、行业协会、社会机构这三个主体则处于辅助支撑的地位。

（1）政府部门。由于世界上仍然有些对中国反倾销的国家（如美国、印度等）未承认中国的市场经济地位，在对中国反倾销裁决中仍以"非市场经济地位"为基础进行裁决，这使中国的涉案企业在应诉时处于不利地位，因此中国的相关政府部门需要持续不断地努力，不断地通过双边谈判，尽量能在2016年之前争取到中国的"市场经济地位"，为中国涉案企业争取到一个更为有利的国际环境。如果中国的涉案企业能在一个较为良好和公平的国际环境中应诉的话，涉案企业的"胜诉预期"也会相应提高，应诉积极性自然也会高涨。政府部门由于本身的地位，还能从国外的官方渠道获得正式的反倾销诉讼信息，这样能在第一时间在国内公布，并使涉案企业能有机会及时知悉国外的诉讼信息。另外由于政府部门的权威性，它们还能为国内的涉案企业、行业协会等提供反倾销相关的法规咨询，并可组织有针对性的应诉培训，使涉案企业、行业协会等相关主体能较深入地了解反倾销应诉程序、应诉费用、应诉关键等问题。这些措施同时可在一定程度上提高涉案企业的"胜诉预期"。同时政府部门还能出台与反倾销应诉相关的法规以此督促涉案企业的应诉，如由浙江省于2006年8月25日开始实施的《浙江省应对出口反倾销暂行办法》[①] 是中国目前应对出口反倾销的第一个地方性文件，该《办法》申明"企业是应诉主体"，并规定："涉案金额在全国排名前10位的企业，或涉案出口金额超过100万美元的企业不参加应诉的，应当向当地县级以上外经贸主管部门递交书面说明材料；拒不执行应对出口反倾销相关措施的企业将被通报，并记入该企业的信用记录。"这就使涉案企业的应诉压力增加，即使在应诉意愿不大的情况下，或存在"搭便车"的情况下，迫于这种应诉压力，这些涉案企业的应诉意愿会得到提高，从而提高应诉率。

（2）行业协会。中国商务部于2006年8月14日实施的《出口产品反倾

---

① 浙江省青田县人民政府. 浙江省人民政府办公厅关于印发浙江省应对出口反倾销暂行办法的通知［EB/OL］. http://www.qingtian.gov.cn/wsbs/qybs/dwmy/zcfg/200812/t20081205_10293.htm.

销案件应诉规定》① 第12条中明确规定，行业协会需要"建立出口商品统计监管系统和贸易救济案件信息收集反馈机制"，因此行业协会在本阶段需要为涉案企业提供国外的反倾销信息。《出口产品反倾销案件应诉规定》第12条中还规定，行业协会需要"组织应诉企业参加听证会、与国外调查机关和相关行业组织或企业进行磋商、谈判等工作"，因此行业协会在本阶段还需要组织涉案企业参加应诉。行业协会的这些工作都会在一定程度上提高涉案企业的"胜诉预期"。应诉费用的分摊问题在一定程度上会抑制涉案企业应诉意愿，因此在应诉中行业协会通过一定的办法协调高额应诉费用的分摊（如采用出口额的比例的方式建立反倾销应诉基金和进行应诉费用分摊），使各个涉案企业感到费用分摊是合理的，这会有力地提高涉案企业的应诉意愿，减少应诉阻力。

（3）社会机构。在这个阶段的社会机构主要涉及反倾销应诉中的律师事务所、会计师事务所等机构，由于有反倾销应诉经验的律师和会计师对反倾销的应诉程序和反倾销过程中需要提供的各种法律文件、财务报表、财务数据种类比较熟悉，因此这些社会机构能为涉案企业的应诉提供专业和有利的司法程序支持。

（4）涉案企业。涉案企业是事中应对措施阶段的主体。在政府部门、行业协会、社会机构的积极辅助下，以及涉案企业自身的努力下，在涉案企业面临的应诉压力增加、胜诉预期增加、应诉阻力减少的情况下，涉案企业的应诉意愿会提高，从而导致应诉率提高。涉案企业在事中阶段，除了选择积极应诉之外，还有一个折中性质的选择，即选择采用"中止协议"。笔者（2006）曾对此进行了研究。WTO的《反倾销协议》的第8条——"价格承诺"中是有关"中止协议"应用的主要法律依据，其中第1项规定："一经收到出口商令人满意的修改其价格或停止以倾销价格向该地区出口的自愿承诺，从而使当局确信倾销的有害影响被消除，诉讼程序便可暂停或终止，而不采取临时措施或征收反倾销税。"我涉案企业采用"中止协议"主要有下面几个好处：其一，涉案产品继续出口。在应诉过程中，当涉案企业根据案情的发展预计胜诉无望而与反倾销国家签署"中止协议"时，反倾销调查将暂停或终止，而中国的出口将受到价格限制或其他方面的限制，以此为代价获取对反倾销国家的继续

---

① 浙江省对外贸易经济合作厅法规处. 出口产品反倾销案件应诉规定［EB/OL］. http://www.zftec. gov. cn/fgc/zcfg/dwmy/T223167. shtml.

出口。采用"中止协议"的方式虽然中国要付出一定的代价，但却能继续中国涉案产品的出口，保住中国产品在对方国家的部分市场，可以避免一旦出现败诉时出口机会无法继续，而且市场份额极度萎缩的情况，因此采用"中止协议"在某些产品的反倾销诉讼中在一定程度是一种有利的应对策略。其二，涉案企业有更多的回旋余地。《反倾销协议》的第 8 条——"价格承诺"第 4 项规定："在一项承诺被接受的条件下，如果出口商希望或者当局作出了决定，则对有关倾销和损害的调查仍应善始善终地完成。在此情况下，如果对倾销或损害作出的判定是否定的，则承诺即应自动失效。"当然，对终裁认定存在倾销行为的情况在第 4 项中也作了规定——"在对倾销和损害作出肯定性判定的情况下，承诺应按其条件和本协议规定继续下去。"尽管"中止协议"不应该成为解决反倾销的优先使用的方法，但是由于某些反倾销案的复杂性和"中止协议"自身所具有的特点，"中止协议"在解决难度较大、利益关系复杂和政治上敏感的案件中发挥着效用，是解决双边贸易摩擦的一种方式。

在事中应对措施阶段，当涉案企业参加应诉，并获胜诉时，毫无疑问中国涉案企业将会正常出口；当涉案企业采取"中止协议"的方式获取国外的反倾销调查终止时，中国涉案企业会继续出口，但会受到一定的限制；当涉案企业败诉时，则进入到事后弥补策略阶段。

7.4.3 事后弥补策略

在事后弥补策略阶段，涉案企业在该阶段仍然处于核心地位，政府部门、行业协会、社会机构这三个主体则处于辅助支撑的地位。

（1）政府部门。在涉案企业败诉后被实施反倾销措施时，中国的政府部门则需要利用自身的地位和权威对出口企业的出口过度竞争进行劝诫，并设置一定的强制性的出口价格门槛来控制中国出口企业的出口价格过低、出口市场过度集中的情况继续，同时不断地发布出口市场信息，使中国出口企业能获得更多的市场信息，有更多的出口选择，这可在一定程度上降低出口市场的集中度，进而在一定程度上避免国外对中国商品的高度敏感，以及在日落复审时使国外反倾销当局能裁定中国出口商品已不再存在倾销行为，这样可以使为期 5 年的反倾销措施能按时终结。

（2）行业协会。行业协会需要利用自身的信息渠道为本行业的出口企业不断发布出口市场信息，为出口企业降低市场集中度提供一定信息。由于中国的同行业的出口企业之间存在强烈的竞争，为了避免这种竞争下导致的出口价格过低的继续存在，行业协会就需要利用自身的行业地位来协调企业间的出口竞争。这也为国外反倾销当局在日落复审时能裁定中国出口商品已不再存在倾销行为提供一定帮助。

（3）社会机构。这个阶段的社会机构主要涉及高校等科研机构，它们可以为中国出口企业具体采取什么样的事后弥补策略提供科学研究支持和咨询。如社会机构可以根据研究为出口企业提供出口市场选择策略、为出口企业提供合理的反倾销规避策略等。

（4）涉案企业。涉案企业在本阶段处于核心地位。在其他三个主体的积极辅助下，从中期来考虑，在被实施最终反倾销措施的现实情况下，出口毫无疑问会受到强烈的抑制，涉案企业只能尽可能地维持出口，在维持出口的同时，涉案企业需要积极地采取一定的弥补策略为5年后的日落复审做好准备，避免日落复审中仍被裁定继续实施反倾销措施；从长期来考虑，采取合理的规避措施才能实现出口的可持续发展。规避措施可以分为投资性规避和非投资性规避，投资性规避是指中国的涉案企业通过对外投资的方式在海外进行生产从而规避反倾销，非投资性规避则指仍在国内生产，但需要对所生产的产品进行一定的变更，使之不再属于被反倾销的产品。无论采用哪种规避措施涉案企业都需要认真研究国外制定的反规避立法，避免规避无效。下面以欧盟为例进行说明，按照欧盟的反规避条款的规定，无论在进口国还是第三国组装产品，都必须符合一定的条件，才可以对其实施反规避措施。例如，有关组装的零部件必须来自受反倾销调查的国家；有关零部件必须构成装配产品零部件总值的60%以上，但如果这些零部件在组装过程中的增值大于生产成本的25%以上时，则不应视为规避行为，如果不符合上述规定，则会被实施反规避措施。如2008年4月，欧委会发布公告，对其2007年9月自主发起的皮鞋反规避调查作出裁决，认定中国鞋企为了逃避反倾销税，借道澳门或在澳门完成后期加工工序后再向欧盟出口，构成了明显的规避行为，裁决原反倾销措施即征收16.5%的反倾销税将扩大适用至自澳门地区出口到欧盟的涉案皮鞋。可见如何实施规避措施是企业为了长远的出口的发展需要积极研究的，但是有效规避措施的实施对中国而言存在很大难度。

通过上述的弥补策略的实施最终期望能在一定程度上减少反倾销导致的贸易损害，维护中国出口企业的合法贸易利益。

7.5 本章小结

本章研究的贸易救济是指贸易救济的第二层意思，是指中国为避免国外对中国滥用反倾销、反补贴和保障措施的负面影响而采取各种政策措施进行的贸易救济。

涉案企业应诉与否是最终博弈的结果，涉案企业选择"应诉"最基本的前提一定是"胜诉预期"，在"胜诉预期"的情况下才会去考虑应诉费用的高低、应诉费用的分摊是否合理等后续问题。由于影响涉案企业的"胜诉预期"的因素是多方面的，因此提高涉案企业的"胜诉预期"方法也不应是单一的，总体思路是：积极改善我方可以操控的因素，尽量改善我方不易操控的因素；以涉案企业为主体在政府和外部机构的配合下改善内部因素，政府机构和外部机构则负责改善外部因素。

鉴于中国遭受反倾销的形势的严峻性，建立一个高效、全面的针对国外对中国反倾销的贸易救济体系就显的很有必要。本章从时间维度和功能维度进行考虑，将这两个维度进行耦合，构建出了一个效用较全面的二维贸易救济体系，并对整个体系的运作进行了详细的论述，其中也包括了各个功能主体采取何种措施提高涉案企业的"胜诉预期"。

第8章 结论及政策建议

本书以中国遭受到的国外大量反倾销的事实为研究对象，以如何维护中国的合法贸易利益、有效减少中国的贸易损失和贸易摩擦、实现中国贸易的可持续发展和产业安全为最主要的研究目标。在遵循现代经济研究的研究框架基础上，采取理论与实际相结合、重在实际，实证研究与规范研究相结合、以实证研究为主，定量分析与定性分析相结合，总量研究与局部分析相结合等多种方法，研究了中国遭受反倾销的状况和特征、中国遭受国外反倾销的影响因素以及如何通过二维贸易救济体系来保护中国。

8.1 结 论

8.1.1 关于中国遭受反倾销的形势

本书就 1995 年以后世界对中国反倾销的情况进行了统计分析，各种统计数据和指标都显示出中国遭受反倾销的形势非常严峻，显示出中国是世界反倾销最大的受害国，因此需要对中国遭受反倾销的情况给予足够的重视。

（1）中国遭受的反倾销调查总量达到 916 起，对世界总量的占比达到 21.7%，总量和占比都排在世界第 1 位，中国遭受的反倾销调查存在上升的趋势，而且中国遭受反倾销调查的年均增长率达到了 11.1%，是世界年均增长水平的 3.1 倍。中国遭受反倾销的反倾销调查强度指数为 3.07，而且所有年份的该指标全部都大大地超过 1，这表明中国的出口市场份额强烈地受到世界对中国反倾销调查行为的影响。

（2）中国遭受的最终反倾销措施总量达到 664 起，对世界总量的占比达到 24.4%，总量和占比都排在世界第 1 位，同时中国遭受的最终反倾销措施也存在上升的趋势，中国遭受最终反倾销措施的年均增长率达到了 5.6%，是世界年均增长水平的 2.2 倍。中国遭受反倾销的最终反倾销措施强度指数为 3.37，而且所有年份的该指标全部都大大地超过 1，这表明出口市场份额非常强烈地受到世界对中国实施的最终反倾销措施的影响。

（3）重点关注印度、美国、欧盟对中国反倾销的动向，同时也要对发展中国家的对中国反倾销发展给予关注。印度是对中国反倾销的头号大国，而美国、欧盟对中国反倾销不仅名列第2位和第3位，且具有强烈的示范效应。另外随着反倾销的发展，越来越多的发展中国家也加入对中国反倾销的行业中。

（4）中国遭受反倾销的产品分布是非常广的，共涉及17个大类的产品，其中贱金属及其制品和化工产品的涉案最多，但不是2009年涉案数量增长最快的产品。

8.1.2　关于中国遭受反倾销调查总量视角的影响因素

中国的经济贸易状况、中国的报复能力和中国的国际地位三个方面对中国遭受世界反倾销调查均存在显著影响，其中具体的影响因素包括：中国 GDP、中国出口、人民币实际有效汇率、中国对外反倾销数量、中国进口、中国入世。

（1）中国 GDP。当期中国 GDP 增长率的上升会增加世界对中国的反倾销调查数量。

（2）中国出口。滞后一期的中国对主要对中国反倾销调查国家的出口额占世界对这些国家的出口总额的占比的上升会增加世界对中国的反倾销调查数量，虽然当期的中国对主要对中国反倾销调查国家的出口额占世界对这些国家的出口总额的占比的上升抑制了世界对中国反倾销调查的数量，但当期和滞后一期的综合影响为正向影响，即会增加世界对中国的反倾销调查数量。

（3）人民币实际有效汇率。滞后一期的人民币实际有效汇率变动率的上升会增加世界对中国的反倾销调查数量。

（4）中国对外反倾销数量。当期和滞后一期的中国对外反倾销调查数量的上升都会增加世界对中国的反倾销调查数量。

（5）中国进口。滞后一期的中国自主要对中国反倾销调查国家的进口增长率的上升则抑制了世界对中国反倾销调查的数量。

（6）中国入世。中国入世则抑制了世界对中国反倾销调查的数量。

8.1.3　关于中国农产品遭受反倾销调查的影响因素

从涉案产品层面研究的视角与前面从国家层面研究的视角是不一样的，从涉案产品层面的研究更多是关注涉案产品的微观变量，因此中国农产品遭受国外反倾销调查的影响因素都是微观因素。

（1）农产品出口价格增长率。某种农产品出口价格上期增长，则导致该农产品在当期遭受国外反倾销调查的风险减少。

（2）农产品在进口国占比。某种农产品在进口国占比上期增长，则导致该农产品在当期遭受国外反倾销调查的风险增加。

（3）农产品在进口国占比的影响大于农产品出口价格增长率的影响。

（4）实证结果显示没有任何宏观因素对农产品的反倾销调查的发起有显著影响，说明国外对中国农产品反倾销实际上主要是在中国某种农产品的微观变量刺激下所做出的一种反应。

8.1.4　关于中国遭受最终反倾销措施的影响因素

以美国对中国反倾销裁决案件为研究对象，通过实证研究，得出以下结论：

（1）涉案产品在美国进口份额。涉案产品在美国的进口份额越大，中国被裁定实施最终反倾销措施的风险就越大。

（2）涉案产品的主要输美国家出口价格变动率。涉案产品的主要输美国家出口价格增长越快，中国被裁定实施最终反倾销措施的风险就越低。

（3）非市场经济地位。虽然我方是否能获得"市场经济地位"对美国商务部的肯定性或否定性倾销裁决结果无显著影响，但是我方是否能获得"市场经济地位"对美国商务部裁定的反倾销税率高低有显著影响，在"市场经济地位"下获得"低于普遍税率"的较低税率裁决结果的可能性将非常大。

通过对反倾销调查和最终反倾销措施的影响因素的研究，实证结果显示既有宏观影响因素，又有微观影响因素；国家层面的考察结果和涉案产品层面的考察结果存在差异；反倾销调查的影响因素和最终反倾销措施的影响因素也存在差异。这些实证结果对于贸易救济体系中不同的功能主体的意义是不同的。政府部门主要是对总量的监控，把握大局，因此政府部门更多地需要对各种宏观影响因素给予关注或调节；而涉案企业、行业协会等则更多地需要对有关涉案产品的微观影响因素给予高度的关注或调节。

8.1.5　关于对中国蜂蜜反倾销的影响效应

使用了市场一体化的检验方法，显示：

（1）反倾销对出口价格没有显著的影响。作为中国蜂蜜出口的目标市场之一的美国和其他主要的目标市场具有较高的一体化程度，显示出对于中国蜂蜜的出口存在一个全球统一的市场，因此美国对中国蜂蜜的反倾销对中国输美蜂蜜的出口价格没有显著的影响。

（2）反倾销对出口市场份额有较显著影响。由于反倾销税和"中止协议"的作用，对于中国蜂蜜出口美国的市场份额有较显著的影响，反倾销导致出口美国市场份额减少。

（3）反倾销对出口收入存在影响。由于中国蜂蜜出口的美国市场份额的减少，经过具体测算，发现导致中国输美蜂蜜的出口收入减少。

8.1.6 关于涉案企业胜诉预期

（1）涉案企业是否参加反倾销应诉其实是涉案企业综合各种情况进行博弈的结果，不仅要考虑反倾销中的各种费用、收益、损失，还要对应诉结果进行理性的推断。

（2）涉案企业对裁决结果的预期在应诉与否的选择中扮演着重要的角色，涉案企业要选择"应诉"，最基本的前提一定是"胜诉预期"，在"胜诉预期"的情况下才会去考虑应诉费用的高低、应诉费用的分摊是否合理等后续问题。因此要增加涉案企业的应诉率，关键是增加涉案企业的"胜诉预期"。

（3）"胜诉预期"的影响因素是多方面的，按照因素的来源可以分为：内部因素和外部因素；按我方可操控的程度可以分为：可操控因素、不易操控因素、不能操控因素。

（4）提高"胜诉预期"总体思路是：积极改善我方可以操控的因素，尽量改善我方不易操控的因素；以涉案企业为主体在政府和外部机构的配合下改善内部因素，政府机构和外部机构则负责改善外部因素。

8.1.7 关于贸易救济体系构建的框架和运作

（1）贸易救济体系的构建不应是单一的，而应该是完整的、多层次的。已有的反倾销贸易救济体系的构建较为单一。

（2）完整贸易救济体系的构建需要功能维度和时间维度相结合，从而提升反倾销贸易救济体系的效用。功能维度包括宏观、中观、微观三个层次。宏观主要涉及中国相关政府部门；中观主要涉及行业协会和社会机构；微观主要涉及涉案产品的出口企业。时间维度包括事前、事中、事后三个层次。

（3）将功能维度的贸易救济和时间维度的贸易救济耦合成为各个要素相

互支撑完整的二维贸易救济体系的过程中，首先建立全局性的总体框架，然后在总体框架的指导思想下，进行详细框架的系统性构建。框架设计的合理与否关系到整个体系的运行的设计能否顺利。

（4）各个功能维度中的主体在各个时间维度中所处的地位的设定，以及各个主体分别履行哪些事务，相互之间的功能如何配合等运作的设计是否合理对贸易救济体系能否有效起到至关重要的作用。

8.2 政策建议

为了能有效预防和减少世界对中国反倾销，以及减少反倾销导致的贸易损失，维护中国对外贸易的合法利益，增强产业安全，在减少贸易摩擦的基础上实现对外贸易的可持续发展，而通过一个合理的贸易救济体系的运作去应对世界对中国反倾销才是系统和高效的，因此宏观性总体指导思想就是：构建中国遭受反倾销的二维贸易救济体系。

整个二维贸易救济体系的框架和运作在其他章节已有详尽的阐述，因此本节是在"构建中国遭受反倾销的二维贸易救济体系"的宏观性总体指导思想之下结合前面章节的研究结论对该体系的一些关键之处提出政策建议。

8.2.1 注重贸易的均衡发展

（1）对于国家而言，以进出口基本平衡为目标，并通过进出口产品的结构调整来实现。中国出口占比过高或出口集中度过高容易引起世界对中国产品的敏感程度提高，容易引起国外对中国的反倾销调查的发起。中国出口占比指标从1999年开始就一直高于45%，而且有的年份如2006年、2007年都超过50%，2008年、2009年也超过了49%，将近50%，因此，中国在发展出口贸易获得正常贸易利益的同时需要降低主要对中国反倾销国家的出口集中度。进口对中国经济发展具有不可忽视的重要作用，同时进口的增长可在一定程度抑制对中国反倾销调查的发起。为此，中国应以进出口基本平衡为目标，一方面鼓励国内企业增加能源、原材料、先进技术和设备的进口；另一方面要逐渐减少附加值低的产品出口，增加附加值高的产品的出口。

（2）对于出口企业而言，应增加市场开拓成本的支出，逐渐实现市场多元化，逐步降低过高的出口集中度。例如，中国遭受美国反倾销的许多产品在美国的进口份额都偏高，小龙虾尾肉在反倾销调查期年份在美国的进口份额达到96.1％，钢丝衣架达到67.2％，文具纸达到62.8％，手推车达到61.3％。①
再以中国遭受反倾销的农产品数据为例，我们发现大量的农产品在进口国占比
都相当高，如大蒜在反倾销调查期年份在美国的占比达到49％，伞菇罐头在
反倾销调查期年份在墨西哥的占比达到56％，蘑菇罐头在反倾销调查期年份
在澳大利亚的占比达到86％，桑蚕生丝在反倾销调查期年份在印度的占比达
到94％。② 中国在进口国占比高的出口企业应增加市场开拓成本的支出，进行
广泛的市场调研和科学论证，尽力开拓不同的出口市场，将我们以前忽视的其
他目标市场逐渐地开发出来，避免市场过度集中，实现市场多元化，降低进口
国利益方对该产品的关注度，否则一旦被反倾销，未来损失会超过现在市场开
拓成本。

8.2.2　针对大类产品或具体产品建立反倾销预警体系的效用更高

预警体系的最大好处是能防患于未然，有利于在初期化解反倾销风险，增
加贸易安全，但是若针对总量进行反倾销的预警，一方面预警的准确性不高，
另一方面预警的针对性较低，因为这种预警体系无法告知到底是对哪种产品面
发出预警信号，而对于出口企业而言，它们更想知道是否自己出口的产品正面
临较大的反倾销的风险。因此要建立一个有效的反倾销预警体系需要注意以下
三个方面：

第一，针对重点产品进行预警。预警体系应针对大类产品或具体产品来建
立，当无法针对所有的产品进行预警时，合理的选择就是从中国出口产品中根
据出口价格、出口占比等指标挑选出重点监控产品，然后针对重点产品建立相
应的预警体系。

第二，针对主要对中国反倾销国家或地区进行产品预警。由于针对所有的
国家或地区的产品进行预警是不现实的，因此可以考虑重点针对印度、美国、
欧盟这3个最重要的对中国反倾销国家或地区进行产品预警。这3个国家或地
区对中国反倾销数量总和已超过40％，如果再将阿根廷、土耳其这两个紧随
其后的国家考虑进来，则这5个国家或地区对中国反倾销总量就已达到了
60％以上。

第三，依托行业协会或商会建立预警体系。反倾销的预警体系依托于行业
协会或商会的做法是行之有效的。中国一些行业已有相应的预警体系，并且取

---

①②　根据联合国统计署数据计算得到。

得了一定成效，如中国五矿化工进出口商会建立了四十余种五矿化工重点产品的预警机制；中国纺织工业协会也建立了纺织品出口反倾销预警机制。

8.2.3 出口企业要提高科研投入通过产品升级实现依靠竞争优势出口

长久以来中国大量出口产品以劳动密集型的为主，产品附加值低，价格偏低。例如，遭受欧盟反倾销的草莓在反倾销调查期年份出口价格下降了24%，遭受美国反倾销的苹果汁在反倾销调查期年份出口价格下降了31%，遭受美国反倾销的小龙虾仁在反倾销调查期年份出口价格下降了37%，遭受巴西反倾销的蘑菇罐头在反倾销调查期年份出口价格下降了61%。[①] 价格下降使这些出口产品在价格上的比较优势更为强烈，从而对进口国利益方产生更强烈的刺激。从中国出口产品长远的发展来看，出口企业要实现出口的可持续发展就一定要重视产品的升级，而要实现产品的升级则必须增加企业的科研投入。当通过产品升级而提高附加值实现竞争优势后，进口国对中国出口产品价格敏感度随之降低，反倾销的威胁也会减少。

8.2.4 重视并多视角地解决中国的"非市场经济地位"问题

8.2.4.1 对国家而言

对国家而言，要争取在更广的范围获得市场经济地位的认可。中国在市场经济地位上虽得到世界的逐渐认可，但是实证研究的结果显示该因素对反倾销调查的影响并不显著，也就是说虽然越来越多的国家承认了中国的市场经济地位，但这没有对世界对中国反倾销调查起到明显的抑制作用。究其原因可能是由于美国、印度等非常主要的对中国反倾销国家还未完全承认中国的市场经济地位，而每年大量的对中国反倾销调查案件又是这些国家发起的，所以导致中国在"非市场救济地位"问题上的改善未能对反倾销产生显著的抑制作用。因此，我们绝对不能简单地得出结论，认为获得"市场经济地位"的意义不大。另外，在针对反倾销裁决的实证研究中，实证研究的结果显示我方是否能获得"市场经济地位"对最终裁定的反倾销税率高低有显著影响，在"市场经济地位"下获得"低于普遍税率"的较低税率裁决结果的可能性将非常大。

---

① 根据联合国统计署数据计算得到。

可见，中国能否获得"市场经济地位"会影响到中国面临的反倾销环境能否得到改善，因此中国需要重视"非市场经济地位"这个难题，争取在更广的范围获得市场经济地位的认可，为此需要通过下面两个方面的努力来解决：

首先，为了敦促他国尽早和按期给予中国"市场经济地位"，需要进行必要的政治与经济谈判。《中国加入世界贸易组织议定书》的第15条（d）款规定，在反倾销调查中，采用替代价格或成本计算中国产品正常价值的技术方法"无论如何应在加入之日后15年终止"。这一规定表明，到2016年，中国将自动获得在反倾销领域的市场经济地位。虽然按照规定中国的"非市场经济问题"将自动于2016年结束，但需要防备有的国家在到期时以各种理由推迟给予中国"市场经济地位"，因为类似情况在国际关系中并非没有先例。国际关系中从来就没有单纯的经济问题，政治因素、国家利益、意识形态杂陈交融，错综复杂。例如，美国国际经济研究所高级研究员拉迪认为，在所有新兴市场经济体中，中国是最开放的国家之一，另外在美国传统基金会和加拿大弗雷泽研究所等著名智库对世界各国和地区的经济自由度排名中，中国的名次高于俄罗斯10~15名，但是美国却给予俄罗斯市场经济地位，没有给予中国市场经济地位。《中国加入世界贸易组织议定书》根本就并未明确指出中国的经济体制就是"非市场经济"。从中国市场经济体系的建立与发展来看，从有计划的商品经济体制到市场经济体制的转变，经历了30多年的市场化进程，因此，市场经济体制基本上完成转型过程。中国的市场经济发展程度在2001年就已超过国际上60%的临界水平，达到69%。[①] 2003年达到73.8%[②]，2004年达到73.3%，2005年达到78.3%，2006年达到77.7%[③]，超过了WTO成员中的许多市场经济国家的市场经济发展程度。我们需要认识到"非市场经济地位"问题不仅是经济问题，同时也是政治问题，因此需要进行必要政治与经济谈判，敦促某些国家尽早和按期给予中国"市场经济地位"。

其次，继续完善市场经济体系，改善经济发展环境，建立与国际接轨的技术法规和标准体系，促使这些国家尽早承认中国的市场经济地位，消除歧视性

---

① 北京师范大学经济与资源管理研究所. 2003年中国市场经济发展报告 [M]. 北京：中国对外经济贸易出版社，2003.

② 北京师范大学经济与资源管理研究所. 2005年中国市场经济发展报告 [M]. 北京：中国商务出版社，2005.

③ 北京师范大学经济与资源管理研究所. 2008年中国市场经济发展报告 [M]. 北京：北京师范大学出版社，2008.

差别待遇和不公。

8.2.4.2　对出口企业而言

对出口企业而言，在中国无法获取"市场经济地位"的情况下，涉案企业积极争取获得"市场经济地位"是明智之举。表 8.1 中选取了美国对中国反倾销已最终裁决的 4 个案件，从这些个案裁决的税率高低中，我们可以观察到单独税率大大低于普遍税率，也就是说涉案厂商以"市场经济地位"的身份获得的单独税率远低于在"非市场经济地位"情况裁决的普遍税率。

表 8.1　　　　　　　　　选取的 4 个案件裁决税率情况

涉案产品	立案时间	单独税率和普遍税率		
刹车鼓	1996 – 3 – 15	单独税率	涉案厂商：1 个	1.33%
			涉案厂商：9 个	8.51%
		普遍税率		105.56%
水合肌氨酸	1999 – 2 – 22	单独税率	涉案厂商：2 个	0.00%
			涉案厂商：1 个	24.84%
			涉案厂商：1 个	44.43%
			涉案厂商：1 个	50.32%
			涉案厂商：1 个	58.10%
		普遍税率		153.70%
纯镁	2000 – 10 – 25	单独税率	涉案厂商：1 个	24.67%
		普遍税率		305.56%
折叠礼品盒	2001 – 3 – 1	单独税率	涉案厂商：1 个	1.67%
			涉案厂商：1 个	8.90%
		普遍税率		164.75%

资料来源：根据美国商务部国际贸易署公布的案件公告整理得到。

从案件裁决的总体情况来看，普遍税率平均达到 141.7%，而单独税率平均为 46.2%，平均普遍税率达到平均单独税率的 3 倍。普遍税率最高达到 386.28%（2008 年立案的后拖式草地维护设备及零部件案件），最低为 3.29%（2002 年立案的糖精案件）；单独税率最高为 291.57%（2002 年立案的糖精案件），最低为0%（涉及一次性打火机等多个案件）。[①] 无论从具体案件的个体情况来看，还是从案件的总体情况来看，单独税率大大低于普遍税率，因此在中国无法获取"市场经济地位"的情况下，涉案厂商积极争取获得"市场经济地位"是明智之举，这可以大大减少贸易损失。

8.2.5 通过政府和行业协会的贸易救济增加涉案企业的"胜诉预期"

积极应诉不应该成为一句空洞的口号，促使涉案企业积极应诉仅靠呼吁是不够的。其实每个涉案企业都知道不参加应诉的严重后果，但是实际上仍然有一些企业会放弃反倾销应诉。企业之所以不愿意参加反倾销应诉主要原因在于高额的应诉费用和应诉结果的不确定，这样企业对裁决结果的预期就会对是否积极应诉起到至关重要的作用。要促使涉案企业积极应诉的根本在于要通过有效的措施来提高企业对裁决结果的"胜诉预期"，而不是仅仅靠一般性的呼吁和宣传。如果涉案企业对应诉结果预期就是败诉，在这种预期判断的指导下，这些涉案企业是无论如何不会参加应诉的。因此，对于涉案企业而言，如果中国政府部门或行业协会能及时提供积极的、实质性的贸易救济措施，这会有效地提高涉案企业的"胜诉预期"，从而增加积极应诉的可能。

8.2.6 涉案企业要理性和全面地分析积极应诉所带来的结果

在现代经济社会中，涉案企业会进行各种博弈分析，最终根据本企业的具体情况做出理性的行为决策。如果涉案企业本身在出口销售上的确存在低价倾销的行为，无论如何应诉都会败诉，在这种情况下涉案企业选取不应诉的策略是最优的，净损失最小。另外，作为涉案企业还应意识到，由于"一国一税"的时代已经过去，现在国外对中国反倾销的裁决中大量采用差别税率，涉案企业期望能通过"搭便车"来规避高额的应诉费用可能性已非常小，如果存在"胜诉预期"，这时涉案企业的理性选择就应是积极应诉，如果本企业通过积极应诉能获得相对于其他企业更低的税率，就能获得相对多的出口机会，从而获得相对多的贸易利益。例如，在美国对中国蜂蜜反倾销的历程中，安徽鸿汇食品公司于2002年以新出口商名义参与应诉，其间安徽鸿汇食品公司仅律师费一项年花费就高达人民币100万元。经过3年的努力，2005年2月17日，

---

① 根据美国商务部国际贸易署公布的案件公告整理得到。

在美国对中国蜂蜜反倾销调查案的第四轮复审终裁中，得到 25.72% 的较低税率。美方对未应诉企业仍维持 183.8% 的反倾销税率。这一裁定实际上意味着鸿汇食品公司就成为国内少数几家有可能继续向美国市场出口蜂蜜的企业之一。虽然安徽鸿汇食品公司因为参加应诉付出了很高的应诉费用，但是通过积极的应诉则获得了更高的回报。应诉以来，安徽鸿汇公司产品对美国出口增势可喜，从 2002 年的不到 3 万美元起步，2003 年为 14 万美元，2004 年达到 349 万美元[①]。

8.2.7　提高中国在反倾销方面的报复能力和自我保护能力

由于现在中国对外反倾销的数量偏少，还不足够多，导致报复能力不是足够大，不足以产生威慑力，当中国对外发起反倾销调查时反而会激起对方国家也通过反倾销调查进行报复，因此本书认为中国通过对外反倾销保护国内产业还没有对他国产生足够的威胁和抑制。中国需要更为有效地合理使用反倾销的合法手段，这不仅体现在数量上，同时也体现在反倾销的国别结构和产品结构上，只有当中国的对外反倾销数量、反倾销结构达到某个水平以后，才会对国外有足够的威慑力，才能抑制国外对中国反倾销调查的发起。由于印度、美国、欧盟是 3 个最为主要的对中国反倾销成员，如果中国针对这 3 个成员的报复能力能有效提高，从而有效抑制反倾销的话，相信中国对其他国家的对中国反倾销也能大大抑制。在提高中国反倾销报复能力的渐进过程中，逐渐提高针对印度、美国、欧盟对中国反倾销的报复能力实际上就是关键。

另外，由于中国的入世在一定程度上能抑制国外反倾销，因此中国需要继续深入理解世贸规则和条款，以便更有效地利用 WTO 规则、利用多边和双边协商与谈判机制来解决来自于反倾销的贸易摩擦问题，最大限度地避免贸易损失，从而通过提高这种自我保护能力来维护自身的合法贸易利益。

---

① 安徽省商务厅. 近期贸易摩擦对我省出口的影响及应对工作建议 [EB/OL]. http://www.ahbofcom.gov.cn/Item.asp? ArticleID = csdeus2005915112610.

附　　录

附表1　　计算 1995～2009 年中国遭受反倾销的反倾销调查强度指数相关数据

年份	中国遭受反倾销调查数（起）	世界反倾销调查数（起）	反倾销调查强度指数分子	中国出口额（美元）	世界出口总额（美元）	反倾销调查强度指数分母	反倾销调查强度指数
1995	20	157	0.127389	148 779 499 983	4 683 009 882 746	0.03177	4.01
1996	43	226	0.190265	151 047 461 759	4 997 001 497 728	0.030228	6.29
1997	33	246	0.134146	182 791 584 798	5 222 883 683 902	0.034998	3.83
1998	28	266	0.105263	183 808 983 040	5 270 661 287 235	0.034874	3.02
1999	42	358	0.117318	194 930 778 542	5 468 920 291 793	0.035643	3.29
2000	44	298	0.147651	249 202 551 015	6 256 752 622 084	0.039829	3.71
2001	55	371	0.148248	266 098 208 590	6 034 385 733 589	0.044097	3.36
2002	51	315	0.161905	325 595 969 765	6 348 140 057 239	0.05129	3.16
2003	53	234	0.226496	438 227 767 355	7 414 403 345 139	0.059105	3.83
2004	49	220	0.222727	593 325 581 430	8 986 786 861 889	0.066022	3.37
2005	56	202	0.277228	761 953 409 531	10 136 663 972 499	0.075168	3.69
2006	72	203	0.35468	968 935 601 013	11 834 251 925 906	0.081876	4.33
2007	62	165	0.375758	1 220 059 668 452	13 443 507 254 332	0.090755	4.14
2008	76	213	0.356808	1 430 693 066 080	15 495 424 815 841	0.09233	3.86
2009	77	209	0.368421	1 201 646 758 080	11 923 608 803 527	0.100779	3.66
总值	761	3683	0.206625	8 317 096 889 433	123 516 402 035 449	0.067336	3.07

资料来源：反倾销调查数量来源于 WTO 反倾销统计数据；中国出口额、世界出口总额来源于联合国统计署。

附表2　　计算1995~2009年韩国遭受反倾销的反倾销调查强度指数相关数据

年份	韩国遭受反倾销调查数（起）	世界反倾销调查数（起）	反倾销调查强度指数分子	韩国出口额（美元）	世界出口总额（美元）	反倾销调查强度指数分母	反倾销调查强度指数
1995	14	157	0.089172	125 056 450 560	4 683 009 882 746	0.026704	3.34
1996	11	226	0.048673	129 712 545 792	4 997 001 497 728	0.025958	1.88
1997	15	246	0.060976	136 151 023 616	5 222 883 683 902	0.026068	2.34
1998	27	266	0.101504	132 302 323 712	5 270 661 287 235	0.025102	4.04
1999	35	358	0.097765	143 685 399 426	5 468 920 291 793	0.026273	3.72
2000	23	298	0.077181	172 267 454 464	6 256 752 622 084	0.027533	2.80
2001	23	371	0.061995	150 434 533 657	6 034 385 733 589	0.02493	2.49
2002	23	315	0.073016	162 466 097 148	6 348 140 057 239	0.025593	2.85
2003	17	234	0.07265	193 817 313 718	7 414 403 345 139	0.026141	2.78
2004	24	220	0.109091	253 844 608 908	8 986 786 861 889	0.028246	3.86
2005	12	202	0.059406	284 418 167 174	10 136 663 972 499	0.028058	2.12
2006	11	203	0.054187	325 457 247 330	11 834 251 925 906	0.027501	1.97
2007	13	165	0.078788	371 477 103 604	13 443 507 254 332	0.027632	2.85
2008	9	213	0.042254	422 003 479 066	15 495 424 815 841	0.027234	1.55
2009	7	209	0.033493	363 531 063 379	11 923 608 803 527	0.030488	1.10
总值	264	3 683	0.071681	3 366 624 811 554	123 516 402 035 449	0.027256	2.63

资料来源：反倾销调查数量来源于WTO反倾销统计数据；韩国出口额、世界出口总额来源于联合国统计署。

附表3　　计算1995~2009年美国遭受反倾销的反倾销调查强度指数相关数据

年份	美国遭受反倾销调查数（起）	世界反倾销调查数（起）	反倾销调查强度指数分子	美国出口额（美元）	世界出口总额（美元）	反倾销调查强度指数分母	反倾销调查强度指数
1995	12	157	0.076433	582 964 674 560	4 683 009 882 746	0.124485	0.61
1996	21	226	0.09292	622 784 142 733	4 997 001 497 728	0.124632	0.75
1997	15	246	0.060976	687 532 541 990	5 222 883 683 902	0.131638	0.46
1998	16	266	0.06015	680 434 596 823	5 270 661 287 235	0.129099	0.47

续表

年份	美国遭受反倾销调查数（起）	世界反倾销调查数（起）	反倾销调查强度指数分子	美国出口额（美元）	世界出口总额（美元）	反倾销调查强度指数分母	反倾销调查强度指数
1999	14	358	0.039106	692 783 783 523	5 468 920 291 793	0.126677	0.31
2000	13	298	0.043624	780 331 839 965	6 256 752 622 084	0.124718	0.35
2001	15	371	0.040431	731 005 997 847	6 034 385 733 589	0.12114	0.33
2002	12	315	0.038095	693 222 414 198	6 348 140 057 239	0.109201	0.35
2003	21	234	0.089744	723 608 647 843	7 414 403 345 139	0.097595	0.92
2004	14	220	0.063636	817 905 572 144	8 986 786 861 889	0.091012	0.70
2005	12	202	0.059406	904 339 487 215	10 136 663 972 499	0.089215	0.67
2006	11	203	0.054187	1 037 029 245 257	11 834 251 925 906	0.087629	0.62
2007	7	165	0.042424	1 162 538 149 766	13 443 507 254 332	0.086476	0.49
2008	8	213	0.037559	1 299 898 877 213	15 495 424 815 841	0.083889	0.45
2009	14	209	0.066986	1 056 712 078 245	11 923 608 803 527	0.088624	0.76
总值	205	3 683	0.055661	12 473 092 049 322	123 516 402 035 449	0.100983	0.55

资料来源：反倾销调查数量来源于WTO反倾销统计数据；美国出口额、世界出口总额来源于联合国统计署。

附表4　　　　　　1995～2009年美国自各国进口额及占比　　　　　　单位：美元

年份	自中国进口额	自日本进口额	自韩国进口额	自印度进口额	美国进口总额
1995	48 505 589 760	127 195 332 608	24 890 533 888	6 090 541 056	770 821 455 872
1996	54 396 457 399	117 962 860 868	23 297 375 846	6 528 517 394	817 627 145 588
1997	65 811 603 654	124 265 667 088	23 797 587 592	7 711 805 594	898 025 469 114
1998	75 094 917 637	125 089 616 834	24 804 795 903	8 658 535 090	944 350 087 088
1999	87 775 113 556	134 871 220 977	32 474 500 822	9 589 900 847	1 059 220 066 421
2000	107 614 612 731	150 631 807 916	41 724 201 930	11 311 376 731	1 258 080 275 326
2001	109 380 467 092	129 708 153 625	36 491 187 136	10 290 361 121	1 180 073 831 580
2002	133 484 120 925	124 633 010 715	36 909 786 321	12 449 499 191	1 202 284 490 498
2003	163 250 111 953	121 232 305 875	38 344 929 642	13 752 095 507	1 305 091 627 452
2004	210 517 154 647	133 339 173 768	47 814 032 478	16 436 821 606	1 525 268 509 309

年份	自中国进口额	自日本进口额	自韩国进口额	自印度进口额	美国进口总额
2005	259 829 233 591	141 950 220 208	45 522 751 413	19 874 950 933	1 732 320 797 682
2006	305 778 876 099	152 244 039 824	47 636 132 257	22 992 712 582	1 918 997 094 449
2007	340 106 645 764	149 423 010 124	49 319 146 295	25 113 348 871	2 017 120 776 311
2008	356 304 560 710	143 351 759 163	49 823 393 852	26 931 322 410	2 164 834 031 060
2009	309 530 233 196	98 401 031 288	40 543 872 268	22 042 749 853	1 601 895 815 130
总额	2 627 379 698 714	1 974 299 210 881	563 394 227 643	219 774 538 786	20 396 011 472 880
与美国进口总额占比（%）	12.9	9.7	2.8	1.1	—

资料来源：贸易额来源于联合国统计署。

附表5　　　　　1995～2009 年欧盟自各国进口额及占比　　　　单位：美元

年份	自中国进口额	自印度进口额	自韩国进口额	自泰国进口额	自俄罗斯进口额	欧盟进口总额
1995	30 885 195 072	9 238 336 516	14 459 825 152	8 257 235 744	26 945 917 186	1 763 163 669 256
1996	33 947 572 088	9 880 533 744	14 224 636 312	9 161 001 296	28 149 651 656	1 812 534 974 232
1997	37 344 510 278	9 730 646 071	14 670 374 621	9 316 668 872	24 496 504 282	1 815 237 378 233
1998	41 450 372 516	9 655 381 853	17 076 319 230	9 894 650 059	21 230 943 765	1 901 475 137 992
1999	49 613 684 452	10 798 918 350	20 204 622 572	11 261 375 680	22 633 499 152	2 109 568 354 959
2000	66 941 051 140	11 718 104 001	24 038 059 129	12 660 775 983	38 289 795 060	2 255 396 048 418
2001	71 098 053 405	11 939 891 273	20 109 274 103	12 270 815 873	34 781 357 039	2 224 482 066 576
2002	80 952 220 300	12 703 405 945	21 856 368 481	11 468 812 140	37 976 040 337	2 316 143 103 244
2003	112 162 612 379	15 705 885 919	27 687 228 116	13 416 932 509	54 731 232 716	2 767 866 597 305
2004	155 221 052 531	20 127 293 914	37 477 303 585	16 427 382 613	75 714 223 250	3 334 237 003 222
2005	195 975 443 259	106 101 769 418	41 995 654 150	16 738 475 859	98 845 225 827	3 644 594 508 279
2006	239 198 849 152	28 839 541 872	48 162 934 409	18 941 718 908	123 230 209 242	4 186 252 431 621
2007	303 757 808 330	35 918 416 531	47 071 853 526	23 013 070 269	134 772 973 230	4 784 697 760 193

续表

年份	自中国进口额	自印度进口额	自韩国进口额	自泰国进口额	自俄罗斯进口额	欧盟进口总额
2008	342 041 056 459	42 275 189 251	48 336 386 143	25 620 968 684	171 434 313 401	5 314 144 721 380
2009	284 587 655 598	34 883 666 074	36 071 637 742	19 717 222 278	117 880 426 622	4 015 522 834 466
总额	2 045 177 136 959	369 516 980 732	433 442 477 271	218 167 106 767	1 011 112 312 765	44 245 316 589 376
与欧盟进口总额占比（%）	4.6	0.3	0.3	0.2	0.8	—

资料来源：贸易额来源于联合国统计署。

附表6   **用于计算 CEXR 的 1994～2009 年出口额**

年份	世界对主要对中国反倾销调查国家的出口总额（美元）	中国对主要对中国反倾销调查国家的出口额（美元）	中国对主要对中国反倾销调查国家的出口额占世界对这些国家的出口总额的占比（%）（CEXR）
1994	2 461 719 114 437	45 073 437 174	1.8310
1995	2 890 808 757 683	55 700 098 659	1.9268
1996	3 037 960 248 760	59 247 539 792	1.9502
1997	3 189 991 852 575	72 277 102 270	2.2657
1998	3 248 300 142 920	78 771 843 584	2.4250
1999	3 438 304 431 751	87 395 019 935	2.5418
2000	3 894 658 765 466	111 952 364 037	2.8745
2001	3 708 453 523 176	117 963 241 254	3.1809
2002	3 804 864 177 889	147 626 909 751	3.8800
2003	4 349 389 200 005	201 735 082 294	4.6382
2004	5 212 111 796 386	278 874 322 974	5.3505
2005	5 876 383 805 581	366 949 210 022	6.2445
2006	6 723 456 506 161	469 327 511 295	6.9804
2007	7 520 675 748 515	589 418 445 136	7.8373
2008	8 517 249 819 632	691 714 823 573	8.1213
2009	6 452 212 696 158	579 331 704 578	8.9788

资料来源：贸易额数据根据联合国统计署各国贸易数据整理得到。

附表7　　　　　用于计算 CIMR 的 1994～2009 年进口额

年份	中国自主要对中国反倾销调查国家的 进口额（美元）	中国自主要对中国反倾销调查国家的 进口增长率（％）（CIMR）
1994	45 233 400 983	
1995	54 053 277 813	19. 4986
1996	56 684 072 234	4. 8670
1997	58 683 601 188	3. 5275
1998	58 331 561 507	− 0. 5999
1999	68 009 015 373	16. 5904
2000	86 863 542 136	27. 7236
2001	97 221 514 209	11. 9244
2002	109 386 906 837	12. 5131
2003	152 839 110 863	39. 7234
2004	211 262 573 233	38. 2255
2005	243 999 977 608	15. 4961
2006	290 206 306 599	18. 9370
2007	358 149 005 176	23. 4119
2008	432 676 475 201	20. 8091
2009	400 522 822 199	− 7. 4313

资料来源：贸易额数据根据联合国统计署各国贸易数据整理得到。

附表8　　　用于计算人民币实际有效汇率的 1994～2009 年 CPI

样本国或地区　　年份	1994	1995	1996	1997	1998	1999	2000	2001
美国 1	86	88	91	93	95	97	100	103
美国 2	97. 7	100. 0	103. 4	105. 7	108. 0	110. 2	113. 6	117. 0
中国香港 1	86	93	99	105	108	104	100	98
中国香港 2	92. 5	100. 0	106. 5	112. 9	116. 1	111. 8	107. 5	105. 4
印度 1	63	69	76	81	92	96	100	104
印度 2	91. 3	100. 0	110. 1	117. 4	133. 3	139. 1	144. 9	150. 7
日本 1	99	99	99	100	101	101	100	99
日本 2	100. 0	100. 0	100. 0	101. 0	102. 0	102. 0	101. 0	100. 0

续表

年份 样本国或地区	1994	1995	1996	1997	1998	1999	2000	2001
韩国1	79	82	86	90	97	98	100	104
韩国2	96.3	100.0	104.9	109.8	118.3	119.5	122.0	126.8
比利时1	91	92	94	96	96	98	100	102
比利时2	98.9	100.0	102.2	104.3	104.3	106.5	108.7	110.9
新加坡1	94	96	97	99	99	99	100	101
新加坡2	97.9	100.0	101.0	103.1	103.1	103.1	104.2	105.2
南非1	67	72	78	84	90	95	100	106
南非2	93.1	100.0	108.3	116.7	125.0	131.9	138.9	147.2
加拿大1	90	92	93	95	96	97	100	103
加拿大2	97.8	100.0	101.1	103.3	104.3	105.4	108.7	112.0
阿根廷1	97	101	101	101	102	101	100	99
阿根廷2	96.0	100.0	100.0	100.0	101.0	100.0	99.0	98.0
巴西1	42	70	81	86	89	93	100	107
巴西2	60.0	100.0	115.7	122.9	127.1	132.9	142.9	152.9
法国1	93	94	96	97	98	98	100	102
法国2	98.9	100.0	102.1	103.2	104.3	104.3	106.4	108.5
德国1	92	94	95	97	98	99	100	102
德国2	97.9	100.0	101.1	103.2	104.3	105.3	106.4	108.5
意大利1	84	89	92	94	96	98	100	103
意大利2	94.4	100.0	103.4	105.6	107.9	110.1	112.4	115.7
荷兰1	88	89	91	93	95	97	100	104
荷兰2	98.9	100.0	102.2	104.5	106.7	109.0	112.4	116.9
瑞士1	95	96	97	98	98	98	100	101
瑞士2	99.0	100.0	101.0	102.1	102.1	102.1	104.2	105.2
西班牙1	84	88	91	93	94	97	100	104
西班牙2	95.5	100.0	103.4	105.7	106.8	110.2	113.6	118.2
土耳其1	3	6	11	21	39	65	100	154
土耳其2	50.0	100.0	183.3	350.0	650.0	1 083.3	1 666.7	2 566.7
英国1	85	88	90	93	96	97	100	102

续表

年份 样本国或地区	1994	1995	1996	1997	1998	1999	2000	2001
英国2	96.6	100.0	102.3	105.7	109.1	110.2	113.6	115.9
澳大利亚1	87	91	93	94	94	96	100	104
澳大利亚2	95.6	100.0	102.2	103.3	103.3	105.5	109.9	114.3
中国台湾1	90	93	96	97	99	99	100	100
中国台湾2	96.7	100.2	103.3	104.3	106.0	106.2	107.5	107.5
墨西哥1	31	42	56	68	78	91	100	106
墨西哥2	73.8	100.0	133.3	161.9	185.7	216.7	238.1	252.4

年份 样本国或地区	2002	2003	2004	2005	2006	2007	2008	2009
美国1	104	107	110	113	117	120	125	125
美国2	118.2	121.6	125.0	128.4	133.0	136.4	142.0	141.6
中国香港1	95	93	93	93	95	97	102	102
中国香港2	102.2	100.0	100.0	100.0	102.2	104.3	109.7	109.7
印度1	108	112	117	122	129	136	147	163.2
印度2	156.5	162.3	169.6	176.8	187.0	197.1	213.0	236.5
日本1	98	98	98	98	98	98	99	98
日本2	99.0	99.0	99.0	99.0	99.0	99.0	100.0	99.1
韩国1	107	111	115	118	120	124	129	133
韩国2	130.5	135.4	140.2	143.9	146.3	151.2	157.3	162.1
比利时1	104	106	108	111	113	115	120	120
比利时2	113.0	115.2	117.4	120.7	122.8	125.0	130.4	130.7
新加坡1	101	101	103	103	104	106	113	114
新加坡2	105.2	105.2	107.3	107.3	108.3	110.4	117.7	118.3
南非1	115	122	124	128	134	144	160	171
南非2	159.7	169.4	172.2	177.8	186.1	200.0	222.2	238.1
加拿大1	105	108	110	112	114	117	120	120
加拿大2	114.1	117.4	119.6	121.7	123.9	127.2	130.4	130.3
阿根廷1	125	141	148	162	179	195	212	226
阿根廷2	123.8	139.6	146.5	160.4	177.2	193.1	209.9	223.3
巴西1	116	133	142	151	158	164	173	181

续表

年份 样本国或地区	2002	2003	2004	2005	2006	2007	2008	2009
巴西 2	165.7	190.0	202.9	215.7	225.7	234.3	247.1	258.9
法国 1	104	106	108	110	112	113	117	117
法国 2	110.6	112.8	114.9	117.0	119.1	120.2	124.5	124.1
德国 1	103	104	106	108	110	113	115	116
德国 2	109.6	110.6	112.8	114.9	117.0	120.2	122.3	123.3
意大利 1	105	108	111	113	115	117	121	122
意大利 2	118.0	121.3	124.7	127.0	129.2	131.5	136.0	136.6
荷兰 1	108	110	111	113	114	116	119	121
荷兰 2	121.3	123.6	124.7	127.0	128.1	130.3	133.7	135.5
瑞士 1	102	102	103	104	105	106	109	108
瑞士 2	106.3	106.3	107.3	108.3	109.4	110.4	113.5	112.7
西班牙 1	107	110	113	117	121	124	126	129
西班牙 2	121.6	125.0	128.4	133.0	137.5	140.9	143.2	146.9
土耳其 1	224	280	310	342	377	392	434	461
土耳其 2	3 733.3	4 666.7	5 166.7	5 700.0	6 283.3	6 533.3	7 233.3	7 680.0
英国 1	103	107	110	113	116	121	126	126
英国 2	117.0	121.6	125.0	128.4	131.8	137.5	143.2	142.6
澳大利亚 1	108	110	113	116	120	123	128	131
澳大利亚 2	118.7	120.9	124.2	127.5	131.9	135.2	140.7	143.6
中国台湾 1	100	100	101	104	104	106	110	109
中国台湾 2	107.3	107.0	108.7	111.3	111.9	113.9	118.0	116.9
墨西哥 1	112	117	122	127	132	137	144	152
墨西哥 2	266.7	278.6	290.5	302.4	314.3	326.2	342.9	361.0

说明:各个国家或地区均有 2 个 CPI 数据,数据 1 为直接获得的原始 CPI 数据,数据 2 为以 1995 年为基期(基期 CPI 为 100)重新计算后获得的 CPI 数据,计算人民币实际有效汇率是使用数据 2。

资料来源:除中国台湾的 CPI 数据来自于国际劳工组织外,其他各个国家和地区的 CPI 数据来自于联合国统计署。

附表9　　　　**用于计算人民币实际有效汇率的1994～2009年贸易额**　　　单位：万美元

样本国或地区	1994年	权重	1995年	权重	1996年	权重	1997年	权重
美国	3 536 853	0.1716	4 082 956	0.1724	4 283 798	0.1762	4 901 640	0.1938
中国香港	4 180 263	0.2028	4 457 490	0.1882	4 073 315	0.1676	5 077 312	0.2008
印度	89 474	0.0043	116 281	0.0049	140 519	0.0058	183 099	0.0072
日本	4 790 547	0.2324	5 746 745	0.2427	6 006 706	0.2471	6 083 340	0.2406
韩国	1 172 160	0.0569	1 698 253	0.0717	1 998 148	0.0822	2 405 655	0.0951
比利时	185 401	0.0090	219 251	0.0093	211 528	0.0087	233 053	0.0092
新加坡	504 973	0.0245	689 862	0.0291	734 968	0.0302	878 806	0.0348
南非	89 780	0.0044	132 169	0.0056	134 687	0.0055	157 428	0.0062
加拿大	324 572	0.0157	421 390	0.0178	418 855	0.0172	391 349	0.0155
阿根廷	470 224	0.0228	64 400	0.0027	85 427	0.0035	118 788	0.0047
巴西	142 120	0.0069	199 062	0.0084	224 702	0.0092	253 338	0.0100
法国	336 311	0.0163	449 002	0.0190	414 680	0.0171	557 665	0.0221
德国	1 189 855	0.0577	1 370 956	0.0579	1 316 682	0.0542	1 267 819	0.0501
意大利	465 917	0.0226	518 223	0.0219	508 232	0.0209	469 103	0.0186
荷兰	297 450	0.0144	405 008	0.0171	445 545	0.0183	547 858	0.0217
瑞士	134 370	0.0065	135 218	0.0057	139 303	0.0057	148 607	0.0059
西班牙	164 955	0.0080	192 187	0.0081	151 359	0.0062	182 131	0.0072
土耳其	64 839	0.0031	57 458	0.0024	50 072	0.0021	62 132	0.0025
英国	418 382	0.0203	476 364	0.0201	508 185	0.0209	579 366	0.0229
澳大利亚	393 969	0.0191	421 075	0.0178	510 676	0.0210	530 382	0.0210
中国台湾	1 632 780	0.0792	1 788 202	0.0755	1 898 185	0.0781	198 384	0.0078
墨西哥	29 533	0.0014	38 955	0.0016	51 833	0.0021	59 781	0.0024
总值	20 614 728	1	23 680 507	1	24 307 405	1	25 287 036	1
样本国或地区	1998年	权重	1999年	权重	2000年	权重	2001年	权重
美国	5 493 699	0.2035	6 142 519	0.2066	7 446 237	0.1981	8 048 492	0.2000
中国香港	4 541 163	0.1682	4 375 463	0.1471	5 394 730	0.1435	5 596 959	0.1391
印度	192 230	0.0071	198 773	0.0067	291 421	0.0078	359 624	0.0089
日本	5 789 918	0.2145	6 617 398	0.2225	8 316 399	0.2212	8 775 448	0.2181
韩国	2 126 433	0.0788	2 503 380	0.0842	3 449 977	0.0918	3 590 990	0.0892

续表

样本国或地区	1998 年	权重	1999 年	权重	2000 年	权重	2001 年	权重
比利时	260 257	0.0096	279 287	0.0094	368 688	0.0098	425 075	0.0106
新加坡	815 433	0.0302	856 333	0.0288	1 082 067	0.0288	1 093 440	0.0272
南非	155 827	0.0058	172 197	0.0058	205 094	0.0055	222 223	0.0055
加拿大	436 486	0.0162	476 699	0.0160	690 892	0.0184	737 456	0.0183
阿根廷	127 450	0.0047	108 691	0.0037	154 029	0.0041	185 470	0.0046
巴西	221 867	0.0082	184 456	0.0062	284 499	0.0076	369 848	0.0092
法国	602 749	0.0223	670 593	0.0226	765 494	0.0204	779 049	0.0194
德国	1 434 755	0.0532	1 611 505	0.0542	1 968 650	0.0524	2 352 616	0.0585
意大利	485 437	0.0180	560 942	0.0189	688 045	0.0183	778 177	0.0193
荷兰	599 522	0.0222	642 354	0.0216	792 345	0.0211	873 864	0.0217
瑞士	142 977	0.0053	168 645	0.0057	221 044	0.0059	238 340	0.0059
西班牙	202 427	0.0075	236 265	0.0079	277 495	0.0074	301 070	0.0075
土耳其	70 190	0.0026	68 391	0.0023	120 464	0.0032	90 502	0.0022
英国	658 406	0.0244	787 487	0.0265	990 257	0.0263	1 030 753	0.0256
澳大利亚	502 976	0.0186	631 161	0.0212	845 288	0.0225	899 683	0.0224
中国台湾	2 049 917	0.0759	2 347 668	0.0790	3 053 256	0.0812	3 233 969	0.0804
墨西哥	83 670	0.0031	95 092	0.0032	182 353	0.0049	255 149	0.0063
总值	26 993 789	1	29 735 299	1	37 588 724	1	40 238 197	1
样本国或地区	2002 年	权重	2003 年	权重	2004 年	权重	2005 年	权重
美国	9 718 343	0.1997	12 633 286	0.1931	16 959 858	0.1932	21 151 252	0.1999
中国香港	6 918 939	0.1422	8 739 303	0.1336	11 266 529	0.1283	13 669 803	0.1292
印度	494 503	0.0102	759 461	0.0116	1 361 404	0.0155	1 870 050	0.0177
日本	10 189 984	0.2094	13 355 683	0.2042	16 783 577	0.1912	18 439 396	0.1743
韩国	4 410 257	0.0906	6 322 282	0.0966	9 004 566	0.1026	11 192 818	0.1058
比利时	489 789	0.0101	670 188	0.0102	937 946	0.0107	1 174 421	0.0111
新加坡	1 403 078	0.0288	1 934 862	0.0296	2 668 207	0.0304	3 314 686	0.0313
南非	257 941	0.0053	386 935	0.0059	591 211	0.0067	726 902	0.0069
加拿大	793 034	0.0163	1 000 667	0.0153	1 551 417	0.0177	1 916 483	0.0181
阿根廷	142 483	0.0029	317 627	0.0049	410 718	0.0047	512 364	0.0048

续表

样本国或地区	2002 年	权重	2003 年	权重	2004 年	权重	2005 年	权重
巴西	446 940	0.0092	798 555	0.0122	1 234 697	0.0141	1 481 973	0.0140
法国	832 498	0.0171	1 339 226	0.0205	1 756 959	0.0200	2 064 615	0.0195
德国	2 778 827	0.0571	4 173 400	0.0638	5 411 175	0.0616	6 325 006	0.0598
意大利	914 691	0.0188	1 173 290	0.0179	1 567 516	0.0179	1 861 418	0.0176
荷兰	1 067 913	0.0219	1 543 436	0.0236	2 148 823	0.0245	2 880 246	0.0272
瑞士	267 954	0.0055	353 397	0.0054	514 926	0.0059	584 647	0.0055
西班牙	351 100	0.0072	529 271	0.0081	727 859	0.0083	1 056 517	0.0100
土耳其	137 783	0.0028	259 781	0.0040	341 267	0.0039	487 547	0.0046
英国	1 139 539	0.0234	1 439 406	0.0220	1 972 547	0.0225	2 450 025	0.0232
澳大利亚	1 043 561	0.0214	1 356 365	0.0207	2 039 074	0.0232	2 725 513	0.0258
中国台湾	4 464 711	0.0917	5 836 447	0.0892	7 830 374	0.0892	9 122 989	0.0862
墨西哥	397 861	0.0082	494 377	0.0076	711 259	0.0081	776 298	0.0073
总值	48 661 730	1	65 417 245	1	87 791 908	1	105 784 969	1

样本国或地区	2006 年	权重	2007 年	权重	2008 年	权重	2009 年	权重
美国	26 265 946	0.2046	30 206 716	0.1945	33 442 909	0.1882	29 905 012	0.1947
中国香港	16 608 883	0.1294	19 724 045	0.1270	20 364 488	0.1146	17 492 850	0.1139
印度	2 485 875	0.0194	3 862 856	0.0249	5 184 427	0.0292	4 338 085	0.0282
日本	20 729 525	0.1614	23 595 096	0.1519	26 673 250	0.1501	22 884 849	0.1490
韩国	13 424 635	0.1046	15 985 081	0.1029	18 606 991	0.1047	15 623 159	0.1017
比利时	1 421 034	0.0111	1 765 252	0.0114	2 020 827	0.0114	1 672 218	0.0109
新加坡	4 085 791	0.0318	4 714 398	0.0304	5 247 707	0.0295	4 786 300	0.0312
南非	985 307	0.0077	1 404 633	0.0090	1 785 259	0.0100	1 605 884	0.0105
加拿大	2 317 883	0.0181	3 033 482	0.0195	3 446 923	0.0194	2 970 129	0.0193
阿根廷	570 408	0.0044	990 085	0.0064	1 441 608	0.0081	778 891	0.0051
巴西	2 028 960	0.0158	2 971 409	0.0191	4 867 090	0.0274	4 239 950	0.0276
法国	2 518 988	0.0196	3 366 845	0.0217	3 914 277	0.0220	3 464 287	0.0226
德国	7 819 396	0.0609	9 409 722	0.0606	11 499 888	0.0647	10 568 365	0.0688
意大利	2 457 228	0.0191	3 138 042	0.0202	3 826 782	0.0215	3 126 391	0.0204
荷兰	3 451 120	0.0269	4 634 239	0.0298	5 121 800	0.0288	4 180 448	0.0272

续表

样本国或地区	2006 年	权重	2007 年	权重	2008 年	权重	2009 年	权重
瑞士	678 866	0.0053	944 443	0.0061	1 130 270	0.0064	961 414	0.0063
西班牙	1 454 851	0.0113	2 095 841	0.0135	2 624 238	0.0148	1 837 006	0.0120
土耳其	806 924	0.0063	1 176 802	0.0076	1 256 925	0.0071	1 007 902	0.0066
英国	3 066 960	0.0239	3 943 179	0.0254	4 561 452	0.0257	3 915 472	0.0255
澳大利亚	3 294 818	0.0257	4 383 000	0.0282	5 968 240	0.0336	6 008 435	0.0391
中国台湾	10 783 172	0.0840	12 448 688	0.0802	12 921 499	0.0727	10 622 800	0.0692
墨西哥	1 143 066	0.0089	1 496 940	0.0097	1 755 674	0.0099	1 618 089	0.0105
总值	128 399 636	1	155 290 794	1	177 662 523	1	153 607 936	1

资料来源：除中国台湾外，各样本国或地区的进出口贸易额的 1994～2007 年的数据来源于国家统计局，2008～2009 年的数据来源于联合国统计署；其中中国台湾的进出口贸易额的 1994～2008 年数据来源于国家统计局，2009 年的数据来源于海关总署。

附表 10　　用于计算人民币实际有效汇率的 1994～2009 年人民币双边名义汇率

样本国或地区 ＼ 年份	1994	1995	1996	1997	1998	1999	2000	2001
美国	0.1158	0.1195	0.1202	0.1206	0.1208	0.1208	0.1208	0.1208
中国香港	0.8947	0.9244	0.9300	0.9339	0.9356	0.9373	0.9413	0.9423
印度	3.6335	3.8752	4.2435	4.3743	4.9737	5.2007	5.4283	5.6992
日本	11.8236	11.2416	13.0824	14.6050	15.8058	13.7348	13.0259	14.6787
韩国	93.3878	92.3433	96.6788	114.7358	168.9667	143.5692	136.6075	155.7317
比利时	3.8674	3.5230	3.7237	4.3156	4.3834	4.5750	5.2934	5.4458
新加坡	0.1767	0.1693	0.1695	0.1791	0.2018	0.2047	0.2083	0.2165
南非	0.4392	0.4392	0.5170	0.5555	0.6676	0.7388	0.8390	1.0415
加拿大	0.1581	0.1640	0.1640	0.1670	0.1792	0.1795	0.1794	0.1871
阿根廷	0.1198	0.1198	0.1204	0.1206	0.1208	0.1208	0.1208	0.1208
巴西	0.9861	0.1162	0.1234	0.1300	0.1397	0.2196	0.2211	0.2842
法国	0.6417	0.5960	0.6151	0.7041	0.7123	0.7439	0.8607	0.8855
德国	0.1876	0.1712	0.1809	0.2092	0.2125	0.2218	0.2566	0.2640
意大利	186.4525	194.5992	185.4558	205.4892	209.6842	219.5950	254.0775	261.3917
荷兰	0.2104	0.1917	0.2027	0.2354	0.2395	0.2499	0.2892	0.2975
瑞士	0.1581	0.1412	0.1486	0.1750	0.1751	0.1815	0.2042	0.2039

年份 样本国或地区	1994	1995	1996	1997	1998	1999	2000	2001
西班牙	15.4913	14.8915	15.2297	17.6593	18.0382	18.8700	21.8332	22.4618
土耳其	0.0035	0.0055	0.0098	0.0183	0.0315	0.0507	0.0755	0.1483
英国	0.0756	0.0757	0.0771	0.0737	0.0729	0.0747	0.0799	0.0839
澳大利亚	0.1583	0.1613	0.1536	0.1626	0.1921	0.1872	0.2086	0.2339
中国台湾	3.0625	3.1660	3.2925	3.4563	4.0373	3.8955	3.7693	4.0809
墨西哥	0.3904	0.7671	0.9131	0.9546	1.1045	1.1547	1.1423	1.1285

年份 样本国或地区	2002	2003	2004	2005	2006	2007	2008	2009
美国	0.1208	0.1208	0.1208	0.1221	0.1254	0.1315	0.1440	0.1464
中国香港	0.9423	0.9408	0.9410	0.9498	0.9745	1.0260	1.1208	1.1348
印度	5.8683	5.6238	5.4684	5.3802	5.6682	5.4151	6.2587	7.0762
日本	15.1333	14.0028	13.0661	13.4569	14.5951	15.4800	14.8795	13.6977
韩国	150.5750	143.9525	138.3958	125.1175	119.7150	122.1983	158.8433	186.8825
比利时	5.1728	4.3145	3.9224	3.9663	4.0317	3.8731	3.9733	4.2499
新加坡	0.2163	0.2105	0.2042	0.2033	0.3360	0.1981	0.2038	0.2129
南非	1.2695	0.9119	0.7787	0.7775	0.8494	0.9269	1.1916	1.2340
加拿大	0.1897	0.1693	0.1572	0.1479	0.1423	0.1411	0.1537	0.1671
阿根廷	0.3807	0.3562	0.3554	0.3572	0.3877	0.4136	0.4620	0.5517
巴西	0.3531	0.3716	0.3533	0.2971	0.2728	0.2559	0.2646	0.2927
法国	0.8411	0.7016	0.6378	0.6449	0.6556	0.6298	0.6461	0.6911
德国	0.2508	0.2092	0.1902	0.1923	0.1955	0.1878	0.1926	0.2061
意大利	248.2883	207.0917	188.2717	190.3742	193.5175	185.9025	190.7133	203.9900
荷兰	0.2826	0.2357	0.2143	0.2167	0.2202	0.2116	0.2171	0.2322
瑞士	0.1881	0.1625	0.1501	0.1523	0.1572	0.1577	0.1560	0.1590
西班牙	21.3356	17.7955	16.1785	16.3592	16.6293	15.9748	16.3883	17.5292
土耳其	0.1829	0.1814	0.1727	0.1645	0.1801	0.1716	0.1881	0.2277
英国	0.0806	0.0740	0.0660	0.0672	0.0681	0.0657	0.0787	0.0939
澳大利亚	0.2224	0.1861	0.1642	0.1603	0.1665	0.1571	0.1726	0.1876
中国台湾	4.1679	4.1509	4.0296	3.9280	4.0801	4.3201	4.5405	4.8364
墨西哥	1.1675	1.3041	1.3637	1.3303	1.3675	1.4373	1.6072	1.9774

资料来源：加拿大英属哥伦比亚大学的太平洋汇率服务网站。

附表 11 涉案农产品的出口额、出口数量和出口数量增长率

涉案产品	涉案国家	立案年份 （t）	年份	出口额（美元）	出口数量 （公斤）	农产品出口数量增长率 （%）（AEQR）
小龙虾仁	美国	1996	t－3	3 349 811	587 000	
			t－2	3 937 549	703 875	19.91
			t－1	13 763 156	1 870 750	165.78
桃罐头	新西兰	2006	t－3	518 676	873 375	
			t－2	1 723 273	2 173 375	148.85
			t－1	1 776 849	2 029 752	－6.61
桑蚕生丝	印度	2002	t－3	87 812 088	4 581 304	
			t－2	96 154 654	4 542 572	－0.85
			t－1	107 066 347	5 152 189	13.42
伞菇罐头	墨西哥	2005	t－3	1 908 612	2 515 526	
			t－2	2 734 351	3 628 973	44.26
			t－1	4 569 828	6 354 863	75.11
苹果汁	美国	1999	t－3	8 776 421	5 771 238	
			t－2	28 000 063	24 141 753	318.31
			t－1	33 557 332	41 918 652	73.64
蘑菇罐头	美国	1998	t－3	72 499 560	32 044 692	
			t－2	54 141 856	29 965 003	－6.49
			t－1	49 918 932	31 059 273	3.65
蘑菇罐头	澳大利亚	2005	t－3	3 776 028	4 237 031	
			t－2	5 013 396	6 047 714	42.73
			t－1	3 688 049	4 694 570	－22.37
面粉	印度尼西亚	2004	t－3	9 485 154	53 199 604	
			t－2	18 015 466	91 118 809	71.28
			t－1	16 329 993	76 293 696	－16.27
冷冻或罐 装温水虾	美国	2004	t－3	191 112 526	27 755 628	
			t－2	301 501 382	49 256 674	77.47
			t－1	454 408 927	80 726 467	63.89

续表

涉案产品	涉案国家	立案年份（t）	年份	出口额（美元）	出口数量（公斤）	农产品出口数量增长率（%）（AEQR）
柑橘类水果罐头	欧盟	2007	t-3	35 287 710	52 007 400	
			t-2	48 230 538	62 125 300	19.45
			t-1	53 534 028	66 070 512	6.35
蜂蜜	美国	1994	t-3	18 803 897	20 284 996	
			t-2	25 495 917	27 251 015	34.34
			t-1	29 288 531	34 823 246	27.79
蜂蜜	美国	2000	t-3	19 447 559	11 475 328	
			t-2	17 812 906	13 827 667	20.50
			t-1	23 549 550	23 129 265	67.27
大蒜	美国	1994	t-3	1 121 964	1 348 937	
			t-2	2 566 060	3 272 750	142.62
			t-1	17 028 602	24 508 996	648.88
大蒜	加拿大	1996	t-3	1 258 574	3 707 812	
			t-2	2 739 357	6 384 597	72.19
			t-1	3 270 797	5 980 035	-6.34
大蒜	韩国	1999	t-3	6 150 470	6 153 460	
			t-2	8 155 705	12 919 363	109.95
			t-1	10 532 761	25 632 886	98.41
草莓	欧盟	2006	t-3	30 649 760	37 016 600	
			t-2	23 092 247	30 621 600	-17.28
			t-1	24 736 662	43 196 400	41.07
菠萝罐头	澳大利亚	2006	t-3	1 048 255	2 295 978	
			t-2	1 603 506	1 991 129	-13.28
			t-1	1 278 245	1 450 080	-27.17
西红柿罐头	澳大利亚	1991	t-3	385 247	435 937	
			t-2	351 743	371 937	-14.68
			t-1	188 767	210 386	-43.44

涉案产品	涉案国家	立案年份（t）	年份	出口额（美元）	出口数量（公斤）	农产品出口数量增长率（%）（AEQR）
花生仁	澳大利亚	1991	t−3	4 420 742	6 532 027	
			t−2	6 058 966	8 391 511	28.47
			t−1	4 957 562	5 800 687	−30.87

资料来源：联合国统计署。由于部分涉案产品的中国的出口数据不全，因此该表的中国的出口数据全部采用进口国从中国进口的进口数据作为中国的出口数据。

附表 12　　　　涉案农产品的出口价格、出口价格增长率

涉案产品	涉案国家	立案年份（t）	年份	出口价格（美元/公斤）	农产品出口价格增长率（AEPR）
小龙虾仁	美国	1996	t−3	5.7067	
			t−2	5.5941	−1.97
			t−1	7.3570	31.51
桃罐头	新西兰	2006	t−3	0.5939	
			t−2	0.7929	33.51
			t−1	0.8754	10.40
桑蚕生丝	印度	2002	t−3	19.1675	
			t−2	21.1674	10.43
			t−1	20.7807	−1.83
伞菇罐头	墨西哥	2005	t−3	0.7587	
			t−2	0.7535	−0.69
			t−1	0.7191	−4.56
苹果汁	美国	1999	t−3	1.5207	
			t−2	1.1598	−23.73
			t−1	0.8005	−30.98
蘑菇罐头	美国	1998	t−3	2.2625	
			t−2	1.8068	−20.14
			t−1	1.6072	−11.05

续表

涉案产品	涉案国家	立案年份（t）	年份	出口价格（美元/公斤）	农产品出口价格增长率（AEPR）
蘑菇罐头	澳大利亚	2005	t－3	0.8912	
			t－2	0.8290	－6.98
			t－1	0.7856	－5.23
面粉	印度尼西亚	2004	t－3	0.1783	
			t－2	0.1977	10.89
			t－1	0.2140	8.26
冷冻或罐装温水虾	美国	2004	t－3	6.8855	
			t－2	6.1210	－11.10
			t－1	5.6290	－8.04
柑橘类水果罐头	欧盟	2007	t－3	0.6785	
			t－2	0.7763	14.42
			t－1	0.8103	4.37
蜂蜜	美国	1994	t－3	0.9270	
			t－2	0.9356	0.93
			t－1	0.8411	－10.10
蜂蜜	美国	2000	t－3	1.6947	
			t－2	1.2882	－23.99
			t－1	1.0182	－20.96
大蒜	美国	1994	t－3	0.8317	
			t－2	0.7841	－5.73
			t－1	0.6948	－11.39
大蒜	加拿大	1996	t－3	0.3394	
			t－2	0.4291	26.40
			t－1	0.5470	27.48
大蒜	韩国	1999	t－3	0.9995	
			t－2	0.6313	－36.84
			t－1	0.4109	－34.91

续表

涉案产品	涉案国家	立案年份（t）	年份	出口价格（美元/公斤）	农产品出口价格增长率（AEPR）
草莓	欧盟	2006	t－3	0.8280	
			t－2	0.7541	－8.92
			t－1	0.5727	－24.06
菠萝罐头	澳大利亚	2006	t－3	0.4566	
			t－2	0.8053	76.39
			t－1	0.8815	9.46
西红柿罐头	澳大利亚	1991	t－3	0.8837	
			t－2	0.9457	7.01
			t－1	0.8972	－5.12
花生仁	澳大利亚	1991	t－3	0.6768	
			t－2	0.7220	6.69
			t－1	0.8547	18.37

资料来源：出口价格是根据附表 11 的出口额和出口数量计算得到，然后以此为基础计算出口价格增长率。

附表 13　　　　　　　　　涉案农产品的进口额及占比

涉案产品	涉案国家	立案年份（t）	年份	该国涉案农产品进口总额（美元）	该国从中国进口涉案农产品进口额（美元）	涉案农产品在进口国占比（%）（AIMR）
小龙虾仁	美国	1996	t－3	37 535 701	3 349 811	8.92
			t－2	31 856 315	3 937 549	12.36
			t－1	43 817 816	13 763 156	31.41
桃罐头	新西兰	2006	t－3	9 856 917	518 676	5.26
			t－2	8 140 284	1 723 273	21.17
			t－1	9 250 790	1 776 849	19.21
桑蚕生丝	印度	2002	t－3	95 777 153	87 812 088	91.68
			t－2	105 131 057	96 154 654	91.46
			t－1	113 431 638	107 066 347	94.39

续表

涉案产品	涉案国家	立案年份（t）	年份	该国涉案农产品进口总额（美元）	该国从中国进口涉案农产品进口额（美元）	涉案农产品在进口国占比（%）（AIMR）
伞菇罐头	墨西哥	2005	t－3	3 191 057	1 908 612	59.81
			t－2	4 321 894	2 734 351	63.27
			t－1	8 096 871	4 569 828	56.44
苹果汁	美国	1999	t－3	375 789 082	8 776 421	2.34
			t－2	340 833 696	28 000 063	8.22
			t－1	218 436 983	33 557 332	15.36
蘑菇罐头	美国	1998	t－3	182 820 720	72 499 560	39.66
			t－2	132 186 578	54 141 856	40.96
			t－1	124 020 305	49 918 932	40.25
蘑菇罐头	澳大利亚	2005	t－3	4 507 472	3 776 028	83.77
			t－2	5 697 454	5 013 396	87.99
			t－1	4 273 862	3 688 049	86.29
面粉	印度尼西亚	2004	t－3	48 399 656	9 485 154	19.60
			t－2	69 170 627	18 015 466	26.04
			t－1	75 324 964	16 329 993	21.68
冷冻或罐装温水虾	美国	2004	t－3	3 708 801 960	191 112 526	5.15
			t－2	3 511 530 204	301 501 382	8.59
			t－1	3 875 748 981	454 408 927	11.72
柑橘类水果罐头	欧盟	2007	t－3	82 681 307	35 287 710	42.68
			t－2	95 484 345	48 230 538	50.51
			t－1	99 000 220	53 534 028	54.07
蜂蜜	美国	1994	t－3	43 563 058	18 803 897	43.16
			t－2	53 924 615	25 495 917	47.28
			t－1	57 907 080	29 288 531	50.58
蜂蜜	美国	2000	t－3	124 852 053	19 447 559	15.58
			t－2	81 020 522	17 812 906	21.99
			t－1	91 685 284	23 549 550	25.69

续表

涉案产品	涉案国家	立案年份（t）	年份	该国涉案农产品进口总额（美元）	该国从中国进口涉案农产品进口额（美元）	涉案农产品在进口国占比（%）（AIMR）
大蒜	美国	1994	t−3	25 564 090	1 121 964	4.39
			t−2	21 253 354	2 566 060	12.07
			t−1	34 515 824	17 028 602	49.34
大蒜	加拿大	1996	t−3	6 083 051	1 258 574	20.69
			t−2	7 786 625	2 739 357	35.18
			t−1	8 569 946	3 270 797	38.17
大蒜	韩国	1999	t−3	6 150 470	6 150 470	100.00
			t−2	8 170 703	8 155 705	99.82
			t−1	10 532 761	10 532 761	100.00
草莓	欧盟	2006	t−3	107 746 065	30 649 760	28.45
			t−2	94 079 423	23 092 247	24.55
			t−1	66 931 787	24 736 662	36.96
菠萝罐头	澳大利亚	2006	t−3	7 569 120	1 031 432	13.63
			t−2	7 287 843	1 603 506	22.00
			t−1	11 841 380	1 278 245	10.79
西红柿罐头	澳大利亚	1991	t−3	9 629 886	385 247	4.00
			t−2	9 435 694	351 743	3.73
			t−1	5 599 850	188 767	3.37
花生仁	澳大利亚	1991	t−3	10 640 725	4 420 742	41.55
			t−2	14 632 853	6 058 966	41.41
			t−1	11 559 902	4 957 562	42.89

资料来源：联合国统计署。

附表 14　　　　　　　　　　　GDP 增长率和社会失业率

涉案产品	涉案国家	立案年份（t）	年份	中国 GDP 增长率（%）（CGDP）	进口国 GDP 增长率（%）（FGDP）	进口国社会失业率（%）（FUER）
小龙虾仁	美国	1996	t－3			
			t－2	13.1	4.1	6.1
			t－1	10.9	2.5	5.6
桃罐头	新西兰	2006	t－3			
			t－2	10.1	4.0	4.0
			t－1	10.4	1.6	3.9
桑蚕生丝	印度	2002	t－3			
			t－2	8.4	4.0	9.2
			t－1	8.3	5.2	9.2
伞菇罐头	墨西哥	2005	t－3			
			t－2	10.0	1.4	2.4
			t－1	10.1	4.0	2.7
苹果汁	美国	1999	t－3			
			t－2	9.3	4.5	4.9
			t－1	7.8	4.2	4.5
蘑菇罐头	美国	1998	t－3			
			t－2	10.0	3.7	5.4
			t－1	9.3	4.5	4.9
蘑菇罐头	澳大利亚	2005	t－3			
			t－2	10.0	3.2	5.9
			t－1	10.1	4.0	5.5
面粉	印度尼西亚	2004	t－3			
			t－2	9.1	4.5	9.1
			t－1	10.0	4.8	9.7
冷冻或罐装温水虾	美国	2004	t－3			
			t－2	9.1	1.6	5.8
			t－1	10.0	2.5	6.0

续表

涉案产品	涉案国家	立案年份（t）	年份	中国 GDP 增长率（%）（CGDP）	进口国 GDP 增长率（%）（FGDP）	进口国社会失业率（%）（FUER）
柑橘类水果罐头	欧盟	2007	t−3			
			t−2	11.6	2.8	7.8
			t−1	13.0	2.7	7.1
蜂蜜	美国	1994	t−3			
			t−2	14.2	3.3	7.5
			t−1	14.0	2.7	6.9
蜂蜜	美国	2000	t−3			
			t−2	7.8	4.2	4.5
			t−1	7.6	4.5	4.2
大蒜	美国	1994	t−3			
			t−2	14.2	3.3	7.5
			t−1	14.0	2.7	6.9
大蒜	加拿大	1996	t−3			
			t−2	10.9	2.8	9.6
			t−1	10.0	1.6	9.7
大蒜	韩国	1999	t−3			
			t−2	9.3	4.7	2.6
			t−1	7.8	−6.9	6.8
草莓	欧盟	2006	t−3			
			t−2	10.1	2.1	8.9
			t−1	10.4	1.6	8.5
菠萝罐头	澳大利亚	2006	t−3			
			t−2	10.1	4.0	5.5
			t−1	10.4	2.8	5.1
西红柿罐头	澳大利亚	1991	t−3			
			t−2	3.8	3.9	6.7
			t−1	9.2	−0.6	9.3

续表

涉案产品	涉案国家	立案年份 （t）	年份	中国 GDP 增长率（%） （CGDP）	进口国 GDP 增长率（%） （FGDP）	进口国社会 失业率（%） （FUER）
花生仁	澳大利亚	1991	t − 3			
			t − 2	3.8	3.9	6.7
			t − 1	9.2	− 0.6	9.3

资料来源：中国 GDP 增长率（CGDP）来源于中国国家统计局，进口国 GDP 增长率（FGDP）数据来源于联合国统计署，进口国社会失业率（FUER）数据来源于 IMF 国际金融统计。

附表 15　　　　　　　　人民币双边汇率和 CPI

涉案产品	涉案国家	立案年份 （t）	年份	人民币双边 名义汇率	中国 CPI	进口国 CPI	实际汇率	人民币双边实际 汇率变动率 （%）（BRER）
小龙虾仁	美国	1996	t − 3	5.7757	63	84	4.3232	
			t − 2	8.6396	79	86	7.9364	83.58
			t − 1	8.3690	92	88	8.7494	10.24
桃罐头	新西兰	2006	t − 3	4.8222	101	107	4.5518	
			t − 2	5.5017	105	110	5.2516	15.38
			t − 1	5.7721	107	113	5.4656	4.07
桑蚕生丝	印度	2002	t − 3	0.1923	100	99	0.1942	
			t − 2	0.1844	100	100	0.1844	− 5.09
			t − 1	0.1755	101	100	0.1772	− 3.86
伞菇罐头	墨西哥	2005	t − 3	0.8583	100	112	0.7663	
			t − 2	0.7675	101	117	0.6626	− 13.54
			t − 1	0.7336	105	122	0.6314	− 4.71
苹果汁	美国	1999	t − 3	8.3161	99	91	9.0472	
			t − 2	8.2898	102	93	9.0921	0.50
			t − 1	8.2790	101	95	8.8019	− 3.19
蘑菇罐头	美国	1998	t − 3	8.3690	92	89	8.6511	
			t − 2	8.3161	99	91	9.0472	4.58
			t − 1	8.2898	102	93	9.0921	0.50

续表

涉案产品	涉案国家	立案年份（t）	年份	人民币双边名义汇率	中国CPI	进口国CPI	实际汇率	人民币双边实际汇率变动率（%）（BRER）
蘑菇罐头	澳大利亚	2005	t−3	4.5012	100	108	4.1678	
			t−2	5.4009	101	111	4.9143	17.91
			t−1	6.0996	105	113	5.6677	15.33
面粉	印度尼西亚	2004	t−3	0.0008	101	111	0.0007	
			t−2	0.0009	100	125	0.0007	−4.23
			t−1	0.0010	101	133	0.0007	2.95
冷冻或罐装温水虾	美国	2004	t−3	8.2771	101	103	8.1164	
			t−2	8.2768	100	104	7.9585	−1.95
			t−1	8.2772	101	107	7.8130	−1.83
柑橘类水果罐头	欧盟	2007	t−3	10.1959	107	100	10.9096	
			t−2	10.0113	109	102	10.6775	−2.13
			t−1	10.4212	114	104	11.3794	6.57
蜂蜜	美国	1994	t−3	5.3227	50	79	3.3688	
			t−2	5.5146	54	81	3.6764	9.13
			t−1	5.7620	63	84	4.3215	17.55
蜂蜜	美国	2000	t−3	8.2898	102	93	9.0814	
			t−2	8.2790	101	95	8.8019	−3.08
			t−1	8.2779	100	97	8.5340	−3.04
大蒜	美国	1994	t−3	5.3233	50	79	3.3692	
			t−2	5.5146	54	81	3.6764	9.12
			t−1	5.7620	63	84	4.3215	17.55
大蒜	加拿大	1996	t−3	6.3283	79	90	5.5549	
			t−2	6.0995	92	92	6.0995	9.80
			t−1	6.0994	99	93	6.4929	6.45
大蒜	韩国	1999	t−3	0.0104	99	86	0.0119	
			t−2	0.0089	102	90	0.0101	−15.09
			t−1	0.0060	101	97	0.0062	−38.53

续表

涉案产品	涉案国家	立案年份（t）	年份	人民币双边名义汇率	中国CPI	进口国CPI	实际汇率	人民币双边实际汇率变动率（%）（BRER）
草莓	欧盟	2006	t-3	9.3681	101	95	9.8766	
			t-2	10.2959	105	97	11.0426	11.80
			t-1	10.1959	107	100	10.9096	-1.20
菠萝罐头	澳大利亚	2006	t-3	5.4009	101	110	4.9590	
			t-2	6.0996	105	113	5.6677	14.29
			t-1	6.2454	107	116	5.7609	1.64
西红柿罐头	澳大利亚	1991	t-3	2.9841	47	75	1.8700	
			t-2	3.7344	47	80	2.1939	17.32
			t-1	4.1563	50	83	2.5038	14.12
花生仁	澳大利亚	1991	t-3	2.9841	47	75	1.8700	
			t-2	3.7344	47	80	2.1939	17.32
			t-1	4.1563	50	83	2.5038	14.12

资料来源：人民币双边名义汇率数据来源于加拿大英属哥伦比亚大学的太平洋汇率服务网站，CPI数据来源于联合国统计署数据库。

附表16　　　　　　　　涉案产品的出口数量及增长率

涉案产品	立案年份（t）	t-2期的出口数量（公斤）	t-1期的出口数量（公斤）	涉案产品出口数量增长率（%）（EQR）
蜂蜜	1994	27 251 015	34 823 246	27.79
硫酸锰	1994	210 351	478 500	127.48
氨基乙酸、甘氨酸	1994	99 050	513 187	418.11
金属锰	1994	1 582 687	2 801 062	76.98
纯镁	1994	387 500	1 151 250	197.10
镁合金	1994	96 429	430 625	346.57
一次性打火机	1994	85 847 528	156 269 594	82.03
聚乙烯醇	1995	4 140 476	2 380 312	-42.51
自行车	1995	3 492 502	3 898 728	11.63

续表

涉案产品	立案年份（t）	t-2期的出口数量（公斤）	t-1期的出口数量（公斤）	涉案产品出口数量增长率（%）（EQR）
小龙虾尾肉	1996	703 875	1 870 750	165.78
过硫酸盐	1996	1 588 750	2 202 750	38.65
定尺碳钢板	1996	119 480	8 000	-93.30
屋顶排钉	1996	28 356 371	43 545 560	53.57
刹车鼓	1998	29 965 003	31 059 273	3.65
非冷冻浓缩苹果汁	1999	24 141 753	41 918 652	73.64
水合肌氨酸	1999	402 312	1 211 125	201.04
阿司匹林	1999	736 187	756 750	2.79
合成靛青	1999	2 137 750	2 385 562	11.59
冷轧碳钢产品	1999	3 693 687	4 164 281	12.74
蜂蜜	2000	13 821 667	23 129 265	67.27
铸造焦炭	2000	1 552 644 000	966 784 000	-37.73
钢丝绳	2000	15 237 812	17 274 832	13.37
钢筋	2000	394 437	2 016 687	411.28
热轧碳钢产品	2000	2 956 875	5 573 898	88.51
纯镁	2000	2 240 250	19 500	-99.13
折叠礼品盒	2001	9 620 027	12 844 348	33.52
汽车挡风玻璃	2001	1 609 500	12 477 604	675.25
铁钒合金	2001	623 375	666 326	6.89
结构型钢	2001	2 051 312	4 249 878	107.18
环状焊接非合金钢管	2001	68 626 500	149 069 523	117.22
冷轧板卷	2001	5 817 589	2 358 975	-59.45
折叠金属桌椅	2001	4 051 889	6 968 814	71.99
碳酸钡	2002	5 857 990	4 560 982	-22.14
棕刚玉	2002	88 684 464	107 547 317	21.27
糖精	2002	639 136	1 178 424	84.38
聚乙烯醇	2002	8 945 097	6 108 033	-31.72

涉案产品	立案年份（t）	t－2 期的出口数量（公斤）	t－1 期的出口数量（公斤）	涉案产品出口数量增长率（％）（EQR）
无可锻性铸铁管件	2002	16 956 879	17 151 521	1.15
草地与庭园钢制围栏柱	2002	111 267 179	167 917 637	50.91
可锻性玛钢管件	2002	35 516 531	47 138 472	32.72
滚珠轴承	2002	1 991 200	2 032 333	2.07
四氢糠醇	2003	176 682	284 640	61.10
咔唑紫颜料	2003	8 641 863	9 615 947	11.27
聚乙烯零售购物袋	2003	79 517 744	87 592 710	10.15
彩色电视机	2003	1 284 925	4 884 794	280.16
手推车	2003	7 728 312	8 728 823	12.95
烫衣板及部件	2003	303 109 614	388 816 992	28.28
木制卧室家具	2003	4 349 061	7 271 814	67.20
冷冻和罐装温水虾	2004	36 501 380	60 020 583	64.43
三氯异氰尿素	2004	11 211 120	29 620 457	164.21
绉纸制品	2004	3 742 276	1 763 798	－52.87
薄页纸	2004	373 137	7 420	－98.01
圆形焊接碳钢线管	2004	16 278 086	23 752 896	45.92
金属镁	2004	91 050	88 525	－2.77
文具纸	2005	67 133 583	74 298 722	10.67
艺术画布	2005	1 174 912	2 923 371	148.82
钻石锯条及部件	2005	747 743	1 051 835	40.67
活性炭	2006	38 152 700	38 110 392	－0.11
铜版纸	2006	665 522	6 123 574	820.12
聚酯纤维	2006	480 360	2 351 973	389.63
六偏磷酸钠	2007	22 600 581	21 351 929	－5.52
电解二氧化锰	2007	10 343 740	15 060 973	45.60
亚硝酸钠	2007	5 987 594	6 158 214	2.85
聚对苯二甲酸乙二酯膜、片和条	2007	19 369 604	23 993 074	23.87

续表

涉案产品	立案年份（t）	t－2 期的出口数量（公斤）	t－1 期的出口数量（公斤）	涉案产品出口数量增长率（%）（EQR）
新充气工程机械轮胎	2007	9 184 353	11 847 856	29.00
低克重热敏纸	2007	77 626 398	25 839 105	－66.71
复合编织袋	2007	23 966 441	30 257 240	26.25
钢钉	2007	501 640 222	630 140 292	25.62
圆形焊接碳钢管件	2007	340 685 371	599 488 810	75.97
薄壁矩形钢管	2007	61 192 038	165 143 749	169.88
钢丝衣架	2007	85 806 454	85 579 960	－0.26
未加工橡胶磁铁	2007	5 936 145	4 494 166	－24.29
羟基亚乙基二膦酸	2008	35 179 285	64 820 008	84.26
柠檬酸和柠檬酸盐	2008	65 418 313	74 225 841	13.46
圆形焊接奥氏体不锈高压套管	2008	24 279 637	30 590 776	25.99
钢制螺杆	2008	271 598 598	263 146 617	－3.11
圆形焊接碳钢线管	2008	599 488 810	624 304 946	4.14
空调用截止阀	2008	148 540 273	153 012 654	3.01
后拖式草地维护设备及零部件	2008	29 407	124 297	322.68
厨房用搁板和网架	2008	12 422 155	15 090 351	21.48
小直径石墨电极	2008	16 624 544	26 488 991	59.34
非封闭内置弹簧部件	2008	1 932 243	1 464 247	－24.22
石油管材	2009	599 050 054	1 134 323 676	89.35
预应力混凝土用钢绞线	2009	170 142 261	242 927 729	42.78

注：由于中美贸易数据有一定差异，而且美国反倾销当局在裁决中会更偏好于采用美国的统计数据，因此以美国自中国的进口数据作为中国对美国的出口数据。

资料来源：根据联合国统计署数据整理和计算得到。

附表17　　　　　　　　涉案产品的出口额、出口价格和价格变动率

涉案产品	立案年份（t）	t−2期的出口额（美元）	t−1期的出口额（美元）	t−2期的出口价格（美元/公斤）	t−1期的出口价格（美元/公斤）	涉案产品出口价格变动率（%）（EPR）
蜂蜜	1994	25 495 917	29 288 531	0.9356	0.8411	−10.10
硫酸锰	1994	71 458	159 216	0.3397	0.3327	−2.05
氨基乙酸、甘氨酸	1994	828 499	2 235 200	8.3645	4.3555	−47.93
金属锰	1994	2 277 394	3 889 305	1.4389	1.3885	−3.50
纯镁	1994	1 031 622	2 909 634	2.6623	2.5274	−5.07
镁合金	1994	258 457	1 176 042	2.6803	2.7310	1.89
一次性打火机	1994	9 912 975	13 303 233	0.1155	0.0851	−26.28
聚乙烯醇	1995	5 972 634	3 202 825	1.4425	1.3455	−6.72
自行车	1995	169 026 211	196 268 083	48.3969	50.3416	4.02
小龙虾尾肉	1996	3 937 549	13 763 156	5.5941	7.3570	31.51
过硫酸盐	1996	1 463 875	2 341 252	0.9214	1.0629	15.35
定尺碳钢板	1996	99 097	24 384	0.8294	3.0480	267.49
屋顶排钉	1996	21 381 858	32 070 328	0.7540	0.7365	−2.33
刹车鼓	1998	54 141 856	49 918 932	1.8068	1.6072	−11.05
非冷冻浓缩苹果汁	1999	28 000 063	33 557 332	1.1598	0.8005	−30.98
水合肌氨酸	1999	3 890 425	9 672 548	9.6702	7.9864	−17.41
阿司匹林	1999	1 709 845	1 743 660	2.3226	2.3041	−0.79
合成靛青	1999	19 721 509	21 699 776	9.2254	9.0963	−1.40
冷轧碳钢产品	1999	1 618 841	1 680 189	0.4383	0.4035	−7.94
蜂蜜	2000	17 812 906	23 549 550	1.2882	1.0182	−20.96
铸造焦炭	2000	134 423 461	79 038 035	0.0866	0.0818	−5.57
钢丝绳	2000	19 623 444	21 403 158	1.2878	1.2390	−3.79
钢筋	2000	220 501	630 323	0.5590	0.3126	−44.09
热轧碳钢产品	2000	1 075 388	1 301 956	0.3637	0.2336	−35.77
纯镁	2000	5 623 925	57 417	2.5104	2.9445	17.29
折叠礼品盒	2001	26 793 085	35 043 491	2.7851	2.7283	−2.04
汽车挡风玻璃	2001	31 183 277	52 377 914	19.3745	4.1978	−78.33

续表

涉案产品	立案年份（t）	t-2期的出口额（美元）	t-1期的出口额（美元）	t-2期的出口价格（美元/公斤）	t-1期的出口价格（美元/公斤）	涉案产品出口价格变动率（%）（EPR）
铁钒合金	2001	4 748 039	6 023 052	7.6167	9.0392	18.68
结构型钢	2001	1 859 881	3 754 567	0.9067	0.8835	-2.56
环状焊接非合金钢管	2001	30 441 048	68 437 053	0.4436	0.4591	3.50
冷轧板卷	2001	1 978 591	950 851	0.3401	0.4031	18.52
折叠金属桌椅	2001	51 860 785	93 309 537	12.7992	13.3896	4.61
碳酸钡	2002	2 077 604	1 454 065	0.3547	0.3188	-10.11
棕刚玉	2002	22 303 168	24 648 243	0.2515	0.2292	-8.87
糖精	2002	2 216 024	3 778 831	3.4672	3.2067	-7.51
聚乙烯醇	2002	11 914 481	10 166 028	1.3320	1.6644	24.96
无可锻性铸铁管件	2002	14 650 321	13 488 216	0.8640	0.7864	-8.98
草地与庭园钢制围栏柱	2002	265 685 070	319 916 279	2.3878	1.9052	-20.21
可锻性玛钢管件	2002	44 700 921	55 930 866	1.2586	1.1865	-5.73
滚珠轴承	2002	18 282 005	18 473 277	9.1814	9.0897	-1.00
四氢糠醇	2003	370 560	543 108	2.0973	1.9081	-9.02
咪唑紫颜料	2003	40 598 446	43 387 835	4.6979	4.5121	-3.96
聚乙烯零售购物袋	2003	181 825 960	203 229 492	2.2866	2.3202	1.47
彩色电视机	2003	151 537 028	654 347 649	117.9345	133.9560	13.59
手推车	2003	95 729 761	103 298 980	12.3869	11.8342	-4.46
烫衣板及部件	2003	914 207 184	1 182 767 876	3.0161	3.0420	0.86
木制卧室家具	2003	568 709 364	959 954 509	130.7660	132.0103	0.95
冷冻和罐装温水虾	2004	209 405 862	333 943 934	5.7369	5.5638	-3.02
三氯异氰尿素	2004	17 581 076	40 767 640	1.5682	1.3763	-12.23
绉纸制品	2004	4 141 659	1 891 624	1.1067	1.0725	-3.09
薄页纸	2004	270 727	25 638	0.7255	3.4553	376.23
圆形焊接碳钢线管	2004	5 619 260	9 339 092	0.3452	0.3932	13.90
金属镁	2004	163 601	188 206	1.7968	2.1260	18.32

续表

涉案产品	立案年份（t）	t−2期的出口额（美元）	t−1期的出口额（美元）	t−2期的出口价格（美元/公斤）	t−1期的出口价格（美元/公斤）	涉案产品出口价格变动率（%）（EPR）
文具纸	2005	287 492 690	333 466 550	4.2824	4.4882	4.81
艺术画布	2005	3 280 790	8 700 487	2.7924	2.9762	6.58
钻石锯条及部件	2005	17 258 184	27 643 336	23.0804	26.2811	13.87
活性炭	2006	26 957 770	28 218 999	0.7066	0.7405	4.79
铜版纸	2006	1 006 834	7 080 865	1.5128	1.1563	−23.57
聚酯纤维	2006	889 897	4 357 858	1.8526	1.8529	0.02
六偏磷酸钠	2007	18 628 595	17 399 909	0.8243	0.8149	−1.13
电解二氧化锰	2007	12 295 593	18 144 200	1.1887	1.2047	1.35
亚硝酸钠	2007	2 910 267	3 073 205	0.4860	0.4990	2.67
聚对苯二甲酸乙二酯膜、片和条	2007	40 635 562	46 582 251	2.0979	1.9415	−7.46
新充气工程机械轮胎	2007	672 129 060	846 519 094	73.1820	71.4491	−2.37
低克重热敏纸	2007	114 776 705	71 512 046	1.4786	2.7676	87.18
复合编织袋	2007	50 980 637	68 796 657	2.1272	2.2737	6.89
钢钉	2007	459 107 592	630 140 292	0.9152	1.0000	9.26
圆形焊接碳钢管件	2007	242 161 144	383 560 073	0.7108	0.6398	−9.99
薄壁矩形钢管	2007	47 166 844	109 865 824	0.7708	0.6653	−13.69
钢丝衣架	2007	215 536 175	252 294 376	2.5119	2.9481	17.36
未加工橡胶磁铁	2007	42 271 291	47 992 528	7.1210	10.6789	49.96
羟基亚乙基二膦酸	2008	119 621 003	221 808 179	3.4003	3.4219	0.63
柠檬酸和柠檬酸盐	2008	55 610 580	65 139 707	0.8501	0.8776	3.24
圆形焊接奥氏体不锈高压套管	2008	91 341 682	172 753 392	3.7621	5.6472	50.11
钢制螺杆	2008	333 628 237	372 550 491	1.2284	1.4158	15.25
圆形焊接碳钢线管	2008	383 560 073	438 239 901	0.6398	0.7020	9.71
空调用截止阀	2008	1 148 242 209	1 345 448 336	7.7302	8.7931	13.75
后拖式草地维护设备及零部件	2008	1 030 386	3 235 745	35.0388	26.0324	−25.70

续表

涉案产品	立案年份（t）	t－2期的出口额（美元）	t－1期的出口额（美元）	t－2期的出口价格（美元/公斤）	t－1期的出口价格（美元/公斤）	涉案产品出口价格变动率（%）（EPR）
厨房用搁板和网架	2008	121 752 641	175 007 268	9.8012	11.5973	18.32
小直径石墨电极	2008	30 355 608	48 651 754	1.8260	1.8367	0.59
非封闭内置弹簧部件	2008	50 535 624	45 006 597	26.1539	30.7370	17.52
石油管材	2009	668 357 916	2 338 740 177	1.1157	2.0618	84.80
预应力混凝土用钢绞线	2009	268 166 633	409 214 345	1.1039	2.4051	117.88

注：由于中美贸易数据有一定差异，而且美国反倾销当局在裁决中会更偏好于采用美国的统计数据，因此以美国自中国的进口数据作为中国对美国的出口数据。

资料来源：根据联合国统计署数据整理和计算得到。

附表18　　　　　　　　　　　　涉案产品的进口额和进口份额

涉案产品	立案年份（t）	t－1期涉案产品自中国进口额（美元）	t－1期涉案产品美国进口总额（美元）	涉案产品在美国进口份额（%）（IMR）
蜂蜜	1994	29 288 531	57 907 080	50.58
硫酸锰	1994	159 216	1 971 752	8.07
氨基乙酸、甘氨酸	1994	2 235 200	86 099 682	2.60
金属锰	1994	3 889 305	24 306 917	16.00
纯镁	1994	2 909 634	59 855 201	4.86
镁合金	1994	1 176 042	23 560 894	4.99
一次性打火机	1994	13 303 233	80 492 474	16.53
聚乙烯醇	1995	3 202 825	64 642 401	4.95
自行车	1995	196 268 083	555 899 031	35.31
小龙虾尾肉	1996	13 763 156	14 326 649	96.07
过硫酸盐	1996	2 341 252	8 479 027	27.61
定尺碳钢板	1996	24 384	144 106 816	0.02
屋顶排钉	1996	32 070 328	298 777 088	10.73
刹车鼓	1998	49 918 932	124 020 305	40.25

涉案产品	立案年份 （t）	t-1期涉案产品 自中国进口额 （美元）	t-1期涉案产品 美国进口总额 （美元）	涉案产品在美国 进口份额（%） （IMR）
非冷冻浓缩苹果汁	1999	33 557 332	218 436 983	15.36
水合肼氨酸	1999	9 672 548	204 073 666	4.74
阿司匹林	1999	1 743 660	7 300 391	23.88
合成靛青	1999	21 699 776	68 140 574	31.85
冷轧碳钢产品	1999	1 680 189	5 927 143	28.35
蜂蜜	2000	23 549 550	91 685 284	25.69
铸造焦炭	2000	79 038 035	270 293 571	29.24
钢丝绳	2000	21 403 158	414 353 415	5.17
钢筋	2000	630 323	817 269 197	0.08
热轧碳钢产品	2000	1 301 956	39 637 775	3.28
纯镁	2000	57 417	80 086 978	0.07
折叠礼品盒	2001	35 043 491	402 763 016	8.70
汽车挡风玻璃	2001	52 377 914	386 627 026	13.55
铁钒合金	2001	6 023 052	25 966 215	23.20
结构型钢	2001	3 754 567	186 865 322	2.01
环状焊接非合金钢管	2001	68 437 053	669 082 549	10.23
冷轧板卷	2001	950 851	2 714 390	35.03
折叠金属桌椅	2001	93 309 537	475 490 265	19.62
碳酸钡	2002	1 454 065	9 206 790	15.79
棕刚玉	2002	24 648 243	85 080 429	28.97
糖精	2002	3 778 831	6 790 898	55.65
聚乙烯醇	2002	10 166 028	51 769 510	19.64
无可锻性铸铁管件	2002	13 488 216	28 913 107	46.65
草地与庭园钢制围栏柱	2002	319 916 279	1 503 780 978	21.27
可锻性玛钢管件	2002	55 930 866	120 020 543	46.60
滚珠轴承	2002	18 473 277	388 017 491	4.76
四氢糠醇	2003	543 108	5 540 970	9.80

续表

涉案产品	立案年份 （t）	t-1期涉案产品 自中国进口额 （美元）	t-1期涉案产品 美国进口总额 （美元）	涉案产品在美国 进口份额（%） （IMR）
咔唑紫颜料	2003	43 387 835	325 334 041	13.34
聚乙烯零售购物袋	2003	203 229 492	691 918 714	29.37
彩色电视机	2003	654 347 649	8 143 695 669	8.04
手推车	2003	103 298 980	168 433 981	61.33
烫衣板及部件	2003	1 182 767 876	2 220 489 824	53.27
木制卧室家具	2003	959 954 509	2 318 931 493	41.40
冷冻和罐装温水虾	2004	333 943 934	3 078 260 035	10.85
三氯异氰尿素	2004	40 767 640	188 004 231	21.68
绉纸制品	2004	1 891 624	38 358 301	4.93
薄页纸	2004	25 638	2 070 249 134	0.00
圆形焊接碳钢线管	2004	9 339 092	124 349 051	7.51
金属镁	2004	188 206	72 019 263	0.26
文具纸	2005	333 466 550	531 034 833	62.80
艺术画布	2005	8 700 487	17 574 935	49.51
钻石锯条及部件	2005	27 643 336	124 864 957	22.14
活性炭	2006	28 218 999	91 409 410	30.87
铜版纸	2006	7 080 865	608 437 263	1.16
聚酯纤维	2006	4 357 858	128 716 445	3.39
六偏磷酸钠	2007	17 399 909	44 387 827	39.20
电解二氧化锰	2007	18 144 200	51 289 244	35.38
亚硝酸钠	2007	3 073 205	6 480 058	47.43
聚对苯二甲酸乙二酯膜、片和条	2007	46 582 251	428 196 593	10.88
新充气工程机械轮胎	2007	846 519 094	3 309 513 723	25.58
低克重热敏纸	2007	71 512 046	469 335 411	15.24
复合编织袋	2007	68 796 657	170 638 223	40.32
钢钉	2007	630 140 292	959 315 988	65.69
圆形焊接碳钢管件	2007	383 560 073	1 233 494 484	31.10

涉案产品	立案年份（t）	t-1期涉案产品自中国进口额（美元）	t-1期涉案产品美国进口总额（美元）	涉案产品在美国进口份额（%）（IMR）
薄壁矩形钢管	2007	109 865 824	834 371 835	13.17
钢丝衣架	2007	252 294 376	375 373 810	67.21
未加工橡胶磁铁	2007	47 992 528	90 349 276	53.12
羟基亚乙基二膦酸	2008	221 808 179	1 425 052 340	15.56
柠檬酸和柠檬酸盐	2008	65 139 707	126 837 616	51.36
圆形焊接奥氏体不锈高压套管	2008	172 753 392	522 018 127	33.09
钢制螺杆	2008	372 550 491	1 812 780 909	20.55
圆形焊接碳钢线管	2008	438 239 901	1 147 782 789	38.18
空调用截止阀	2008	1 345 448 336	5 634 994 947	23.88
后拖式草地维护设备及零部件	2008	3 235 745	38 770 163	8.35
厨房用搁板和网架	2008	175 007 268	671 049 764	26.08
小直径石墨电极	2008	48 651 754	267 906 543	18.16
非封闭内置弹簧部件	2008	45 006 597	91 060 639	49.42
石油管材	2009	2 338 740 177	4 029 349 750	58.04
预应力混凝土用钢绞线	2009	409 214 345	990 854 937	41.30

资料来源：根据联合国统计署数据整理和计算得到。

附表19　　　　　　　　　涉案产品的出口价格及价格变动率

涉案产品	立案年份（t）	t-2期其他主要对美出口国家出口价格（美元）	t-1期其他主要对美出口国家出口价格（美元）	涉案产品其他主要国家出口价格变动率（%）（FEPR）
蜂蜜	1994	1.02710318	0.971880539	-5.38
硫酸锰	1994	0.234924505	0.227100857	-3.33
氨基乙酸、甘氨酸	1994	5.184027987	5.588644729	7.81
金属锰	1994	5.085635548	3.49993035	-31.18
纯镁	1994	2.742488681	2.246961088	-18.07
镁合金	1994	3.050789459	3.148374592	3.20
一次性打火机	1994	0.134559791	0.138410425	2.86

续表

涉案产品	立案年份（t）	t－2 期其他主要对美出口国家出口价格（美元）	t－1 期其他主要对美出口国家出口价格（美元）	涉案产品其他主要国家出口价格变动率（%）（FEPR）
聚乙烯醇	1995	3.182436936	3.346283831	5.15
自行车	1995	392.9570817	451.4216275	14.88
小龙虾尾肉	1996	14.1524075	11.82637037	－16.44
过硫酸盐	1996	1.199228375	1.257783722	4.88
定尺碳钢板	1996	1.001588261	1.058534451	5.69
屋顶排钉	1996	0.845033787	0.848810265	0.45
刹车鼓	1998	2.496663001	2.273255673	－8.95
非冷冻浓缩苹果汁	1999	1.317222734	0.946636644	－28.13
水合肼氨酸	1999	62.28506531	85.57126937	37.39
阿司匹林	1999	3.241027913	4.585239051	41.47
合成靛青	1999	30.48576027	29.42380389	－3.48
冷轧碳钢产品	1999	0.507910079	1.045724624	105.89
蜂蜜	2000	1.2849604	1.027053574	－20.07
铸造焦炭	2000	0.099484203	0.094303621	－5.21
钢丝绳	2000	1.331640881	1.263437186	－5.12
钢筋	2000	0.436206584	0.3918196	－10.18
热轧碳钢产品	2000	0.286298145	0.241438182	－15.67
纯镁	2000	3.205925032	3.239932927	1.06
折叠礼品盒	2001	2.213511401	2.22359549	0.46
汽车挡风玻璃	2001	22.26290783	4.197754294	－81.14
铁钒合金	2001	8.664575	10.28825836	18.74
结构型钢	2001	0.610464357	0.605487467	－0.82
环状焊接非合金钢管	2001	0.695226713	0.673492011	－3.13
冷轧板卷	2001	0.439718374	0.514016184	16.90
折叠金属桌椅	2001	67.24806307	68.18177496	1.39
碳酸钡	2002	0.535301426	0.524952329	－1.93
棕刚玉	2002	0.391008414	0.394968024	1.01

续表

涉案产品	立案年份 （t）	t－2 期其他主要 对美出口国家出 口价格（美元）	t－1 期其他主要 对美出口国家出 口价格（美元）	涉案产品其他主要 国家出口价格变动 率（%）（FEPR）
糖精	2002	4.161477479	4.035750104	－3.02
聚乙烯醇	2002	3.764302913	3.43205362	－8.83
无可锻性铸铁管件	2002	1.603488076	1.745140784	8.83
草地与庭园钢制围栏柱	2002	2.98234541	2.929539187	－1.77
可锻性玛钢管件	2002	1.171009667	1.066564078	－8.92
滚珠轴承	2002	9.181402486	9.089691226	－1.00
四氢糠醇	2003	0.93380265	0.884454975	－5.28
咔唑紫颜料	2003	25.67238272	20.38106972	－20.61
聚乙烯零售购物袋	2003	2.286608636	2.32016447	1.47
彩色电视机	2003	8.561379312	8.7130373	1.77
手推车	2003	3.290939717	3.378782546	2.67
烫衣板及部件	2003	3.016094322	3.041965509	0.86
木制卧室家具	2003	2.1202535	2.089742821	－1.44
冷冻和罐装温水虾	2004	9.000329496	7.721989473	－14.20
三氯异氰尿素	2004	152.2682307	199.6543359	31.12
绉纸制品	2004	1.244450634	1.198386233	－3.70
薄页纸	2004	0.68247783	0.631008363	－7.54
圆形焊接碳钢线管	2004	0.371265264	0.433655221	16.80
金属镁	2004	1.811986027	1.774271862	－2.08
文具纸	2005	4.282397516	4.488187078	4.81
艺术画布	2005	4.096713868	3.71005966	－9.44
钻石锯条及部件	2005	23.08034616	26.28106721	13.87
活性炭	2006	1.565506893	1.60965963	2.82
铜版纸	2006	0.948820384	0.987354363	4.06
聚酯纤维	2006	2.338146155	3.727027229	59.40
六偏磷酸钠	2007	1.42394584	1.699023434	19.32
电解二氧化锰	2007	1.403957272	1.479313958	5.37

续表

涉案产品	立案年份（t）	t−2期其他主要对美出口价格（美元）	t−1期其他主要对美出口价格（美元）	涉案产品其他主要国家出口价格变动率（%）（FEPR）
亚硝酸钠	2007	0.44629503	0.463651176	3.89
聚对苯二甲酸乙二酯膜、片和条	2007	2.622825221	2.533640912	−3.40
新充气工程机械轮胎	2007	2.867000001	3.209651875	11.95
低克重热敏纸	2007	1.979244045	2.025720803	2.35
复合编织袋	2007	3.532098324	3.239188456	−8.29
钢钉	2007	1.256102261	1.266663452	0.84
圆形焊接碳钢管件	2007	0.981882077	0.996769212	1.52
薄壁矩形钢管	2007	0.95499805	1.001050337	4.82
钢丝衣架	2007	3.322021825	3.899965122	17.40
未加工橡胶磁铁	2007	7.121001046	10.67885528	49.96
羟基亚乙基二膦酸	2008	68 473.00774	47 644.00938	−30.42
柠檬酸和柠檬酸盐	2008	0.874974862	0.899331348	2.78
圆形焊接奥氏体不锈高压套管	2008	6.397489143	7.717995886	20.64
钢制螺杆	2008	3.988664416	3.780038689	−5.23
圆形焊接碳钢线管	2008	0.996769212	1.004501148	0.78
空调用截止阀	2008	10.14952672	11.602912	14.32
后拖式草地维护设备及零部件	2008	6.404515276	6.910076803	7.89
厨房用搁板和网架	2008	9.80124929	11.59729563	18.32
小直径石墨电极	2008	3.957580714	4.767670277	20.47
非封闭内置弹簧部件	2008	5.151530313	5.395832458	4.74
石油管材	2009	1.732219364	2.06179261	19.03
预应力混凝土用钢绞线	2009	1.934696123	2.405130509	24.32

资料来源：根据联合国统计署数据整理和计算得到。

附表 20　　　　　　　　　涉案产品的进口总额及失业率

涉案产品	立案年份 （t）	t-2 期涉案 产品美国 进口总额 （美元）	t-1 期涉案产 品美国进口 总额（美元）	涉案产品美国 进口总额增长 率（%） （GIMR）	美国失业率 （t-1 期） （%） （UER）
蜂蜜	1994	53 924 615	57 907 080	7.39	6.91
硫酸锰	1994	1 571 645	1 971 752	25.46	6.91
氨基乙酸、甘氨酸	1994	79 419 110	86 099 682	8.41	6.91
金属锰	1994	23 551 356	24 306 917	3.21	6.91
纯镁	1994	12 610 075	59 855 201	374.66	6.91
镁合金	1994	10 761 443	23 560 894	118.94	6.91
一次性打火机	1994	81 347 072	80 492 474	-1.05	6.91
聚乙烯醇	1995	62 640 437	64 642 401	3.20	6.10
自行车	1995	566 309 467	555 899 031	-1.84	6.10
小龙虾尾肉	1996	4 682 232	14 326 649	205.98	5.59
过硫酸盐	1996	8 327 732	8 479 027	1.82	5.59
定尺碳钢板	1996	153 929 061	144 106 816	-6.38	5.59
屋顶排钉	1996	295 560 350	298 777 088	1.09	5.59
刹车鼓	1998	132 186 578	124 020 305	-6.18	4.94
非冷冻浓缩苹果汁	1999	340 833 696	218 436 983	-35.91	4.50
水合肌氨酸	1999	140 948 504	204 073 666	44.79	4.50
阿司匹林	1999	5 854 317	7 300 391	24.70	4.50
合成靛青	1999	67 355 686	68 140 574	1.17	4.50
冷轧碳钢产品	1999	21 740 604	5 927 143	-72.74	4.50
蜂蜜	2000	81 020 522	91 685 284	13.16	4.22
铸造焦炭	2000	341 565 159	270 293 571	-20.87	4.22
钢丝绳	2000	417 299 374	414 353 415	-0.71	4.22
钢筋	2000	825 925 797	817 269 197	-1.05	4.22
热轧碳钢产品	2000	92 512 498	39 637 775	-57.15	4.22
纯镁	2000	77 974 939	80 086 978	2.71	4.22
折叠礼品盒	2001	361 158 454	402 763 016	11.52	3.97
汽车挡风玻璃	2001	357 813 187	386 627 026	8.05	3.97

涉案产品	立案年份 （t）	t－2 期涉案 产品美国 进口总额 （美元）	t－1 期涉案产 品美国进口 总额（美元）	涉案产品美国 进口总额增长 率（%） （GIMR）	美国失业率 （t－1 期） （%） （UER）
铁钒合金	2001	21 848 381	25 966 215	18.85	3.97
结构型钢	2001	199 123 841	186 865 322	－6.16	3.97
环状焊接非合金钢管	2001	465 185 186	669 082 549	43.83	3.97
冷轧板卷	2001	3 187 239	2 714 390	－14.84	3.97
折叠金属桌椅	2001	392 422 105	475 490 265	21.17	3.97
碳酸钡	2002	14 318 801	9 206 790	－35.70	4.74
棕刚玉	2002	106 252 509	85 080 429	－19.93	4.74
糖精	2002	5 011 810	6 790 898	35.50	4.74
聚乙烯醇	2002	52 984 172	51 769 510	－2.29	4.74
无可锻性铸铁管件	2002	32 809 572	28 913 107	－11.88	4.74
草地与庭园钢制围栏柱	2002	1 569 737 129	1 503 780 978	－4.20	4.74
可锻性玛钢管件	2002	109 224 646	120 020 543	9.88	4.74
滚珠轴承	2002	505 988 381	388 017 491	－23.31	4.74
四氢糠醇	2003	8 801 083	5 540 970	－37.04	5.78
咔唑紫颜料	2003	306 245 963	325 334 041	6.23	5.78
聚乙烯零售购物袋	2003	629 008 180	691 918 714	10.00	5.78
彩色电视机	2003	6 537 176 477	8 143 695 669	24.58	5.78
手推车	2003	158 190 537	168 433 981	6.48	5.78
烫衣板及部件	2003	1 872 044 818	2 220 489 824	18.61	5.78
木制卧室家具	2003	1 839 987 862	2 318 931 493	26.03	5.78
冷冻和罐装温水虾	2004	2 716 664 003	3 078 260 035	13.31	5.99
三氯异氰尿素	2004	154 107 557	188 004 231	22.00	5.99
绉纸制品	2004	46 594 350	38 358 301	－17.68	5.99
薄页纸	2004	2 078 182 984	2 070 249 134	－0.38	5.99
圆形焊接碳钢线管	2004	86 643 467	124 349 051	43.52	5.99
金属镁	2004	77 937 619	72 019 263	－7.59	5.99
文具纸	2005	484 235 811	531 034 833	9.66	5.54

续表

涉案产品	立案年份（t）	t-2期涉案产品美国进口总额（美元）	t-1期涉案产品美国进口总额（美元）	涉案产品美国进口总额增长率（%）（GIMR）	美国失业率（t-1期）（%）（UER）
艺术画布	2005	10 744 632	17 574 935	63.57	5.54
钻石锯条及部件	2005	97 150 104	124 864 957	28.53	5.54
活性炭	2006	75 499 576	91 409 410	21.07	5.08
铜版纸	2006	640 326 461	608 437 263	-4.98	5.08
聚酯纤维	2006	82 886 823	128 716 445	55.29	5.08
六偏磷酸钠	2007	43 406 706	44 387 827	2.26	4.61
电解二氧化锰	2007	43 190 389	51 289 244	18.75	4.61
亚硝酸钠	2007	5 300 366	6 480 058	22.26	4.61
聚对苯二甲酸乙二酯膜、片和条	2007	410 575 468	428 196 593	4.29	4.61
新充气工程机械轮胎	2007	2 849 746 823	3 309 513 723	16.13	4.61
低克重热敏纸	2007	494 143 773	469 335 411	-5.02	4.61
复合编织袋	2007	162 532 659	170 638 223	4.99	4.61
钢钉	2007	990 818 303	959 315 988	-3.18	4.61
圆形焊接碳钢管件	2007	1 141 237 505	1 233 494 484	8.08	4.61
薄壁矩形钢管	2007	712 107 006	834 371 835	17.17	4.61
钢丝衣架	2007	339 997 528	375 373 810	10.40	4.61
未加工橡胶磁铁	2007	96 117 170	90 349 276	-6.00	4.61
羟基亚乙基二膦酸	2008	1 432 105 045	1 425 052 340	-0.49	4.61
柠檬酸和柠檬酸盐	2008	114 162 987	126 837 616	11.10	4.61
圆形焊接奥氏体不锈高压套管	2008	354 846 449	522 018 127	47.11	4.61
钢制螺杆	2008	1 763 297 835	1 812 780 909	2.81	4.61
圆形焊接碳钢线管	2008	1 233 494 484	1 147 782 789	-6.95	4.61
空调用截止阀	2008	5 281 846 715	5 634 994 947	6.69	4.61
后拖式草地维护设备及零部件	2008	27 735 793	38 770 163	39.78	4.61
厨房用搁板和网架	2008	562 610 508	671 049 764	19.27	4.61

续表

涉案产品	立案年份 (t)	t-2 期涉案产品美国进口总额 （美元）	t-1 期涉案产品美国进口总额 （美元）	涉案产品美国进口总额增长率（%）（GIMR）	美国失业率（t-1 期）（%）（UER）
小直径石墨电极	2008	217 711 680	267 906 543	23.06	4.61
非封闭内置弹簧部件	2008	107 380 200	91 060 639	-15.20	4.61
石油管材	2009	1 285 033 719	4 029 349 750	213.56	5.82
预应力混凝土用钢绞线	2009	811 339 809	990 854 937	22.13	5.82

资料来源：根据联合国统计署数据整理和计算得到。

附表 21　　　　　**人民币汇率及 CPI**

涉案产品	立案年份 (t)	t-1 期人民币对美元名义汇率	t-1 期中国 CPI	t-1 期美国 CPI	实际汇率变动率（%）（RER）
蜂蜜	1994	5.7757	63	84	18.98
硫酸锰	1994	5.7757	63	84	18.98
氨基乙酸、甘氨酸	1994	5.7757	63	84	18.98
金属锰	1994	5.7757	63	84	18.98
纯镁	1994	5.7757	63	84	18.98
镁合金	1994	5.7757	63	84	18.98
一次性打火机	1994	5.7757	63	84	18.98
聚乙烯醇	1995	8.6396	79	86	82.20
自行车	1995	8.6396	79	86	82.20
小龙虾尾肉	1996	8.3690	92	88	10.09
过硫酸盐	1996	8.3690	92	88	10.09
定尺碳钢板	1996	8.3690	92	88	10.09
屋顶排钉	1996	8.3690	92	88	10.09
刹车鼓	1998	8.2898	102	93	0.19
非冷冻浓缩苹果汁	1999	8.2790	101	95	-2.48
水合肼氨酸	1999	8.2790	101	95	-2.48
阿司匹林	1999	8.2790	101	95	-2.48
合成靛青	1999	8.2790	101	95	-2.48

续表

涉案产品	立案年份（t）	t-1期人民币对美元名义汇率	t-1期中国CPI	t-1期美国CPI	实际汇率变动率（%）（RER）
冷轧碳钢产品	1999	8.2790	101	95	-2.48
蜂蜜	2000	8.2779	100	97	-3.43
铸造焦炭	2000	8.2779	100	97	-3.43
钢丝绳	2000	8.2779	100	97	-3.43
钢筋	2000	8.2779	100	97	-3.43
热轧碳钢产品	2000	8.2779	100	97	-3.43
纯镁	2000	8.2779	100	97	-3.43
折叠礼品盒	2001	8.2782	100	100	-3.20
汽车挡风玻璃	2001	8.2782	100	100	-3.20
铁钒合金	2001	8.2782	100	100	-3.20
结构型钢	2001	8.2782	100	100	-3.20
环状焊接非合金钢管	2001	8.2782	100	100	-3.20
冷轧板卷	2001	8.2782	100	100	-3.20
折叠金属桌椅	2001	8.2782	100	100	-3.20
碳酸钡	2002	8.2771	101	103	-2.06
棕刚玉	2002	8.2771	101	103	-2.06
糖精	2002	8.2771	101	103	-2.06
聚乙烯醇	2002	8.2771	101	103	-2.06
无可锻性铸铁管件	2002	8.2771	101	103	-2.06
草地与庭园钢制围栏柱	2002	8.2771	101	103	-2.06
可锻性玛钢管件	2002	8.2771	101	103	-2.06
滚珠轴承	2002	8.2771	101	103	-2.06
四氢糠醇	2003	8.2768	100	104	-2.31
咔唑紫颜料	2003	8.2768	100	104	-2.31
聚乙烯零售购物袋	2003	8.2768	100	104	-2.31
彩色电视机	2003	8.2768	100	104	-2.31
手推车	2003	8.2768	100	104	-2.31

续表

涉案产品	立案年份（t）	t-1期人民币对美元名义汇率	t-1期中国CPI	t-1期美国CPI	实际汇率变动率（%）（RER）
烫衣板及部件	2003	8.2768	100	104	-2.31
木制卧室家具	2003	8.2768	100	104	-2.31
冷冻和罐装温水虾	2004	8.2772	101	107	-1.17
三氯异氰尿素	2004	8.2772	101	107	-1.17
绉纸制品	2004	8.2772	101	107	-1.17
薄页纸	2004	8.2772	101	107	-1.17
圆形焊接碳钢线管	2004	8.2772	101	107	-1.17
金属镁	2004	8.2772	101	107	-1.17
文具纸	2005	8.2766	105	110	1.30
艺术画布	2005	8.2766	105	110	1.30
钻石锯条及部件	2005	8.2766	105	110	1.30
活性炭	2006	8.1900	107	113	-2.54
铜版纸	2006	8.1900	107	113	-2.54
聚酯纤维	2006	8.1900	107	113	-2.54
六偏磷酸钠	2007	7.9723	109	117	-4.41
电解二氧化锰	2007	7.9723	109	117	-4.41
亚硝酸钠	2007	7.9723	109	117	-4.41
聚对苯二甲酸乙二酯膜、片和条	2007	7.9723	109	117	-4.41
新充气工程机械轮胎	2007	7.9723	109	117	-4.41
低克重热敏纸	2007	7.9723	109	117	-4.41
复合编织袋	2007	7.9723	109	117	-4.41
钢钉	2007	7.9723	109	117	-4.41
圆形焊接碳钢管件	2007	7.9723	109	117	-4.41
薄壁矩形钢管	2007	7.9723	109	117	-4.41
钢丝衣架	2007	7.9723	109	117	-4.41
未加工橡胶磁铁	2007	7.9723	109	117	-4.41
羟基亚乙基二膦酸	2008	7.6058	114	120	-2.77

续表

涉案产品	立案年份（t）	t-1期人民币对美元名义汇率	t-1期中国CPI	t-1期美国CPI	实际汇率变动率（%）（RER）
柠檬酸和柠檬酸盐	2008	7.6058	114	120	-2.77
圆形焊接奥氏体不锈高压套管	2008	7.6058	114	120	-2.77
钢制螺杆	2008	7.6058	114	120	-2.77
圆形焊接碳钢线管	2008	7.6058	114	120	-2、77
空调用截止阀	2008	7.6058	114	120	-2.77
后拖式草地维护设备及零部件	2008	7.6058	114	120	-2.77
厨房用搁板和网架	2008	7.6058	114	120	-2.77
小直径石墨电极	2008	7.6058	114	120	-2.77
非封闭内置弹簧部件	2008	7.6058	114	120	-2.77
石油管材	2009	6.9496	120	125	-6.82
预应力混凝土用钢绞线	2009	6.9496	120	125	-6.82

资料来源：人民币对美元名义汇率数据来源于加拿大英属哥伦比亚大学的太平洋汇率服务网站，而中美两国的CPI数据来源于联合国统计署。

附表22　　　　　　　　　普遍税率及涉案产品

涉案产品	立案年份	普遍税率（%）	涉案产品	立案年份	普遍税率（%）
蜂蜜	1994	362.23	Tetrahydrofurfuryl Alcohol	2003	136.86
硫酸锰	1994	45.27	Carbazole Violet Pigment 23	2003	217.94
氨基乙酸、甘氨酸	1994	155.89	Polyethylene Retail Carrier Bags	2003	77.57
金属锰	1994	143.32	Color Television Receivers	2003	78.45
纯镁	1994	108.26	Hand Trucks	2003	383.60
镁合金	1994	79.38	Ironing Tables and Certain Parts Thereof	2003	113.80
一次性打火机	1994	197.85	Wooden Bedroom Furniture	2003	198.08
聚乙烯醇	1994	116.75	Certain Frozen and Canned Warmwater Shrimp and Prawns	2004	112.81
自行车	1994	61.67	Chlorinated Isocyanurates	2004	285.63

续表

涉案产品	立案年份	普遍税率（%）	涉案产品	立案年份	普遍税率（%）
小龙虾尾肉	1994	55.69	Crepe Paper Products	2004	266.83
过硫酸盐	1996	201.63	Certain Tissue Paper Products	2004	112.64
定尺碳钢板	1996	119.02	Magnesium	2004	141.49
屋顶排钉	1996	7.06	Certain Lined Paper Products	2005	258.21
刹车鼓	1996	128.59	Artists' Canvas	2005	264.09
非冷冻浓缩苹果汁	1996	118.41	Diamond Sawblades and Parts Thereof	2005	164.09
水合肌氨酸	1996	105.56	Certain Activated Carbon	2006	228.11
阿司匹林	1998	198.63	Coated Free Sheet Paper	2006	99.65
合成靛青	1999	51.74	Certain Polyester Staple Fiber	2006	44.30
冷轧碳钢产品	1999	153.70	Sodium Hexametaphosphate	2007	188.05
蜂蜜	1999	144.02	Electrolytic Manganese Dioxide	2007	149.92
铸造焦炭	1999	129.60	Sodium Nitrite	2007	190.74
钢丝绳	1999	23.72	Polyethylene Terephthalate Film/Sheet/Strip (PET Film)	2007	76.72
钢筋	2000	183.80	Certain New Pneumatic Off-The-Road Tires	2007	210.48
热轧碳钢产品	2000	214.89	Lightweight Thermal Paper	2007	115.29
纯镁	2000	58.00	Laminated Woven Sacks	2007	91.73
折叠礼品盒	2000	133.00	Certain Steel Nails	2007	118.04
汽车挡风玻璃	2001	105.35	Circular Welded Carbon Quality Steel Pipe	2007	85.55
铁钒合金	2001	305.56	Light-Walled Rectangular Pipe and Tube	2007	264.64
结构型钢	2001	164.75	Steel Wire Garment Hangers	2007	187.25
环状焊接非合金钢管	2001	124.50	Raw Flexible Magnets	2007	185.28
冷轧板卷	2001	66.71	1 - Hydroxyethylidene - 1/1 - Diphosphonic Acid	2008	72.42
折叠金属桌椅	2001	89.17	Citric Acid and Certain Citrate Salts	2008	156.87
碳酸钡	2001	36.42	Circular Welded Austenitic Stainless Pressure Pipe	2008	10.53

涉案产品	立案 年份	普遍税率 （%）	涉案产品	立案 年份	普遍税率 （%）
棕刚玉	2001	105.35	Steel Threaded Rod	2008	206.00
糖精	2001	70.71	Certain Circular Welded Carbon Quality Steel Line Pipe	2008	101.10
聚乙烯醇	2002	81.30	Frontseating Service Valves	2008	55.62
无可锻性铸铁管件	2002	135.18	Certain Tow Behind Lawn Groomers and Certain Parts Thereof	2008	386.28
草地与庭园钢制围栏柱	2002	329.33	Certain Kitchen Appliance Shelving and Racks	2008	95.99
可锻性玛钢管件	2002	7.86	Small Diameter Graphite Electrodes	2008	159.64
滚珠轴承	2002	75.50	Uncovered Innerspring Units	2008	234.51
四氢糠醇	2002	15.61	Oil Country Tubular Goods	2009	99.14
咔唑紫颜料	2002	111.36	Prestressed Concrete Steel WireStrand	2009	193.55
聚乙烯零售购物袋	2002	59.30			

资料来源：根据美国商务部国际贸易署（ITA）公布的案件公告整理得到。

附表 23　　　　　　　　　**单独税率及涉案企业数量**

序号	单独税率 （%）	涉案企业数量 （个）	序号	单独税率 （%）	涉案企业数量 （个）	序号	单独税率 （%）	涉案企业数量 （个）
1	0.00	20	12	4.44	16	23	6.6	1
2	忽略不计	18	13	4.86	1	24	6.91	1
3	2.5	1	14	5.07	1	25	6.95	1
4	2.74	1	15	5.22	1	26	7.08	1
5	3.47	1	16	5.25	1	27	7.22	1
6	3.49	8	17	5.29	1	28	7.35	1
7	3.71	1	18	5.49	1	29	7.8	45
8	3.72	1	19	5.51	1	30	8.33	1
9	3.87	6	20	5.69	1	31	8.44	1
10	4.08	1	21	6.34	1	32	8.51	8
11	4.36	1	22	6.60	1	33	8.64	115

序号	单独税率（%）	涉案企业数量（个）	序号	单独税率（%）	涉案企业数量（个）	序号	单独税率（%）	涉案企业数量（个）
34	8.9	1	62	20.72	26	90	34.41	1
35	9.40	1	63	21.12	2	91	34.44	1
36	9.48	45	64	21.24	168	92	34.97	1
37	9.69	1	65	21.25	1	93	35.58	1
38	9.84	5	66	22.94	9	94	36.21	2
39	9.96	1	67	23.22	1	95	38.16	1
40	10.27	1	68	23.85	1	96	41.28	1
41	10.53	1	69	24.67	1	97	42.23	7
42	10.85	1	70	24.84	1	98	42.97	1
43	11.18	2	71	25.69	19	99	43.09	4
44	11.31	1	72	25.88	1	100	43.54	1
45	11.8	1	73	26.37	1	101	44.43	1
46	12.90	1	74	26.43	1	102	44.5	1
47	12.95	1	75	26.49	1	103	45.46	4
48	12.97	1	76	27.19	1	104	46.48	1
49	13.72	3	77	27.89	1	105	48.5	1
50	15.23	1	78	27.91	1	106	48.55	1
51	15.24	1	79	28.44	1	107	49.60	1
52	15.36	4	80	28.54	1	108	49.66	2
53	15.83	1	81	29.93	1	109	50.32	1
54	15.92	1	82	30.51	1	110	50.43	1
55	16.07	1	83	30.68	1	111	52.04	3
56	16.51	1	84	32.07	53	112	53.68	39
57	16.7	1	85	32.22	1	113	55.16	10
58	17.33	1	86	32.76	2	114	55.31	16
59	19.77	1	87	32.80	1	115	55.69	3
60	19.79	1	88	33.68	1	116	57.13	1
61	20.02	1	89	34.19	1	117	58.10	1

续表

序号	单独税率（%）	涉案企业数量（个）	序号	单独税率（%）	涉案企业数量（个）	序号	单独税率（%）	涉案企业数量（个）
118	62.08	5	138	101.62	1	158	137.69	4
119	64.28	13	139	105.00	1	159	142.11	9
120	69.2	31	140	105.35	2	160	149.92	1
121	73.6	51	141	105.91	1	161	154.72	3
122	73.87	5	142	108.05	1	162	159.64	4
123	75.58	1	143	111.85	15	163	162.47	1
124	75.78	1	144	112.64	9	164	164.75	7
125	76.7	9	145	113.8	1	165	175.94	2
126	77.9	8	146	115.29	1	166	198.08	1
127	78.39	52	147	116.75	1	167	206	1
128	78.89	27	148	119.39	1	168	228.11	6
129	79.70	8	149	121.47	1	169	234.51	1
130	80.19	1	150	122.92	4	170	249.12	6
131	82.27	1	151	128.59	1	171	249.39	1
132	91.50	1	152	129.08	1	172	264.09	4
133	92.02	2	153	132.9	9	173	264.64	1
134	94.61	1	154	132.90	2	174	266.83	3
135	94.78	1	155	133.00	1	175	281.97	1
136	94.98	7	156	135.18	1	176	285.63	1
137	95.99	1	157	136.86	1	177	291.57	1

单独税率下的涉案企业数量总计：1 090

资料米源：根据美国商务部国际贸易署（ITA）公布的案件公告整理得到。

附表24　　　　　　　　中国蜂蜜出口美国数据

年份	出口美国额（美元）	出口美国数量（公斤）	出口美国价格（美元/公斤）	出口到世界的总数量（公斤）	出口美国数量占比（%）
1992	20 011 005	24 780 296	0.81	91 711 795	27.02
1993	23 884 675	33 494 785	0.71	96 538 270	34.70

续表

年份	出口美国额（美元）	出口美国数量（公斤）	出口美国价格（美元/公斤）	出口到世界的总数量（公斤）	出口美国数量占比（%）
1994	20 188 951	28 262 617	0.71	102 101 609	27.68
1995	14 232 115	12 938 933	1.10	86 991 256	14.87
1996	27 791 983	18 497 062	1.50	83 460 941	22.16
1997	12 331 462	7 804 683	1.58	48 216 992	16.19
1998	16 922 537	13 994 019	1.21	78 678 101	17.79
1999	20 893 087	22 437 457	0.93	87 188 487	25.73
2000	20 534 556	23 688 232	0.87	102 888 320	23.02
2001	14 329 162	15 976 622	0.90	106 666 008	14.98
2002	8 087 054	7 613 532	1.06	76 449 886	9.96
2003	36 558 885	24 613 670	1.49	84 087 724	29.27
2004	29 685 354	25 954 370	1.14	81 324 957	31.91
2005	23 909 438	28 264 536	0.85	88 499 207	31.94
2006	27 291 481	26 340 798	1.04	81 073 126	32.49
2007	13 959 020	11 338 748	1.23	64 353 769	17.62
2008	12 860 662	9 859 277	1.30	84 865 004	11.62
2009	151 546	73 452	2.06	71 831 445	0.10

资料来源：根据联合国统计署数据整理和计算得到。

附表25　　　　　　　　　中国蜂蜜出口日本数据

年份	出口日本额（美元）	出口日本数量（公斤）	出口日本价格（美元/公斤）	出口到世界的总数量（公斤）	出口日本数量占比（%）
1992	23 341 968	27 125 343	0.86	91 711 795	29.58
1993	23 992 570	31 734 957	0.76	96 538 270	32.87
1994	28 192 837	37 640 417	0.75	102 101 609	36.87
1995	26 985 682	27 994 937	0.96	86 991 256	32.18
1996	36 032 800	28 601 214	1.26	83 460 941	34.27
1997	22 723 916	16 532 988	1.37	48 216 992	34.29
1998	24 311 421	23 015 335	1.06	78 678 101	29.25
1999	28 722 723	31 647 199	0.91	87 188 487	36.30

续表

年份	出口日本额（美元）	出口日本数量（公斤）	出口日本价格（美元/公斤）	出口到世界的总数量（公斤）	出口日本数量占比（%）
2000	32 973 405	38 500 292	0.86	102 888 320	37.42
2001	36 721 395	37 668 472	0.97	106 666 008	35.31
2002	50 332 570	47 565 040	1.06	76 449 886	62.22
2003	41 551 503	35 386 988	1.17	84 087 724	42.08
2004	41 084 357	38 322 516	1.07	81 324 957	47.12
2005	43 694 284	41 396 864	1.06	88 499 207	46.78
2006	52 946 231	35 753 280	1.48	81 073 126	44.10
2007	54 019 241	34 858 384	1.55	64 353 769	54.17
2008	62 023 886	33 554 068	1.85	84 865 004	39.54
2009	47 378 905	25 050 132	1.89	71 831 445	34.87

资料来源：根据联合国统计署数据整理和计算得到。

附表26　　　　　　　　　中国蜂蜜出口欧盟数据

年份	出口欧盟额（美元）	出口欧盟数量（公斤）	出口欧盟价格（美元/公斤）	出口到世界的总数量（公斤）	出口欧盟数量占比（%）
1992	16 811 098	19 111 693	0.88	91 711 795	20.84
1993	15 535 405	23 225 196	0.67	96 538 270	24.06
1994	19 007 786	26 879 262	0.71	102 101 609	26.33
1995	37 875 131	37 990 277	1.00	86 991 256	43.67
1996	36 621 835	28 609 837	1.28	83 460 941	34.28
1997	24 502 969	19 742 807	1.24	48 216 992	40.95
1998	35 981 532	36 714 339	0.98	78 678 101	46.66
1999	20 403 160	28 212 840	0.72	87 188 487	32.36
2000	25 542 488	35 421 550	0.72	102 888 320	34.43
2001	35 673 166	43 347 646	0.82	106 666 008	40.64
2002	6 071 922	6 694 650	0.91	76 449 886	8.76
2003	188 877	201 260	0.94	84 087 724	0.24
2004	179 926	131 660	1.37	81 324 957	0.16
2005	6 706 307	6 503 937	1.03	88 499 207	7.35

续表

年份	出口欧盟额（美元）	出口欧盟数量（公斤）	出口欧盟价格（美元/公斤）	出口到世界的总数量（公斤）	出口欧盟数量占比（%）
2006	10 113 215	7 923 922	1.28	81 073 126	9.77
2007	13 258 764	9 409 331	1.41	64 353 769	14.62
2008	43 994 126	24 518 046	1.79	84 865 004	28.89
2009	53 334 730	31 130 052	1.71	71 831 445	43.34

资料来源：根据联合国统计署数据整理和计算得到。

附表27　　　　　　　　　　中国蜂蜜出口收入

年份	美国从世界进口额（美元）	美国进口增长率（%）	中国出口美国额（美元）	应有出口收入（美元）（EEV）	减少的出口收入（美元）	零增长下减少的出口收入（美元）
1992	53 924 615	—	20 011 005	—	—	—
1993	57 907 080	0.07	23 884 675	—	—	—
1994	51 373 205	-0.11	20 188 951	17 910 955	2 277 996	-3 695 724
1995	51 167 808	0.00	14 232 115	14 175 213	56 902	-9 652 560
1996	115 921 359	1.27	27 791 983	62 963 112	-35 171 129	3 907 308
1997	124 852 053	0.08	12 331 462	13 281 490	-950 028	-11 553 213
1998	81 020 522	-0.35	16 922 537	10 981 580	5 940 957	-6 962 138
1999	91 685 284	0.13	20 893 087	23 643 252	-2 750 165	-2 991 588
2000	96 017 619	0.05	20 534 556	21 504 860	-970 304	-3 350 119
2001	76 349 477	-0.20	14 329 162	11 393 992	2 935 170	-9 555 513
2002	172 436 238	1.26	8 087 054	18 264 711	-10 177 657	-15 797 621
2003	219 495 711	0.27	36 558 885	46 536 149	-9 977 264	12 674 210
2004	149 550 332	-0.32	29 685 354	20 225 701	9 459 653	5 800 679
2005	138 545 566	-0.07	23 909 438	22 150 045	1 759 393	24 763
2006	188 303 597	0.36	27 291 481	37 093 096	-9 801 615	3 406 806
2007	174 692 305	-0.07	13 959 020	12 950 010	1 009 010	-9 925 655
2008	232 101 088	0.33	12 860 662	17 087 036	-4 226 374	-11 024 013
2009	230 906 611	-0.01	151 546	150 766	780	-23 733 129
总计					-50 584 675	-82 427 507

资料来源：根据联合国统计署数据整理和计算得到。

参 考 文 献

［1］艾红.水产品反倾销及其经济效应分析［J］.中国渔业经济,2007 (1)：41－43＋50.

［2］艾红.美国对虾反倾销案的贸易转移分析［J］.中国农学通报, 2008 (1)：510－515.

［3］安志勇.我国遭受进口国家反倾销的内部原因及对应策略［J］.现代财经——天津财经大学学报,1998 (5)：55－58.

［4］鲍晓华.中国实施反倾销措施的经济效应分析［J］.经济纵横, 2004 (1)：16－19.

［5］鲍晓华.反倾销措施的贸易救济效果评估［J］.经济研究,2007 (2)：71－84.

［6］北京师范大学经济与资源管理研究.2003年中国市场经济发展报告［M］.北京：中国对外经济贸易出版社,2003.

［7］北京师范大学经济与资源管理研究所.2005年中国市场经济发展报告［M］.北京：中国商务出版社,2005.

［8］北京师范大学经济与资源管理研究所.2008年中国市场经济发展报告［M］.北京：北京师范大学出版社,2008.

［9］宾建成.从五种经济模式看如何应对欧盟对华反倾销［J］.山西财经大学学报,2007 (9)：28－34.

［10］蔡建琼,于惠芳,朱志洪等.SPSS统计分析实例精选［M］.北京：清华大学出版社,2006.

［11］陈彬.印度反倾销法中的"非市场经济国家"问题研究［J］.世界贸易组织动态与研究,2008 (11)：22－29＋40.

［12］陈丰.日本企业对外直接投资规避反倾销的经验及其启示［J］.亚太经济,2009 (2)：54－57.

［13］陈汉林.美国对华反倾销的贸易转移效应分析及对策［J］.国际贸

易，2008（9）：18-22.

[14] 陈力. 美国反倾销法之"非市场经济"规则研究 [J]. 美国研究，2006. 20（3）：77-92.

[15] 杜慧敏，卓骏. WTO 后过渡期出口企业反倾销摩擦原因及对策的博弈分析 [J]. 国际贸易问题，2008（6）：121-128.

[16] 方勇，张二震. 出口产品反倾销预警的经济学研究 [J]. 经济研究，20041）：74-82.

[17] 冯巨章. 反倾销中的企业应诉决策分析 [J]. 财经研究，2005（10）：124-136.

[18] 冯巨章. 中国反倾销应诉率影响因素的实证分析 [J]. 经济评论，2006（5）：141-146.

[19] 冯巨章. 反倾销联合应诉博弈分析 [J]. 数量经济技术经济研究，2006（6）：124-133.

[20] 冯宗宪，向洪金，柯孔林. 出口反倾销立案申请预警：基于面板数据 Logit 模型的研究 [J]. 世界经济，2008（9）：19-29.

[21] 杨红强，聂影，付春丽. 美国对华木质林产品反倾销措施的影响研究：1995~2006 年实证数据 [J]. 农业经济问题，2008（2）：49-53.

[22] 高铁梅. 计量经济分析方法与建模——Eviews 应用及实例（第二版）[M]. 北京：清华大学出版社，2009.

[23] 宫桓刚. 从蜡烛反规避案与光纤反倾销案之比较看中国反规避法的缺失 [J]. 国际商务研究，2009（4）：54-60+77.

[24] 郭守亭，赵君峰. 出口企业应对反倾销搭便车行为分析 [J]. 中南财经政法大学学报，2006（2）：120-123+144.

[25] 何秀荣. 对华反倾销与非市场经济地位 [J]. 农业经济问题，2005（3）：4-8.

[26] 侯兴政. 全球与中国反倾销调查特征和影响因素及其对策研究. [博士论文]. 上海：上海交通大学图书馆，2008.

[27] 黄建康，孙文远. 美国实施反倾销贸易政策的动因与绩效分析 [J]. 世界经济研究，2006（6）：22-27+9.

[28] 黄军，李岳云. 对中国农产品遭受反倾销的思考 [J]. 中国农村经济，2002（1）：59-63+77.

[29] 黄少卿，余晖. 民间商会的集体行动机制——对温州烟具协会应对

欧盟打火机反倾销诉讼的案例分析 [J]. 经济社会体制比较, 2005 (4): 66 - 73.

[30] 纪文华. 欧盟反倾销法与对华反倾销成因分析 [EB/OL]. 北大法律网: http: //article. chinalawinfo. com/Article_Detail. asp? ArticleId = 21791.

[31] 任虎, 金昌华. WTO 反倾销协定中损害确定因素之研究 [J]. 西南政法大学学报, 2008 (3): 35 - 42.

[32] 李坤望, 王孝松. 申诉者政治势力与美国对华反倾销的歧视性: 美国对华反倾销裁定影响因素的经验分析 [J]. 世界经济, 2008 (6): 3 - 16.

[33] 李平, 孙赫. 高新技术产品的反倾销规避——基于技术战略完善的反倾销规避机制 [J]. 经济理论与经济管理, 2008 (9): 59 - 65.

[34] 李晓峰, 焦亮. 中国出口企业应对国外反倾销的营销策略研究 [J]. 国际经贸探索, 2007 (3): 54 - 57 + 80.

[35] 李亚新, 余明. 关于人民币实际有效汇率的测算与应用研究 [J]. 国际金融研究, 2002 (10): 62 - 67.

[36] 李元华. 应对 "反倾销" 与我国工业结构: 相关性及其调整 [J]. 财贸经济, 2005 (3): 76 - 80.

[37] 李子奈, 潘文卿. 计量经济学 (第二版) [M]. 北京: 高等教育出版社, 2005.

[38] 李子奈, 叶阿忠. 高等计量经济学 [M]. 北京: 清华大学出版社, 2007.

[39] 联合国统计署, http: //unstats. un. org/unsd/default. htm.

[40] 廖良美. 中国应对倾销与反倾销问题研究 [D]. 武汉: 华中农业大学图书馆, 2006.

[41] 刘爱东, 陈林荣. "三体联动" 应对反倾销成效影响因素的实证研究 [J]. 国际贸易问题, 2010 (2): 74 - 82.

[42] 刘爱东, 周以芳. 我国农产品遭遇反倾销的案例统计分析 [J]. 重庆工学院学报 (社会科学版), 2009 (02): 58 - 63.

[43] 卢进勇, 郑玉坤. 化解反倾销困局——中国企业海外直接投资与应对反倾销 [J]. 国际贸易, 2004 (03): 42 - 44.

[44] 卢纹岱. SPSS for Windows 统计分析 (第二版) [M]. 北京: 电子工业出版社, 2002.

[45] 罗海燕. 基于关系营销的对华纺织品反倾销裁决预警研究 [D]. 杭

州：浙江大学图书馆，2006.

　[46] 马述忠，黄祖辉. 农产品反倾销国内外研究动态评述 [J]. 农业经济问题，2005 (3)：18 - 25.

　[47] 美国国际贸易署，http：//www. trade. gov/.

　[48] 美国国际贸易委员会，http：//www. usitc. gov/.

　[49] 潘圆圆. 中国被反倾销的实证分析 [J]. 经济科学，2008 (5)：58 - 68.

　[50] 彭珏，高晓玲. 应对反倾销中的会计资料问题及对策 [J]. 经济体制改革，2004 (3)：119 - 121.

　[51] 沈伯明. 反倾销中非市场经济国家条款和中国的对策 [J]. 国际经贸探索，2004 (4)：13 - 17.

　[52] 沈国兵. 美国对中国反倾销的宏观决定因素及其影响效应 [J]. 世界经济，2007 (11)：11 - 23.

　[53] 沈国兵. 反倾销等贸易壁垒与中美双边贸易问题 [J]. 财经研究，2007 (1)：101 - 111.

　[54] 沈瑶，王继柯. 中国反倾销实施中的贸易转向研究：以丙烯酸酯为例 [J]. 国际贸易问题，2004 (3)：9 - 12.

　[55] 宋伟. 中国遭遇反倾销的宏观决定因素及其影响效应 [J]. 经济与管理，2008 (11)：83 - 86.

　[56] 孙娜. 关于印度实施反倾销影响因素的实证分析 [J]. 大连大学学报，2009 (2)：124 - 128.

　[57] 孙遇春，方勇. 对华"反倾销"与我国的"市场经济地位" [J]. 经济管理，2004 (19)：22 - 26.

　[58] 唐宇. 反倾销保护引发的四种经济效应分析 [J]. 财贸经济，2004 (11)：65 - 69.

　[59] 田玉红. 转轨时期中国应对国际反倾销战略的实证分析 [J]. 财经问题研究，2009 (6)：26 - 33.

　[60] 屠新泉，徐莎，彭程. 印度对华反倾销的现状、原因及特点 [J]. 国际经济合作，2006 (3)：32 - 36.

　[61] 王世春，叶全良. "非市场经济地位"与对华反倾销对策性研究 [J]. 财贸经济，2005 (5)：59 - 64 + 76.

　[62] 王晰，张国政. 美国反倾销与制造业进口、产出、直接投资双向关

系——基于 VAR 模型实证 [J]. 国际经贸探索, 2009 (10): 57 - 61.

[63] 王小波. 苹果汁反倾销案中国企业"告倒"美商务部纪实 [EB/OL]. 新华网: http://news. xinhuanet. com/fortune/2004 - 02/12/content_1311071. htm.

[64] 王晓天. 倾销与反倾销的分析及我国的对策思考 [J]. 世界经济研究, 2001 (3): 54 - 57.

[65] 王佑斌. 中止协议在反倾销诉讼中的应用 [J]. 国际经贸探索, 2001 (6): 35 - 38.

[66] 魏巍贤. 中国名义与实际有效汇率的构造及应用研究 [J]. 统计研究, 1999 (6): 24 - 29.

[67] 伍楠林, 白双鹇, 王菁. 中国企业应对反倾销诉讼的博弈分析 [J]. 理论探讨, 2008 (1): 75 - 77.

[68] 谢建国. 经济影响、政治分歧与制度摩擦——美国对华贸易反倾销实证研究 [J]. 管理世界, 2006 (12): 8 - 17 +171.

[69] 雅各布·瓦伊纳著, 沈瑶译. 倾销: 国际贸易中的一个问题 [M]. 北京: 商务印书馆, 2003.

[70] 亚当·斯密著, 杨敬年译. 国富论 [M]. 西安: 陕西人民出版社, 2005.

[71] 杨红强, 聂影. 国外对华反倾销措施效果评价的实证研究 [J]. 国际贸易问题, 2007 (11): 72 - 78.

[72] 杨荣珍. 反倾销调查中的"非市场经济国家"问题 [J]. 国际经贸探索, 1999 (5): 15 - 16 +41.

[73] 杨仕辉. 外国对华出口商品反倾销比较研究 [J]. 统计研究, 2000 (1): 16 - 22.

[74] 杨仕辉, 王红玲. 对华反倾销实证分析及我国对策 [J]. 中国软科学, 2002 (7): 14 - 19.

[75] 杨艳红. WTO 制度、贸易不对称与国外对华反倾销——部分国家和地区对华反倾销调查的实证分析 [J]. 数量经济技术经济研究, 2009 (2): 102 - 111.

[76] 杨悦, 何海燕, 王宪良. 进口反倾销行为对产业价格指数影响的实证研究——以钢铁行业为例 [J]. 财贸研究, 2007 (6): 59 - 66.

[77] 易丹辉. 数据分析与 Eviews 应用 [M]. 北京: 中国人民大学出版社, 2008.

［78］尤宏兵. 中国企业应对国外反倾销三部曲［J］. 国际经贸探索，2008（8）：72－77.

［79］于洋. 美国对华蜂蜜反倾销案评析［EB/OL］. http：//www. cacs. gov. cn/cacs/news/xiangguanshow. aspx？articleId＝37870.

［80］余东晖. 中国："入世"之后谋"入市"［J］. 新闻周刊，2004（2）：18－19.

［81］宇传华. SPSS 与统计分析［M］. 北京：电子工业出版社，2007.

［82］袁其刚. 实施产品差异化战略应对国外反倾销起诉［J］. 国际商务（对外经济贸易大学学报），2000（5）：56－59.

［83］张文彤. SPSS 统计分析高级教程［M］. 北京：高等教育出版社，2004.

［84］张文彤，闫洁. SPSS 统计分析基础教程［M］. 北京：高等教育出版社，2004.

［85］赵晓霞. 反倾销的跨国实证分析——基于宏观经济因素对反倾销立案影响的理解［J］. 商业经济与管理，2007（11）：56－62.

［86］中国国家统计局，http：//www. stats. gov. cn/.

［87］中国贸易救济信息网，http：//www. cacs. gov. cn/.

［88］周灏. 从反倾销应诉和诉讼中看行业协会的作用［J］. 企业经济，2004（4）：141－142.

［89］周灏. 论反倾销应诉中"中止协议"的应用［J］. 商业时代，2006（8）：68－69.

［90］周灏. 中国反倾销统计及分析［J］. 商业经济与管理，2006（7）：57－61.

［91］周灏. 确定反倾销正常价值方法的研究［J］. 国际商务（对外经济贸易大学学报），2007（3）：82－88.

［92］周灏. 印度对华反倾销的特点及原因研究［J］. 经济与管理研究，2007（5）：61－66.

［93］周灏. WTO 时代中国遭受反倾销的国别和商品结构分析［J］. 财贸经济，2007（2）：87－92.

［94］周灏. 中国市场经济地位的确认与反倾销应诉能力［J］. 改革，2007（4）：85－89.

［95］周灏. 中国纺织品出口反倾销预警体系［J］. 统计与决策，2009

（23）：23 - 25.

［96］周灏 . 基于竞争情报的中国纺织品反倾销诱因及预警研究 ［J］. 图书情报工作，2010（6）：83 - 86 + 126.

［97］周灏，李小丽 . 中美反倾销程序比较研究 ［J］. 国际经贸探索，2005（1）：34 - 38.

［98］周灏，祁春节 . 美国对华蜂蜜反倾销效应分析 ［J］. 生态经济，2010（7）：119 - 124 + 133.

［99］周灏，祁春节 . 中国的经济贸易、报复能力及国际地位与对华反倾销——基于总量和中国视角的对华反倾销调查实证研究 ［J］. 北京工商大学学报（社会科学版），2011（3）：73 - 80

［100］周灏 . 基于反倾销的我国农产品国际竞争力及对策研究 ［J］. 管理现代化，2011（6）：47 - 49.

［101］周灏 . 中国"非市场经济地位"问题及其对反倾销裁决的影响——基于美国对华反倾销裁决的实证分析 ［J］. 国际贸易问题，2011（9）：95 - 105.

［102］周灏 . 反倾销中涉案企业的胜诉预期研究 ［J］. 财贸经济，2011（10）：75 - 80.

［103］周灏 . 美国对华反倾销裁决影响因素实证分析 ［J］. 当代财经，2011（12）：102 - 109.

［104］周灏，祁春节 . 对华农产品反倾销影响因素——基于条件 Logistic 回归的实证研究 ［J］. 经济问题探索，2011（5）：115 - 120.

［105］周灏 . 中国遭受反倾销的国家环境下二维贸易救助体系的构建 ［J］. 现代经济探讨，2012（2）：46 - 50.

［106］周红锵 . 后金融危机时期浙江企业规避反倾销的对策研究 ［J］. 浙江学刊，2010（6）：205 - 208.

［107］周俐军，何元贵 . 完全市场经济地位并非应对反倾销的救命稻草——反倾销与"非市场经地位"关系探析 ［J］. 广东外语外贸大学学报，2005（3）：57 - 61.

［108］朱钟棣，鲍晓华 . 反倾销措施对产业的关联影响——反倾销税价格效应的投入产出分析 ［J］. 经济研究，2004（1）：83 - 92.

［109］邹昆仑 . 中国企业在美遭遇反倾销的影响因素分析——基于母国与东道国双边考虑 ［J］. 山东财政学院学报，2008（4）：50 - 54.

［110］Aggarwal, A.. Macro Economic Determinants of Antidumping: A Comparative Analysis of Developed and Developing Countries. *World Development*, 2004, 32 (6): 1043 – 1057.

［111］Asche, F.. Testing the effect of an anti-dumping duty: The US salmon market. *Empirical Economics*, 2001, 26 (2): 343 – 355.

［112］Baldwin, R. E.. The Political Economy of Reforming the Anti-dumping Laws. *World Economy*, 2005, 28 (5): 745 – 747.

［113］Baldwin, R. E. and J. W. Steagall. An Analysis of ITC Decisions in Antidumping, Countervailing Duty and Safeguard Cases. *Weltwirtschaftliches Archiv-Review of World Economics*, 1994, 130 (2): 290 – 308.

［114］Baruah, N.. An Analysis of Factors Influencing the Anti-dumping Behaviour inIndia. *World Economy*, 2007, 30 (7): 1170 – 1191.

［115］Belderbos, R.. Antidumping and foreign divestment: Japanese electronics multinationals in the EU. *Review of World Economics*, 2003, 139 (1): 131 – 160.

［116］Blonigen, B. A.. Tariff-jumping antidumping duties. *Journal of International Economics*, 2002, 57 (1): 31 – 49.

［117］Blonigen, B. A.. Evolving discretionary practices of U. S. antidumping activity. *Canadian Journal of Economics*, 2006, 39 (3): 874 – 900.

［118］Blonigen, B. A. and C. P. Bown. Antidumping and retaliation threats. *Journal of International Economics*, 2003, 60 (2): 249 – 273.

［119］Blonigen, B. A. and S. E. Haynes. Antidumping Investigations and the Pass-Through of Antidumping Duties and Exchange Rates. *American Economic Review*, 2002, 92 (4): 1044 – 1061.

［120］Boscheck, R.. Trade, competition and antidumping—Breaking the impasse!? *Intereconomics*, 2000, 35 (6): 282 – 287.

［121］Bown, C. P.. Global Antidumping Database. http: //econ. worldbank. org/ttbd/gad/.

［122］Bown, C. P. and M. A. Crowley. Policy externalities: How US antidumping affects Japanese exports to the EU. *European Journal of Political Economy*, 2006, 22 (3): 696 – 714.

［123］Bown, P. and A. Crowley. Trade Deflection and Trade Depression.

Journal of International Economics, 2007, 72 (1): 176 – 201.

[124] Changho, S.. Treatment of Non-market Economy Countries under the World Trade Organization Anti-dumping Regime. *Journal of World Trade*, 2005, 39 (4): 763 – 786.

[125] Czinkota, M. R. and M. Kotabe. A marketing perspective of the U. S. International Trade Commission's antidumping actions—an empirical inquiry. *Journal of World Business*, 1997, 32 (2): 169 – 187.

[126] Feinberg, R. M.. Exchange Rates and "Unfair Trade". *The Review of Economics and Statistics*, 1989, 71 (4): 704 – 707.

[127] Feinberg, R. M.. US antidumping enforcement and macroeconomic indicators revisited: Do petitioners learn? *Review of World Economics*, 2005, 141 (4): 612 – 622.

[128] Feinberg, R. M. and B. T. Hirsch. Industry rent seeking and the filing of unfair trade' complaints. *International Journal of Industrial Organization*, 1989, 7 (3): 325 – 340.

[129] Feinberg, R. M. and S. Kaplan. Fishing Downstream: The Political Economy of Effective Administered Protection. *The Canadian Journal of Economics/ Revue canadienne d'Economique*, 1993, 26 (1): 150 – 158.

[130] Gupta, P. and A. Panagariya. Injury Investigations in Antidumping and the Super-Additivity Effect: A Theoretical Explanation. *Review of World Economics*, 2006, 142 (1): 151 – 164.

[131] Haaland, J. and I. Wooton. Antidumping jumping: Reciprocal antidumping and industrial location. *Review of World Economics*, 1998, 134 (2): 340 – 362.

[132] Hallworth, T. and M. Piracha. Macroeconomic Fluctuations and Antidumping Filings: Evidence from a New Generation of Protectionist Countries. *Journal of World Trade*, 2006, 40 (3): 407 – 423.

[133] Hansen, W. L., Prusa, T. J.. The Economics and Politics of Trade Policy: An Empirical Analysis of ITC Decision Making. *Review of International Economics*, 1997, 5 (2): 230 – 254.

[134] Harrison, A.. The New Trade Protection: Price Effect of Antidumping and Countervailing Duty Measures in theUnited States. *World Bank Working*

Paper, 1991.

[135] Helpman, E. and P. R. Krugman. Trade policy and market structure. Cambridge, MA: M IT Press, 1989.

[136] Herander, M. G. and J. B. Schwartz. An Empirical Test of the Impact of the Threat of U. S. Trade Policy: The Case of Antidumping Duties. *Southern Economic Journal*, 1984, 51 (1): 59 – 79.

[137] Irwin, D. A.. The Rise of US Anti-dumping Activity in Historical Perspective. *World Economy*, 2005, 28 (5): 651 – 668.

[138] Keithly, W. R. and P. Poudel. The Southeast USA Shrimp Industry: Issues Related to Trade and Antidumping Duties. *Marine Resource Economics*, 2008, 23 (4): 459 – 483.

[139] Kim, E. and M. Kim. Determinants of US antidumping decisions: four perspectives of international trade policymaking. *Applied Economics Letters*, 2007, 14 (12): 893 – 897.

[140] Knetter, M. M. and T. J. Prusa. Macroeconomic factors and antidumping filings: evidence from four countries. *Journal of International Economics*, 2003, 61 (1): 1 – 17.

[141] Konings, J. , H. Vandenbussche, and L. Springael. Import Diversion under European Antidumping Policy. *Journal of Industry, Competition and Trade*, 2001, 1 (3): 283 – 299.

[142] Krupp, C.. Antidumping Cases in the Us Chemical Industry: A Panel Data Approach. *Journal of Industrial Economics*, 1994, 42 (3): 299 – 311.

[143] Krupp, C. M. and P. S. Pollard. Market Responses to Antidumping Laws: Some Evidence from the U. S. Chemical Industry. *The Canadian Journal of Economics/Revue Canadienne d'Economique*, 1996, 29 (1): 199 – 227.

[144] Krupp, C. M. and S. Skeath. Evidence on the upstream and downstream impacts of antidumping cases. *North American Journal of Economics & Finance*, 2002, 13 (2): 163 – 178.

[145] Laroski, J. A.. NMES: A love story nonmarket and market economy status under U. S. Antidumping law. *Law & Policy in International Business*, 1999, 30 (2): 369 – 372.

[146] Lee, K. – H. and J. S. Mah. Institutional changes and antidumping de-

cisions in the United States. *Journal of Policy Modeling*, 2003, 25 (6 - 7): 555 - 565.

[147] Leidy, M. P. and B. M. Hoekman. Production effects of price-and cost-based anti-dumping laws under flexible exchange rates. *Canadian Journal of Economics*, 1990, 23 (4): 873 - 895.

[148] Leipziger, D. M. and H. J. Shin. The demand for protection: A look at antidumping cases. *Open Economies Review*, 1991, 2 (1): 27 - 38.

[149] Lindsay, B.. The U. S. Antidum ping Law: Rhetoric versus Reality. Washington, DC. : Cato Institute, 1999.

[150] Mah, J. S.. Antidumping decisions and macroeconomic variables in the USA. *Applied Economics*, 2000, 32 (13): 1701 - 1709.

[151] Mah, J. S.. ITC decisions on antidumping duties under the WTO. *Applied Economics Letters*, 2006, 13 (2): 73 - 76.

[152] Mah, J. S. and Y. D. Kim. Antidumping duties and macroeconomic variables: The case of Korea. *Journal of Policy Modeling*, 2006, 28 (2): 157 - 162.

[153] Moore, M. O.. Rules or politics: an empirical analysis of itc anti-dumping decisions. *Economic Inquiry*, 1992, 30 (3): 449 - 466.

[154] Niels, G. and J. Francois. Business Cycles, the Exchange Rate, and Demand for Antidumping Protection inMexico. *Review of Development Economics*, 2006, 10 (3): 388 - 399.

[155] Prusa, T. and S. Skeath. The economic and strategic motives for anti-dumping filings. *Review of World Economics*, 2002, 138 (3): 389 - 413.

[156] Prusa, T. J.. On the spread and impact of anti-dumping. *Canadian Journal of Economics*, 2001, 34 (3): 591 - 611.

[157] Reynolds, K. M.. From Agreement to Application: An Analysis of Determinations under the WTO Antidumping Agreement. *Review of International Economics*, 2009, 17 (5): 969 - 985.

[158] Sabry, F.. An Analysis of the Decision to File, the Dumping Estimates, and the Outcome of Antidumping Petitions. *International Trade Journal*, 2000, 14 (2): 109 - 145.

[159] Smith, A.. The Wealth of Nations. U. S. Bantam Classics, 2003.

[160] Snyder, F.. The Origins of the "Nonmarket Economy": Ideas, Pluralism & Power in EC Anti-dumping Law about China. *European Law Journal*, 2001, 7 (4): 369 - 434.

[161] Staiger, R. W., et al.. Measuring Industry-Specific Protection: Antidumping in the United States. *Brookings Papers on Economic Activity. Microeconomics*, 1994: 51 - 118.

[162] Tharakan, P. K. M. and J. Waelbroeck. Antidumping and countervailing duty decisions in the E. C. and in the U. S.: An experiment in comparative political economy. *European Economic Review*, 1994, 38 (1): 171 - 193.

[163] Veugelers, R. and H. Vandenbussche. European anti-dumping policy and the profitability of national and international collusion. *European Economic Review*, 1999, 43 (1): 1 - 28.

[164] Wang, J.. A Critique of the Application to China of the Non-market Economy Rules of Antidumping Legislation. *Journal of World Trade*, 1999, 33 (3): 117 - 145.